W0279329

Zu diesem Buch

Die Polizei, vor allem in den Großstädten, ist in den letzten zwei Jahren durch vermehrte Nachrichten über gewalttätige Übergriffe gegen Asylbewerber und andere ausländische Bürger nachhaltig ins Gerede gekommen. In Hamburg, Bernau oder Berlin wurden zum Teil ganze Wachen oder Einsatzgruppen angeklagt, *amnesty international* sprach in einem Bericht von einem erkennbaren Muster, dem Mißhandlungen durch Polizisten folgten. Die Ergebnisse einer Anfang 1996 bekanntgewordenen Studie im Auftrag der Landesinnenminister deuten ebenfalls in diese Richtung.

Was ist los mit der deutschen Polizei? – Dieser Band gibt eine Innenansicht der Polizei, die in acht ausführlichen Interviews besteht. Gerda Maibach ist es gelungen, Polizistinnen und Polizisten zu offenen Schilderungen in ihrer eigenen Sprache zu bewegen: Die Beamten berichten von ihren Erfahrungen mit Gewalt, Gewalt, die sie selbst ausgeübt haben oder deren Zeuge sie geworden sind. Sie berichten auch von ihrer Ausbildung, die sie häufig als Gewalt gegen sich selbst erfahren haben, von ihrer Hilflosigkeit, wenn es darum geht, prügelnde Kollegen zu stoppen oder ihre Erlebnisse zu verarbeiten, von der Unmöglichkeit, im Kollegenkreis darüber zu sprechen, von den Zufällen, von denen es abhängt, ob man selbst zu den Aggressiven oder Besonnenen zählt, von der alltäglichen Angst bei Einsätzen und ihrem belasteten Privatleben, von um sich greifender Verantwortungsscheu in der Polizeihierarchie. Sie sagen auch, was sich ändern müßte. Die atmosphärisch dichten Interviews machen deutlich, wie sehr Gewalt das Alltagsbewußtsein von Polizisten prägt. Die Politikerbehauptung nach jedem neuen Skandal, es handele sich um Ausnahmen und Einzelfälle, geht an der Sache vorbei.

Es ist der innere Zustand der Polizei als relativ geschlossene gesellschaftliche Gruppe mit eigenen Verhaltensregeln, Gruppenzwängen und der strukturellen Überforderung des Nachwuchses, der immer aufs neue Gewalttätigkeiten begünstigt. Prof. Dr. Hans Lisken, bis März 1996 Polizeipräsident in Düsseldorf, zieht am Ende dieses Bandes in einer Nachbemerkung Folgerungen, die der öffentlichen Debatte innerhalb und außerhalb der Polizei gleichermaßen einen neuen Impuls geben.

Gerda Maibach, Jahrgang 1952, ist Diplompsychologin und Lehrbeauftragte für Psychologie an der Fachhochschule für öffentliche Verwaltung in Nordrhein-Westfalen und Verhaltenstrainerin. Sie lebt in Düsseldorf.

Gerda Maibach

Polizisten und Gewalt

Innenansichten aus dem Polizeialltag

rororo

Rowohlt

rororo aktuell
Herausgegeben von
Rüdiger Dammann und Frank Strickstrock

Originalausgabe
Veröffentlicht im Rowohlt Taschenbuch Verlag GmbH,
Reinbek bei Hamburg, Juni 1996
Copyright © 1996 by Rowohlt Taschenbuch Verlag GmbH,
Reinbek bei Hamburg
Alle Rechte vorbehalten
Umschlaggestaltung Susanne Heeder/Philipp Starke
(Foto: action press)
Satz aus der Sabon (Linotronic 500)
Gesamtherstellung Clausen & Bosse, Leck
Printed in Germany
1490-ISBN 3 499 13938 3

Inhalt

Keine Angst geht verloren,
aber ihre Verstecke sind rätselhaft.
Elias Canetti

Einleitung

I.

In den vergangenen drei Jahren hat die Polizei immer wieder negative Schlagzeilen gemacht: «Polizeibeamte mißhandeln ausländische Mitbürger», «Rambos in Uniform», «Rassismus in der Polizei» lauteten die Stichworte, nachdem unter anderem in Hamburg, Berlin und Bernau zum Teil ganze Wachen gewalttätiger, fremdenfeindlicher Aktionen beschuldigt wurden.

In Hamburg hatte im September 1994 der Rücktritt von Innensenator Werner Hackmann bundesweites Aufsehen erregt. Hackmann wollte ein öffentliches Zeichen setzen, weil er den Eindruck hatte, mit «Korpsgeist und rassistischen Übergriffen» seiner Beamten nicht mehr fertig zu werden. Anlaß war der Bericht eines Polizeibeamten, der einen Einsatzzug der Hamburger Polizei der Mißhandlung von Menschen dunkler Hautfarbe beschuldigte; zunächst 27 Beamte wurden suspendiert. In den folgenden Monaten wurden immer neue Anklagen erhoben, der Skandal weitete sich noch aus. Zwei Monate zuvor war eine Wache im brandenburgischen Bernau in die Schlagzeilen geraten. Dort sollen Polizisten Vietnamesen gezwungen haben, sich auszuziehen, um sie anschließend zu mißhandeln. Ähnliche Vorwürfe gab es in Berlin; 1994 allein wurden dort fast fünfzig Ermittlungsverfahren gegen Berliner Polizisten wegen des Verdachts eingeleitet, ausländische Bürger mißhandelt zu haben. Der Wochenzeitschrift *Die Woche* (22.9.94) zufolge lag die Gesamtzahl der Ermittlungsverfahren gegen Polizeibeamte in Deutschland – mit der Bandbreite der Vorwürfe vom Diebstahl über Körperverletzung bis hin zu Tötungsdelikten – im Jahr 1993 bei 9000.

Seitdem gibt es in der Gesellschaft eine teils aufgeheizte Debatte über den Zustand der Polizei, über Gefahren, die von denen ausgehen, die das Gewaltmonopol des Staates vertreten und zu unserem Schutz da sind.

Es ist nicht die erste; Vorwürfe gegen die deutsche Polizei wegen Rechtslastigkeit und Gewalttätigkeit sind generell nicht neu. Auch in den siebziger und achtziger Jahren gab es Auseinandersetzungen über unrechtmäßige Vorgehensweisen von Polizeibeamten in verschiedenen Städten. Mißhandlung von Obdachlosen, Übergriffe auf Randgruppen, die der «unteren» Schicht der Gesellschaft zugerechnet werden, aber auch Einzelfallschilderungen anderer, sozial besser gestellter Bürger, führten zu Reaktionen, zum Beispiel der Gründung einer Bewegung wie «Bürger beobachten die Polizei» in Dortmund. In Berlin entstand 1978 der Informationsdienst «Bürgerrechte und Polizei/CILIP». Er analysiert und dokumentiert unter Federführung des Polizeikritikers Otto Diederichs sicherheitspolitische Veränderungen in der Polizeientwicklung Europas und ihre Konsequenzen.

Beispiele für Amts- und Machtmißbrauch von Polizisten gegenüber ausländischen Staatsbürgern, darunter Asylbewerbern, meldet *amnesty international* für die Bundesrepublik verstärkt in den letzten zwei Jahren. 1994 wurden der Menschenrechtsorganisation zufolge mindestens 70 Menschen auf Polizeirevieren mißhandelt. Auch für 1995 sah *amnesty international* keine Veränderung der Lage, sprach vielmehr von einem Muster, das aus fremdenfeindlichen Übergriffen erkennbar werde. Im ai-Jahresbericht 1995 heißt es, ein «hoher Prozentsatz» der Vorwürfe von Angehörigen ethnischer Minderheiten oder ausländischer Staatsbürger, gefoltert oder mißhandelt worden zu sein, richte sich gegen die Berliner Polizei.

Alarmiert zeigten sich schließlich auch die Innenminister der Länder. Sie gaben im Herbst 1994 eine Studie zum Thema «Polizei und Fremde» in Auftrag. Sozialwissenschaftler der Universitäten Trier und Münster konstatierten anhand ihrer Erhebung: «Polizisten verhalten sich gegenüber Ausländern nicht prinzipiell ausländerfeindlich. Übergriffe von Polizeibeamten sind aber durchaus keine Einzelfälle. Ihre Zahl könnte sogar noch zunehmen. Frust durch Dauerbelastung und häufiger Kontakt mit Problemgruppen verstärkt die Vorurteilsbildung. Dadurch können illegale Handlungen (Selbstjustiz) gegenüber ausländischen Mitbürgern ebenso begünstigt werden, wie durch mangelhafte Mitarbeiterselektion und spezifische Gruppenmentalität innerhalb von Wachen in sozialen Brennpunkten».

Hinweise auf ‹hauseigene› Erkenntnisse über polizeiinterne Strukturprobleme ergeben sich auch aus den wiederholten Reformversuchen und Bemühungen um die Verbesserung der Ausbildung junger Beamter. Die Anordnung eines kooperativen Führungsstiles im Jahr 1972 allein brachte nach Aussagen aus den eigenen Reihen wenig. Papier sei geduldig, heißt es, die Vorgesetzten könnten diese formulierten Grundsätze meist nicht umsetzen.

Im Arbeitsfeld Polizei finden sich kaum fundierte Untersuchungen über die emotionale Belastung und deren potentielle Auswirkung auf die Berufsausübung. Ohne sorgfältige Erhebung und Analyse aber laufen polizeikritische Ergebnisse immer Gefahr, im politischen Meinungsstreit als spekulativ und unbegründet abgewiesen zu werden. Dieses Buch will einen ersten Schritt in Richtung auf solche genaueren Untersuchungen tun und damit zugleich zu weiteren anregen.

II.

Polizeiliche Alltagsarbeit besteht zum großen Teil aus Dienst- und Hilfeleistungen, die mehr oder weniger zufriedenstellend für die Beteiligten verlaufen. Sie werden in ihrer Mehrzahl von den rund 270000 deutschen Polizeibeamten korrekt durchgeführt und erregen kein öffentliches Interesse. Diese reibungslosen, unspektakulären Begegnungen sind nicht Gegenstand dieses Buches.

Als ich meinen ersten Lehrauftrag für Psychologie an der Fachhochschule für öffentliche Verwaltung in Nordrhein-Westfalen erhielt, hatte ich zunächst eher vage Vorstellungen über den Arbeitsalltag der Polizeibeamten. Sie reichten über problem- und zumeist folgenlose Begegnungen während allgemeiner Verkehrskontrollen kaum hinaus.

Die Schilderungen der Studentinnen/Studenten über den polizeilichen Alltag aus der «Innenansicht» beschäftigten mich in den ersten Monaten mehr, als ich dieser Lehrtätigkeit an Zeit eigentlich einräumen wollte. Besonders im Verhaltenstraining erlebte ich unerwartete Wut, Zorn, Ohnmachts- und Abhängigkeitsgefühle in Zusammenhang mit dem Berufsalltag. Erschreckend war darüber hinaus das mit Zunahme der Vertrautheit in den Gesprächen deutlich hervortretende Ausmaß von Gewalt in der Arbeit von Polizeibeamten, Gewalt, die erlitten, gesehen oder ausgeübt wurde. Erstmals entstand bei mir der Eindruck, daß sich auch in «ganz normalen», unauffälligen Wachen Gemeinschaften mit verbindlichen, informellen Regeln bilden, die sich von den offiziellen Dienstvorschriften mitunter gravierend unterscheiden können.

Viele weitere Gespräche brachten mich in der Folge zu der Vermutung, daß der Kern der Gewaltproblematik nicht mit einer (eher kleinen) Gruppe «schwarzer Schafe», das heißt originär gestörter, gewalttätiger Polizisten erklärbar ist, sich das Phänomen «Polizisten und Gewalt» also nicht mit der These erledigt, dies seien alles nur «Einzelfälle», die sich dann und wann zufällig häufen. Die zentrale Frage scheint mir andererseits auch nicht allein die nach rassistischem Gedankengut in den Köpfen von Polizeibeamten zu sein. Ich glaube vielmehr, daß einzig eine gründliche Untersuchung der inneren Gesamtverfassung der Polizei die vorherrschende Einäugigkeit von Kritikern und Apologeten durchbrechen und wichtige, komplementäre Hinweise zur Entstehung von Gewalt erbringen kann. Angst vor «unbequemen Wahrheiten» seitens der Polizei ist hier zwar verständlich, kann aber den unbehaglichen Zustand nur verschlimmern, der mangels gesicherter Erkenntnisse letztlich für alle Beamte besteht.

Das vorliegende Projekt wurde von mir begonnen, nachdem sich erste Anzeichen einer fest etablierten Kultur nicht legitimierter Gewalt innerhalb der Polizei durch uniformierte Beamte vor Ort zu einer subjektiven Gewißheit verdichteten. Vergangene und aktuelle Ausbildungs- wie Arbeitsbedingungen schienen ungesteuerte gruppendynamische Prozesse zu begünstigen, deren Ausmaß sorgsam verschwiegen oder aus inneren Notwendigkeiten heraus ignoriert werden mußte.

Nicht bei allen Polizistinnen und Polizisten, mit denen ich sprach, lagen die häufig angeführten äußeren Umstände vor, die nachvollziehbar zu einer Verrohung führen können. Fast alle aber berichteten gleichermaßen von ähnlich frustrierenden Erlebnissen in ihren Dienststellen.

Die Innensicht von Polizistinnen und Polizisten, ihr Selbstverständnis, die Arbeitsauffassung, die Vorstellungen vom Bürger, dem «vom polizeilichen Gegenüber», die Erlebnisse im täglichen Einsatz, der Entscheidungsdruck, die Anforderungen von «innen und außen» waren daher für mich der Fokus bei der Suche nach möglichen Ursachen polizeilicher Gewalt.

III.

Gewalttätige Handlungen sind nicht isoliert zu verstehen, sie stellen einen Ausschnitt dar im breiten Spektrum menschlicher Verhaltensweisen; die Frage nach ihren Grundlagen und Ursachen verweist auf die Beweggründe menschlichen Handelns allgemein. Neuere Forschungsrichtungen in der Psychologie sehen den Menschen weniger durch unbewußte Impulse beherrscht als vielmehr eigenen, subjektiven Theorien über die Welt und den in ihr vermuteten Ursache-Wirkungs-Zusammenhängen folgend. In großer Übereinstimmung nennen Sozialwissenschaftler heute diese subjektiven Theorien als handlungs*leitende* und handlungs*begleitende* Steuerungsmechanismen im alltäglichen Leben.

Verständnis für Handlungsweisen erschließt sich folgerichtig nur dann, wenn ich den einzelnen nach Vorstellungen und Überzeugungen befrage. Mit der Technik des problemzentrierten Interviews habe ich versucht, Erlebnisse, Vorstellungen und Emotionen der Polizeibeamten im Erfahrungshorizont des Einzeldienstes zu eruieren. Dabei interessierten besonders ihre individuellen Erklärungsmodelle über Ursachen und Wirkungen von Belastungen auf den Arbeitsalltag. Die Erhebung erfolgte mit dem Anspruch einer wissenschaftlich-psychologischen Auseinandersetzung und wurde aus diesem Grunde mit Hilfe eines halbstrukturierten Leitfadens durchgeführt. Eine quantitative Auswertung der verbalen (qualitativen) Daten mit Hilfe eines Ratings steht noch aus.

Zu Beginn meiner Untersuchung bin ich von folgenden Prämissen ausgegangen: Über Ursachen und Ausmaß gewalttätiger Übergriffe von Polizisten auf Bürger gibt es bis heute keine fundierte Untersuchung aller denkbaren Einflußfaktoren. Die hohe emotionale Besetzung sowie die politische Brisanz des Themas provozieren allerdings regelmäßig verschiedenartigste Meinungsäußerungen, die von Stammtisch-Parolen bis hin zu empirisch nicht überprüften Erklärungsversuchen reichen oder nur Teilaspekte berücksichtigen. Eine solche Palette reicht zum Beispiel von: «Die Beamten schlagen immer nur aus Notwehr», über: «Gewalt durch Polizeibeamte ist ein Symptom der massiven Überlastung» bis: «Der Polizist steht nur auf der anderen Seite des Verbrechens und hat eigentlich dieselbe Persönlichkeitsstruktur wie der Kriminelle».

Mein Anliegen war es, das persönliche Weltbild, Genese und Veränderung im Rahmen der polizeilichen Sozialisation und des Alltagsgeschehens annähernd authentisch zu erfassen. Das halbstrukturierte Interview als aufklärendes Untersuchungsverfahren bietet während des Gesprächs die Möglichkeit, Hypothesen nachzugehen, die für eine spätere Datengewinnung bedeutsam sein können.

Der Interviewleitfaden hat dabei die Funktion einer Hintergrundfolie (Checkliste), die sicherstellen soll, daß im Verlauf der Exploration alle interessierenden Problembereiche angesprochen und erörtert werden. Sie werden durch thematische Felder und inhaltliche Stichwörter organisiert. Das Interview selbst orientiert sich jedoch am Gesprächsfaden des Interviewten – eben dem natürlichen Gesprächsverlauf folgend, bzw. der entstandenen Interaktion.

Zu Beginn der folgenden Interviews wird mit der Frage nach dem beruflichen Werdegang ein möglichst allgemeiner Zugang zum Arbeitsfeld gewählt. Die jeweils persönliche Schilderung der Befragten läßt bereits erste Schwerpunkte der individuellen Erlebnisweise erkennen. Jedes Interview endet mit Fragen nach Verbesserungsvorschlägen und einer Einschätzung des gesellschaftlichen Auftrags der Polizei. Damit sollte allen Gesprächspartnern die Möglichkeit gegeben werden, die eigenen Vorschläge und Gedanken zum Berufsauftrag zu schildern, die durchaus im Widerspruch zu den Vorstellungen der offiziellen Politik oder der Realität stehen konnten.

Folgende Themenfelder mit ihren inhaltlichen Stichwörtern waren Bestandteil des Leitfadens:

1. Ausbildung, Dienststellen
2. Motivation zur Berufswahl
3. Erste Erfahrungen während der Berufsausbildung
4. Berufsausübung (Einzeldienst)
5. Subjektive Erklärungsmodelle für Bürger-/Kollegenverhalten
6. Übergriffe von Polizeibeamten
7. Verbesserungsvorschläge für die polizeiliche Arbeit
8. Gesellschaftlicher Auftrag der Polizei

Alle Gespräche wurden auf Tonband aufgenommen und zunächst im Wortlaut transskribiert. In der anschließenden Überarbeitung habe ich mich eng an das gesprochene Wort gehalten. Die Individualität der befragten Teilnehmer zeigt sich auch in ihrer persönlichen, charakteristischen Ausdrucksweise.

Um Wiederholungen zu vermeiden, wurde für das vorliegende Buch eine Auswahl aus den Gesprächen vorgenommen. Zweck und Thema des Bandes erforderten außerdem, sich auf prägnante Textstellen zu beschränken, die Interviews also teilweise zu kürzen, ohne dadurch die Aussagekraft des gesamten Interviews zu verfälschen.

IV.

Bis zum Jahre 1995 kamen alle Studentinnen und Studenten im Fachbereich Polizei, mit denen ich zusammengearbeitet habe, aus dem mittleren Dienst der Schutzpolizei und hatten in ihrer Mehrzahl einige Jahre im Wachdienst oder einer Einsatzhundertschaft absolviert.

Aus diesem Kreis habe ich zwei Polizistinnen und zwölf Polizisten um ein Interview unter Wahrung ihrer Anonymität gebeten (auch die Vornamen der meisten Interviewpartner, die hier auftreten, wurden geändert). Drei Polizisten lehnten eine Mitwirkung ab, da sie Auswirkungen auf ihre Arbeit bzw. laufbahnrechtliche Konsequenzen befürchteten.

Alle befragten Studenten verfügten über eine Einzeldiensterfahrung (mittlerer Dienst) von mindestens drei Jahren und waren zwischen 29 und 36 Jahre alt. Die beiden Polizistinnen waren zwei Jahre im Einzeldienst und 26 bzw. 27 Jahre alt. Reinhard Mokros (42) und Kuno Simon (45), die in den folgenden Interviews namentlich auftreten, arbeiten im höheren Dienst der Schutzpolizei; sie verzichteten auf eine Anonymisierung ihrer Aussagen. Daher kommt den Aussagen dieser beiden Polizeibeamten, die bereits über langjährige Führungserfahrung verfügen, besondere Bedeutung zu, ohne daß die Authentizität und Offenheit der anderen Interviews geringer bewertet werden sollten.

Es erscheint mir angezeigt, an dieser Stelle einen kurzen Überblick über den «typischen Werdegang» eines Streifenbeamten zu geben, wie er sich mir aus den Angaben der Studenten erschlossen hat.

Das Eintrittsalter für die mittlere Laufbahn der Schutzpolizei liegt zwischen 16 und 26 Jahren. Das Anforderungsprofil wurde in der Vergangenheit von Jahr zu Jahr den Bewerbungszahlen angepaßt. Das heißt, die Einstellung von Beamten wurde entsprechend der benötigten

Einstellungserfordernis flexibel gehandhabt, was die Orientierung an fachlichen und persönlichen Qualitätsmerkmalen anbelangt.

Der zweieinhalbjährige Ausbildungsgang beginnt stets in den landeseigenen Schulungsstätten und endet mit der 1. Fachprüfung. Vorrangig fachtheoretisch, vermittelt der Unterricht (einschließlich Sport und Schießen-Nichtschießen) über 18 Monate solide juristische Kenntnisse, die dem Polizisten ein Höchstmaß an Sicherheit bei der rechtlichen Entscheidungsfindung garantieren sollen. Unterricht in Deutsch und Englisch oder einer anderen Fremdsprache ist ebenfalls im Lehrplan enthalten. Weitere 12 Monate Berufsvorbereitung, oft bei der Bereitschaftspolizei, sollen praxisrelevante Erfahrungen vermitteln. Bevorzugt findet der Ersteinsatz von jungen Polizisten in der Hundertschaft statt. Dort erfahren sie in der Gruppe bei Großveranstaltungen, daß Kriseninterventionen auch drastische Maßnahmen bedeuten können.

Ein wesentliches Arbeitsfeld von Polizistinnen und Polizisten ist im weiteren Sinne der Umgang mit sozialen Konflikten. Vergleichsweise gering erscheint deshalb Experten der Anteil sozialwissenschaftlicher Unterweisung, die besonders aus psychologischer Sicht eine qualitativ verbesserte Polizeiarbeit bewirken könnte. Der Erwerb «angemessener» Verhaltensweisen im «Umgang mit dem Bürger» wurde und wird wohl immer noch in der Hauptsache der Vermittlung durch «lebenserfahrene» Kollegen überlassen. Realiter erfolgt bis heute die entscheidende berufliche Sozialisation wohl eher in initiationsähnlichen Riten während und nach der Grundausbildung.

Das kann problematische Konsequenzen haben: Erfahrene Praktiker wissen um informelle Gruppenprozesse «vor Ort», durch die oft genug fachlich und ethisch postulierte Normen des Berufs abgeschwächt oder unterlaufen werden und stehen ihnen zum Teil hilflos gegenüber. Häufig erfährt der junge Polizist in seiner Dienstgruppe am ersten Tag, er möge den «Quatsch aus der Schule» erst einmal vergessen. Neue Kollegen werden «eingeordnet», das heißt in die vorherrschenden impliziten Normen und Wertvorstellungen der älteren Kollegen eingeführt. Das Methodenrepertoire ist groß, der häufig autoritäre oder bisweilen sogar menschenverachtende Charakter des Umgangs mit den jungen Beamten spiegelt sich in Wortwahl wie erteilten Aufträgen wider. Da werden die Neulinge auch «Kielschwein», «Achsbeschwerer» oder «Rotarsch» genannt und gelegentlich mit unsinnigen oder extrem leichten Aufgaben beschäftigt. Die ersten Einsätze in Brennpunkten sozialer Spannung geraten zur Tortur für die sensibleren von ihnen. Einige erfahren, daß der «Schläger» aus der Kneipe, zur Ausnüchterung in Gewahrsam genommen, auf der Wache zur Demonstration für den jungen Kollegen erneut «verwarnt» wird.

Einführung in den Berufsalltag als Ausleseprogramm für die Widerstands- oder auch Anpassungsfähigen? – Die ersten Erfahrungen prägen oft genug fürs Berufsleben. Wie ein Hauptlos in der Lotterie wird der Berufsanfänger den Arbeitsbeginn in der Wache eines verkehrsarmen, bürgerlichen Vorortes empfinden, die Streife am Hauptbahnhof oder im turbulenten Altstadtrevier einer Großstadt gilt als knallharte Belastungsprobe auch für die Stärksten unter ihnen.

Dem Dienstschluß folgt oft das «Abtrinken», auch als ‹Manöverkritik› oder scherzhaft als «Supervision» bezeichnet. Nach den ersten emotional belastenden Einsätzen wechseln dabei langjährig eingeübte starre Verhaltensregeln und Situationseinschätzungen vom Lehrer zum Schüler. Da wird drohende Ratlosigkeit durch die Entwicklung einfach strukturierter schematischer Regieanweisungen verdrängt, die an den Neuling weitergegeben werden.

Nicht wenige der erfahreneren Beamten bezeichnen sich selbst in den seltenen Gesprächsmomenten, die Reflexion und Selbstkritik ermöglichen, als «Gefühlskrüppel». Wie sonst könnten sie auch den zerfetzten Toten nach einem Unfall, mißhandelte Kinder und Frauen nach einem Familiendrama verkraften, wenn professioneller Hilfe bei der Verarbeitung dieser Erlebnisse bis heute kaum Bedeutung beigemessen wird.

Die besonders in politischen Sonntagsreden formulierten hohen ethischen Ansprüche an das Selbstverständnis der grünen Uniformträger werden von diesen selbst bestenfalls belächelt. Schließlich verstehen sich die meisten als Praktiker, deren Handeln nicht von solchen Ansprüchen bestimmt wird, sondern vom dem je konkreten Problem, zu dessen Regulierung sie gerufen werden.

V.

Öffentliche Aussagen von Polizeibeamten zeigen bei näherer Betrachtung eine deutliche Asymmetrie: Die Auskunftsfreudigkeit der Funktionsträger steigt mit ihrer Position in der Hierarchie. Mit den Beamtinnen und Beamten vor Ort wird weniger gesprochen als vielmehr über sie, obwohl doch der Schutzpolizist und die Schutzpolizistin das Dilemma der alltäglichen Gewalt im Rahmen des beruflichen Auftrags unmittelbar erlebt.

Wer in diesem Buch nicht den ernsthaften Versuch sieht, eine möglichst unverfälschte Einsicht in die Innenwelt der Polizei zu gewinnen (aus meiner Sicht eine notwendige Bedingung für effektive Reformvorhaben), der hat mein Anliegen gründlich mißverstanden. Ich möchte nichts weniger, als die Vorurteile eines ohnedies polizeifeindlich eingestellten Lesers weiter festigen, ebensowenig soll hier allerdings der oft geübten Abwiegelung berechtigter Kritiker Vorschub geleistet werden.

Im Anschluß an die Interviews werden besonders prägnante Befunde zusammengefaßt. Diese ergeben bereits deutliche Hinweise auf Problemfelder der polizeilichen Arbeit, vielleicht sogar schon Lösungsansätze.

In diesem Buch kommen Polizisten mit ihren Erfahrungen, Gedanken und auch Gefühlen zu Wort. Ich wollte nicht allein als Psychologin über sie schreiben und sie entsprechend mit den Etiketten und Kategorien meines Berufes versehen, sonders im Konsens mit ihnen ihre innere Realität ins öffentliche Bewußtsein transportieren. Mein Hauptanliegen besteht darin, ihre subjektive Wahrnehmung der alltäglichen Arbeit zu verstehen und zunächst nicht zu beurteilen. Nur im intensiven Dialog mit den Betroffenen können handlungsbegleitende und -leitende Einstellungen annähernd authentisch erkannt werden.

Ich hoffe auch, daß die vorliegenden Gespräche es leichter machen, hinter dem ‹gesichtslosen› Polizeibeamten der öffentlichen Diskussion einzelne Menschen mit ihren Konflikten in ihrer Verschiedenartigkeit, aber auch ihrer Ähnlichkeit (nicht zuletzt zu uns selbst) zu erkennen. Dieses Buch will nicht zum schnellen Urteil anregen, sondern eher zum Innehalten und genauerem Hinsehen. Dann freilich muß die öffentliche Debatte über den inneren Zustand der Polizei und die Folgerungen, die daraus zu ziehen wären, weitergehen – gerade auch in der Polizei selbst.

Die aufwendige Arbeit, die dieses Buch ermöglichte, haben außer meiner Familie eine Reihe von Menschen, Freunde und Förderer, geteilt und mitgetragen. Insbesondere ohne die Unterstützung meines Kollegen Reinhard Mokros wäre dieses Buch nicht entstanden. Weiter danke ich Traute Becker, Brigitte Ernst, Dr. Elisabeth Fromm-Obertreis, Gerhard Koch, Wolfgang Korruhn, Prof. Birgit Kröner-Herwig, Inge Mokros, Michael Nitsch und Gabriele Wilhelm für ihre Hilfe.

Mein Dank gilt vor allem den Interviewpartnern für ihre Offenheit und ihr Vertrauen. Sie sind die eigentlichen Autoren.

«Subkultur!»

Reinhard Mokros, 42, Polizeioberrat

Herr Mokros, würden Sie mir bitte zunächst in groben Zügen Ihren beruflichen Werdegang bei der Polizei schildern? Dabei interessiert mich besonders die Struktur der unterschiedlichen Bezirke, in denen Sie als Streifenbeamter gearbeitet haben.

Ich habe drei Laufbahnen der Polizei kennengelernt. Die Ausbildung für den mittleren Polizeidienst, also den «klassischen» Streifendienst, habe ich in Linnich und in Bochum absolviert. Damals gab es im Verlauf der dreijährigen Ausbildung – das gibt es heute nicht mehr – ein halbes Jahr Praxis in einer Dienststelle. Ich war in einer kleineren Stadt, in einem ganz normalen Dienstviertel integriert, und habe im Anschluß daran meine erste Fachprüfung bestanden.

Anschließend kam ich wieder in diese städtische Dienststelle zurück, in die gleiche Dienstgruppe. Nach dem Ergebnis meiner Prüfung stand eigentlich fest, daß ich nach zwei Jahren an einer Fachhochschule die Ausbildung zum gehobenen Dienst beginnen würde.

Als junger Kommissar arbeitete ich zwei Jahre als Dienstgruppenleiter in der gleichen Behörde, bevor ich ein drittes Jahr in einem Landkreis tätig war. Mit diesen Voraussetzungen sowie den Leistungen in beiden Fachprüfungen habe ich mich für ein Auswahlverfahren zum Aufstieg in den höheren Dienst qualifiziert.

In diesem Landkreis an der Peripherie Düsseldorfs habe ich zum erstenmal eine andere Polizei erlebt. Ich traf hier auf eine Schicht, mit der ich früher weniger zu tun hatte, nämlich die Oberschicht. In der Stadt war ich auch mit Unterschicht- und Rotlichtmilieu konfrontiert worden, Prostitution, Nachtbars und solche Dinge. Dieses Milieu blüht auch gerade in einer Kleinstadt.

Die Aufgabenstellungen in diesen beiden Bezirken haben sich also sehr unterschieden?

Sie waren völlig anders! Gängiges Vokabular in der Stadt waren zum Beispiel Begriffe wie Lohntütenball: wenn also der Mann damals seine Löhnung tatsächlich noch in Tüten – in den Lohntüten eben – bekommen hatte, das Geld dann zum großen Teil, wenn nicht ganz versoffen hatte, betrunken nach Hause kam und die Möbel geradesetzte. «Lohntütenball», «Möbel geradesetzen» oder solche Dinge, das waren feste Vokabeln im polizeilichen Erleben – und da mußte man auch gelegentlich zulangen. Das gab es in dem Landkreis überhaupt nicht. Da war mehr eine elegante Polizei gefragt.

Worin sehen Sie Stärken und Schwächen Ihrer damaligen Ausbildung?

Rückwirkend betrachtet lagen die Stärken der Ausbildung in der Fachkompetenz der damaligen Lehrer aus dem gehobenen Dienst. Da ich heute Vergleichsmöglichkeiten habe, staune ich über das, was mir damals schon vermittelt wurde. Ich betone Fachkompetenz und meine damit hauptsächlich die juristischen Fächer. Alles andere war nicht gefragt.

Ansonsten gab es sehr viel Disziplin. Die Regeln in der Gemeinschaftsunterkunft waren sehr streng: Heimkehrstunde spätestens 22 Uhr, Licht aus mit Kontrolle durch einen Stammbeamten. Kontrolle der Eintragungen im Stubenbuch, Stubendienst, freitags Stubenappell, Reinigung der Stube, Uniformappell. Das alles war sehr streng, aber für mich, da ich aus einem Elternhaus kam, wo auf Disziplin sehr viel Wert gelegt wurde, nichts, was mich belastet hat.

Wie würden Sie Ihre ersten Erfahrungen mit dem Bürger beschreiben?

Die Alltagssituation der Polizei war mir durch die Ausbildung in keiner Weise bekannt. Lehrbuchfälle waren zum Beispiel: Ein Kind läuft auf eine Seefläche zu, die mit einer dünnen Eisschicht versehen ist, und das ist eine Gefahr.

Wie man konkret mit einem Bürger spricht, in einer Verkehrskontrolle oder, was ich noch viel problematischer fand, bei einem Familienstreit – darüber erfuhr man nichts. Wie das ist, wenn man als 23jähriger dann plötzlich im Wohnzimmer einer bis dahin fremden

Familie steht, darüber wußte ich nichts. Man wird auf einmal mit Intimitäten aus dem Eheleben konfrontiert. Bei mir kam noch hinzu: Solche Sachen hatte ich in der eigenen Familie nicht im entferntesten erlebt.

Ich habe meinen ersten Betrunkenen tatsächlich im Einsatz bei der Polizei gesehen, oder Frauen, die geschlagen wurden. So, und da stand ich dann und wußte gar nicht, was ich sagen sollte. Und da halfen auch die ganzen Kenntnisse der Paragraphen nichts, die man auswendig gelernt hatte.

Da ging das eben durch Lernen am Modell. Das Modell waren damals die erfahrenen Kollegen, die Streifenführer waren. Man fuhr immer im Team, und dann hörte man: Wie redet der Kollege den Verkehrsteilnehmer an, der einen Verkehrsunfall gemacht hat, oder wie redet er denjenigen an, der nach einem Verkehrsverstoß ein Verwarnungsgeld zahlen muß. Wie geht er mit Familienstreit um, und man hatte natürlich dann auch schnell raus, welche Tricks es in der Kommunikation gab.

Beispiel: Wenn ich ein Verwarnungsgeld kassieren möchte, der andere aber kein Geld dabeihat, dann will ich auf keinen Fall eine Zahlkarte ausstellen, weil das unnötiger «Bürokram» ist. Dann laß ich ihn lieber fahren. Jetzt kann ich aber nicht sagen: «Haben Sie Geld dabei, dann zahlen Sie, wenn Sie keins haben, können Sie fahren, ohne zu bezahlen«. Dann werden Formulierungen erlernt, wie man so was macht. Zum Beispiel: «Haben Sie das Stoppzeichen übersehen, oder haben Sie keine Zeit?» Dann sagte derjenige vielleicht: «Ja, das habe ich übersehen.» – «Ja, das kostet aber 20 Mark. Was sagen Sie denn jetzt, da kommen 20 Mark auf Sie zu.» Und wenn er dann ins Portemonnaie griff und zahlte, war es in Ordnung, dann bekam er die Quittung. Wenn er jetzt sagte: «Ja 20 Mark habe ich gar nicht, kann man das nicht anders regeln?» – dann kam als nächstes: «Wie anders regeln, was meinen Sie denn, wollen Sie das Geld noch vorbeibringen?» Oder: «Ich habe aber nur bis 10 Uhr Dienst, und wollen Sie das denn heute noch ...?»

Man lernte also: Wie kann ich die Kommunikation so steuern, daß sie für mich möglichst gut verläuft. Natürlich ist das auch bei einem Familienstreit nicht anders. Will ich den Mann mitnehmen, egal was passiert, dann muß ich auch nicht beschwichtigend auf ihn einreden.

Dann rede ich mit dem eben so, daß er vielleicht nicht nur seine Ehefrau angreift, sondern auch noch zu mir frech wird. Dann sage ich: «Jetzt ist aber Feierabend, und noch eine Sache, dann ist das Widerstand, und jetzt gehen Sie erst mal mit in die Zelle.» Ich kann das ja so oder so machen.

Das sind im Grunde genommen Kommunikationsregeln, die steuern oder, wenn ich es härter formuliere, manipulieren?

Ja, das stimmt. Die ersten Kommunikationsregeln, die ich erfahren habe, betrafen insgesamt die Beeinflussung oder die Manipulation von Menschen.

Ihren Äußerungen entnehme ich, daß Sie diese Gesprächsformen relativ schnell durch die Kollegen in der Praxis erfahren haben. Bedeutet dies, daß Unterricht in Kommunikation überflüssig ist?

Ja, also wenn ich ganz ehrlich sein soll – und das erwarten Sie ja wohl von mir –, muß ich jetzt ein vielleicht auch heute noch geflügeltes Wort nennen, das man als Anfänger in der Praxis erfährt: «Vergiß zunächst mal alles, was du in der Schule gelernt hast. Hier erfährst du jetzt, was Polizei ist.» Und im Grunde genommen hatten die Kollegen auch noch recht damit. Der eisenbereifte Möbelanhänger aus der Klausur im Straßenverkehrsrecht – der tauchte im praktischen Leben nicht auf. Da waren ganz andere Dinge zu regeln.

Man fuhr raus, und dann gab's eben den Grundsatz: Spritgeld muß reinkommen, danach haben wir freie Zeit. Das heißt also, ungefähr zwei Verwarngelder pro Schicht sollten schon erhoben werden. Die holte man sich nicht an einer verkehrsrechtlich komplizierten Stelle, sondern man stellte sich hin und überwachte ein Verkehrszeichen, ein Stoppzeichen am besten.

Mir ist eine Stelle bekannt, da befindet sich heute eine abknickende Vorfahrt. Früher stand an der heute vorfahrtsberechtigten Straße ein Stoppzeichen. Ich weiß natürlich aus der Theorie, daß ich Verkehrsströme so regeln muß, daß die Straße mit dem stärkeren Verkehrsstrom bevorrechtigt ist, das ist eigentlich 'ne logische Sache. Genau da stand aber nun einmal das Stoppzeichen. Dem Verkehrsteilnehmer blieb nichts anderes übrig, wenn er eine Lücke erwischen wollte, als durchzufahren ohne anzuhalten. Prima, also der kam, sah, daß von links kein Wagen kam, fuhr schnell durch, und das kostete dann zwanzig Mark. Das machte man zweimal, dreimal und fuhr wieder weg. Keiner der Vorgesetzten konnte etwa sagen, denn man hatte ja Tätigkeiten erbracht.

*Sie äußern immer wieder, es fehlte und fehlt noch heute eine angemessene sozialwissenschaftliche Unterweisung. Wenn ich Ihnen zuhöre, könnte der Eindruck entstehen: Die von der Polizei **gewünschten** Kommunikationsregeln haben Sie trotzdem gut gelernt.*

Ja. Nun habe ich aber Glück gehabt. Sie sind abhängig – heute würden wir vielleicht sagen, von den Trainern – von den Bärenführern, wie sie damals hießen. Wahrscheinlich waren wir die Tanzbären, und die hatten uns am Nasenring.

Zuerst kam ich in eine Dienstgruppe, die von der Struktur her ganz hervorragend war. Da gab es vier ältere Kollegen, die Mühe hatten, eine Schreibmaschine zu bedienen. Die kräftige Hände hatten, weil sie früher auf dem Bau gemauert hatten. Damit konnten die gut umgehen, auch mal kräftig zulangen. Das Intellektuelle war nicht ihre Stärke, aber sie hatten Herz und natürlich eine immense berufliche Erfahrung aus mehr als 20 Jahren Streifendienst.

Dann kam der Mittelbau. Die waren vom Lebensalter um die dreißig. Die hatten auch schon einige Dienstjahre hinter sich, aber schon eine bessere Aus- und Schulbildung. Und dann wir Jungen, die Newcomer.

Jetzt wußte man natürlich sehr schnell: wenn du mit einem jüngeren Streifenführer fährst, dann lernst du. Den fragst du, und der erzählt dir auch Dinge, die wir heute als Management- oder Führungslehre bezeichnen. Der sagt dir, wie was in der Gruppe abgeht, wie man sich da verhält, und der bringt dir auch das Anzeigenschreiben bei.

Dann hast du die älteren Streifenführer. Das ist immer ganz spannend, mit denen zu fahren. Zum einen brauchte man keine Angst zu haben, weil die jede Situation mindestens schon einmal erlebt haben. Wenn ein 45jähriger Bär in einer Gaststätte auftaucht und mit einem Riesenorgan schreit: «Jetzt ist erst mal Ruhe» – dann war auch Ruhe. Da konnte man sich dann wunderbar hinter verstecken. Aber man wußte, von denen lernt man nie, wie man eine Anzeige schreibt. Die setzten sich in der Dienststelle an den Tisch, spielten Karten und sagten: «Jung, mach mal.» Dann mußte man alles schreiben, sie sahen mal gnädig darüber – und dann war es in Ordnung. Bei denen mußte man ganz schön ackern.

Können Sie sich noch an eine Ihrer ersten Erfahrungen mit dem Bürger erinnern. Welche Situationen fallen Ihnen dazu ein?

Mein allererster Einsatz war direkt am ersten Tag. Ich bin mit einem sehr guten und jüngeren Kollegen rausgefahren, damals noch im VW-Käfer. Wir fuhren nicht lange, da kam von der Leitstelle ein Einsatz zu einem Verkehrsunfall mit einem verletzten Kind.

Blaulicht und Martinshorn wurden eingeschaltet, ich saß auf dem Beifahrersitz, und es ging los zu einer mir unbekannten Straße. In meinem Kopf ging immer nur hin und her: Verletztes Kind, verletztes Kind, wie sieht das aus. Erste Hilfe, Mensch hast du genügend aufgepaßt? Was macht man mit einem Verletzten, wenn er noch an der Unfallstelle ist? Wie kümmerst du dich darum? Nichts falsch machen. «Man hatte ja mal gehört, daß ganz schlimme Folgen entstehen können, wenn man Verletzte falsch behandelt. Wie nimmt man überhaupt so schwere Unfälle auf? Was ist, wenn du jetzt Blut siehst, und dir wird schlecht, und du fällst um? Was ist, wenn das Kind schon stirbt, und du kommst an die Unfallstelle?»

Tausend Gedanken. Ich meine, keine klaren Gedanken, sondern lauter Angstempfindungen. Man zitterte – oder: ich zitterte –, dann kamen wir zur Unfallstelle, und der Krankenwagen mit den Rettungssanitätern war schon da. Ich war sehr erleichtert und dachte nur: «Für das Kind mußt du nichts mehr tun, das Kind ist nun versorgt. Dann kam das Technische mit der Unfallaufnahme. Das konnte mir der Kollege jetzt in aller Ruhe zeigen. Der Hauptstressor, die angstbesetzte Vorstellung – ein Kind liegt verletzt auf der Fahrbahn –, hatte sich erledigt.

So ähnlich war es eigentlich immer. Der größte Streß war nicht das Erleben in der Situation, sondern bei jedem neuen Einsatz die Frage: «Was erwartet dich da jetzt!» Wenn über Funk kam, «fahren Sie mal da und da hin; der Sowieso setzt wieder die Möbel gerade» – dann war natürlich bei mir noch kein Vorverständnis vorhanden. Nachher wußte ich: Das ist die Familie Sowieso, immer wenn es Geld gab, hatte der Vater alles in der Kneipe ausgegeben, kam besoffen nach

Hause, und dann gab's Ärger. Der ist zwar aggressiv, verhält sich der Polizei gegenüber aber – weil er auch schon mehrmals unter ihr leiden mußte – sehr kommod. Wenn man das aber nicht weiß und nur hört, da setzt ein Mann die Möbel gerade, taucht Angst auf: Was ist, wenn der nicht nur die Möbel gerade setzt, sondern auch dich mal angreift?

Wie habe ich den Ausdruck zu verstehen, den Sie vorhin benutzt haben: «der Kollege, der auch mal zulangen konnte». Ist damit das Zulangen in den zuvor beschriebenen Situationen gemeint?

«Zulangen» heißt tatsächlich einmal zupacken, aber auch zulangen im Sinne von schlagen. Das war eine Form der Konflikthandhabung, wie wir heute sagen würden, eine Form, solche Einsätze zu lösen. Es galt das geflügelte Wort: «Der versteht nur eine Sprache», und das hieß: «Der braucht ein Paar Kletschkes.»

Das hört sich jetzt grausam an, aber in der Tat gab es Leute, das hab ich selbst erlebt, die waren unausstehlich und krakeelten nur herum. Dann ging der Kollege auf denjenigen zu: Klatsch, rechts, links 'ne Ohrfeige, und dann war der ruhig. Das hab ich erlebt. Zulangen – man hatte natürlich damals davor nicht soviel Angst.

Gab es ein anderes Verständnis von körperlicher Gewalt?

Ja, auch auf der anderen Seite. Ich habe tatsächlich erlebt – und nicht nur ich –, daß sich Leute am nächsten Tag entschuldigt haben, obwohl sie Prügel bekommen hatten. Das hat's gegeben, und die sagten dann: «Keine Anzeige». Es war auch damals nicht Standard wie heute, daß geschlagen wurde und sofort eine Anzeige wegen Widerstand gegen die Staatsgewalt vorgelegt wurde. Mit der Ohrfeige – es waren in der Regel Ohrfeigen – war die Sache aus der Welt. Das waren nicht die Dinge, die mich belastet haben. Belastet ist man natürlich, wenn man zum erstenmal erfährt, daß jemand gezielt – und auch das habe ich erlebt, und da muß man ganz fein säuberlich trennen –, wenn jemand gezielt zur Wache gebracht wird und aus Rache verprügelt wird.

Aus Rache, wofür?

Da gab's auch wieder ein geflügeltes Wort, das hieß: «Was der jetzt schon mal weghat, daß nimmt ihm keiner mehr.» Und damit war folgendes gemeint: Es gibt ja Straftäter, die 'ne Menge auf dem Kerbholz haben, aber nie verurteilt werden. Es reichte eben nie, um es ihnen zu beweisen. Zum Beispiel waren Zuhälter eine solche Klientel. Und wenn die sich ein bißchen aufmüpfig zeigten, dann wurden die aus der Umgebung entfernt, in der die sich befanden, also aus dem Lokal rausgeholt. Dann wurde zum Beispiel gesagt: «Wir nehmen Sie jetzt mal mit zur Wache, da gucken wir weiter.»

Auf der Fahrt zur Wache wurde schon über Funk durchgegeben: «Laß schon mal die Jalousien runter im blauen Salon.» Dann wußte man, die Kollegen gingen mit dem Burschen hinten durch, in einen Abstellraum, und dann wurde der verprügelt.

Oder jemand fühlte sich in der Wirtschaft stark, weil er vielleicht in der Gruppe war und lehnte sich dort mehr als üblich auf. Der sagte dann zum Beispiel: «Meinen Ausweis kriegst du nicht, was willst du überhaupt, kannst ein paar reinhaben.» Dann wurde dieser Bürger erst mal aus der Wirtschaft herausgebracht, damit er nicht mehr die Gruppe hinter sich hatte. Je nachdem, was vorher abgelaufen war, hätte man ihn sofort zur Ausnüchterung ins Polizeigewahrsam bringen können. Der wurde aber oftmals zunächst auf der Wache «verarztet» – wie es hieß –, also vermöbelt, verprügelt und dann erst ins Gewahrsam gebracht, das sich woanders befand.

Interessanterweise war das Gewahrsam selber tabu hinsichtlich körperlicher Attacken. Ich meine damit nicht Notwehrreaktionen, sondern: Bestrafungsaktionen im Polizeigewahrsam habe ich persönlich nicht erlebt. Das hängt vielleicht damit zusammen, daß der Gewahrsamsbeamte mit seinen – ich sag jetzt mal Gefangenen allein blieb, wenn die Kollegen wegfuhren. In dieser kleineren Stadt gab's dort einen älteren Polizisten. Das war für mich auch eine interessante Erfahrung, wenn ich den Kollegen manchmal unterstützen mußte. Der Kollege behandelte auch große Krakeeler wie einen Bekannten oder Kegelbruder. Da zeigte sich zum Teil ein sehr inniges Verhältnis und natürlich wieder eine ganz andere Kommunikation. Da ging's darum, möglichst zu signalisieren: «Wenn du dich hier lieb verhältst – du tust mir nichts, ich tu dir nichts –, kommen wir bestens zurecht.»

Die erste Kommunikationsform, die ich gelernt habe, war: «Ich zeig dir, wer hier Herr im Hause ist. Man schlägt nicht ungestraft einen Polizisten oder beleidigt ihn.»

Zweitens: «Du bist ja eigentlich ein feiner Kerl, und ich auch. Wir beide zusammen verstehen uns ja prima.» Im übrigen wurde auch mit den Mächtigen im kriminellen Milieu – so man mit denen zu tun hatte – in dieser Form gesprochen. Die wurden geduzt und mit Vornamen angeredet. Da war der «Pitter», und die Kommunikation verlief eigentlich folgendermaßen: «Du bist zwar ein Ganove, aber für mich bist du ein guter Mensch.»

Die dritte, eher alltägliche Kommunikationsform, wurde bei normalen Verkehrskontrollen und anderen Einsätzen ausgeübt.

Ach, und vielleicht noch die vierte – die ist auch interessant – in Konfliktsituationen: Familienstreit, Suizidversuch, alte Frau, geistig verwirrt, geistig Erkrankte. Damals hatten wir noch mehr als heute mit psychisch Kranken zu tun. Das war wieder eine ganz andere Art des Umgangs, mehr therapeutisch.

Diese Kommunikationsformen haben Sie aber alle in der Praxis gelernt?
Alle in der Praxis.

Sind Sie auch zufrieden mit diesen Erfahrungen?
Ja, ich bin insofern zufrieden, als ich Glück hatte und die Umstände günstig waren. Ich habe für mich von den Modellen, die mir präsentiert wurden, das Beste übernommen. Das war aber jetzt nicht systematisch. Es hätte ja auch ganz anders ausfallen können. Ich hätte ja auch der Polizist werden können – den ich auch erlebt hab –, der permanent zu Überreaktionen neigt, der diese Trennung eben nicht vornehmen kann. Zufrieden bin ich, weil ich so glücklich da durchgekommen bin, aber im nachhinein unzufrieden bin ich darüber, daß das letztendlich dem Zufall überlassen gewesen ist.

Ich wurde einmal nachmittags von einem älteren Kollegen eingeladen, mit dem ich auch heute noch befreundet bin. Da saßen wir bei schönem Wetter im Sommer auf seiner Terrasse, und er sagte zu mir: «Ich habe dich mal zur Seite genommen, weil ich dir etwas sagen muß. Du hast dich in den letzten Wochen sehr verändert. Du bist nicht mehr der» – und da war ich als junger Oberwachtmeister in die Praxis gekommen – «der du eigentlich bist. Laß bestimmte Verhaltensweisen», damit meinte er das Beleidigen und Schlagen von Menschen, «laß das sein, das paßt nicht zu dir. Wenn das andere machen, und du siehst das, mach das nicht nach.»

Zu dieser Zeit hatte ich eine Neigung, weil ich mir das bei anderen abgeguckt hatte, schnell zum Schlagstock zu greifen. Dieser Schlagstock wird unwahrscheinlich unterschätzt, da wird man auch nie drauf hingewiesen. Der Schlagstock sieht ja eigentlich in der Hand eines Menschen recht harmlos aus. Das ist ein schwarzer schlanker Gummistab, und man könnte meinen, was willst du damit schon machen. Es heißt ja auch in den Vorschriften, damit ist auf Arme und Beine zu schlagen.

Ich habe mir aber dann abgeguckt, daß Kollegen den Schlagstock mit sehr guter Wirkung in Richtung Kopf eingesetzt haben. Manchmal wurde auch sehr massiv auf den Rücken von Menschen geschlagen.

Dieser Kollege hat dann weiter zu mir gesagt: «Du mußt nicht alles nachmachen. Halte dir vor Augen, welche schweren Verletzungen man einem Menschen mit diesem Schlagstock zufügen kann, und wenn jemand einen Schädelbasisbruch davonträgt, wirst du unglücklich.»

Ich mußte ihm innerlich auch sofort recht geben. Das Schlagen mit dem Gummiknüppel war damals für mich – so komisch das klingen mag – eine Entlastung, weil dadurch meine Hand nicht mehr im Spiel war. Für mich gab es kaum eine größere Hemmung, als einen Menschen mit der Hand ins Gesicht zu schlagen. Also das, was im Grunde genommen für den Betroffenen das geringste Übel gewesen wäre, eine Ohrfeige, war für mich der größte Angang. Und das, was für den Betroffenen viel schwerer zu ertragen ist, auch im Hinblick auf körperliche Auswirkungen am schwerwiegendsten ist, nämlich der Schlag mit dem Gummiknüppel auf Kopf oder Schulter – das war für mich einfacher. Da konnte ich mein Gegenüber auf Distanz halten, da war nicht ich, der geschlagen hat, sondern da war das Medium Knüppel dazwischen.

So hatte ich damals also häufiger mit dem Schlagstock zugeschlagen, und dann passiert folgendes: Wenn Sie mit einem Gegenstand auf einen Menschen einschlagen – Gott sei Dank machen das nur wenige Menschen, das ist ja nicht allgemein üblich, daß wir uns gegenseitig verhauen –, dann verlieren Sie nach dem ersten, dem zweiten, dem dritten Schlag völlig die Kontrolle. Sie können nachher auch nicht sagen, wie oft Sie geschlagen haben und wohin Sie geschlagen haben. Sie schlagen zunächst vielleicht zweimal auf den Arm, auf den Oberarm. Dann zeigt Ihr Gegenüber vielleicht noch keine Reaktion, und dann werden Ihre Schläge heftiger und schneller, und Sie treffen verschiedene Körperstellen. Wenn man Sie nachher fragen würde, oder wenn man mich danach gefragt hätte, «wie oft hast du geschlagen», dann hätte ich gesagt, «och, dreimal, zweimal am Oberarm». Tatsache ist aber – man konnte das ja hinterher an den Spuren sehen: man hat manchmal sehr viel mehr geschlagen, und auch sehr viel auf andere Körperteile.

Wir haben mal eine Festnahme von einem sehr kräftigen Burschen vorgenommen. Der hat sich auch enorm gewehrt. Als er später zur Vernehmung kam, hat der Kriminalbeamte gedacht, er hätte Brandverletzungen und fragte ihn: «Wo haben Sie denn die Brandverletzungen und Rußspuren her, oder ...?» Der hatte den Rücken schwarz vor Gummiabrieb.

So, das waren ja nun keine Bestien, die da geschlagen haben, das waren Leute wie ich. Ich würde mich nun nicht gerade als besonders aggressiv bezeichnen. Man verliert einfach die Kontrolle.

Das waren dem Anschein nach Situationen, in denen auf beiden Seiten viel Erregung vorherrschte, in denen der Verstand aussetzte?

Angst, es war Angst. Die Situationen, in denen ich geschlagen habe, waren immer Angstsituationen. Natürlich hatte mein Gegenüber wahrscheinlich genausoviel Angst, vielleicht mehr. Ich bin größer als 1,90, dann in der Uniform, Lederjacke ... aber ich konnte meine Angst dadurch kompensieren, daß ich geschlagen habe.

Weniger aus Zorn, würden Sie sagen?

Weniger, also bei mir persönlich weniger Zorn, weniger Wut. Ich habe auch schon Situationen gehabt, in denen ich aus Wut geschlagen habe. Und zwar bin ich besonders wütend geworden, wenn ich massiv beleidigt wurde, oder, was ich gar nicht haben konnte: geringschätziges Verhalten mir gegenüber. Es gibt da einige Zeitungswerber, diese sogenannten Drücker, die neigen zu Formulierungen wie: «Was du in einem Monat verdienst, das verdiene ich an einem Tag! Wer bist du denn!» So in dieser Art. Oder wenn jetzt ein Engländer – wir hatten auch englische Besatzungssoldaten in der Stadt – «motherfucker» zu mir sagte, dann drehte ich durch. Wobei ich aber sagen muß, jemand, auf den ich so eine Wut hatte, weil er mich permanent beleidigt oder provoziert hatte, dem konnte ich auch eine Ohrfeige geben oder einen Tritt in den Hintern, da brauchte ich mich nicht großartig zu überwinden. Dann hab ich schon mal gesagt: «So, jetzt bin ich's leid», und dann bekam der von mir an der Tür einen Tritt in den Hintern, wenn er aus der Wache rausging.

Gab es in Ihrer Laufbahn Erfahrungen, Erlebnisse oder persönliche Begleitumstände, durch die Ihre Berufsentscheidung in Frage gestellt wurde?

Nein, überhaupt nicht, im Gegenteil. Ich habe drei Laufbahnen kennengelernt. Am angenehmsten, leichtesten und wohlsten habe ich mich tatsächlich in der mittleren Laufbahn – also im Streifendienst – gefühlt. Das heißt nicht, daß ich wieder dorthin zurück möchte, aber da war Polizei am unbeschwertesten, denn man wurde ja immer sicherer. Der erste Familienstreit war noch kompliziert. Wenn ich heute zu einem Familienstreit oder einer Wirtshausschlägerei käme, würde ich alleine aufgrund meines Lebensalters und meiner Erfahrung ganz anders damit umgehen. Heute weiß man, nach welchen Mechanismen das abläuft, und daß es darauf ankommt, den Leuten die Bühne zu entziehen, die sie haben, und sie beiseite zu nehmen und so weiter. Das habe ich gelernt und eigentlich gar nicht als Belastung empfunden. Meine Berufsentscheidung in Frage gestellt habe ich eigentlich erst später, als ich aufgestiegen war.

Als junger Dienstgruppenleiter bin ich in eine Dienstgruppe hineingekommen, die war nun schon fast als kriminelle Vereinigung zu bezeichnen. Da haben sich die Sorgen und Ängste bei mir auch nicht mehr in Aggressionen, sondern in Schlaflosigkeit, hohem Blutdruck und solchen Dingen ausgedrückt. Der Moment aber, in dem ich gedacht hätte: «Du bist kein guter oder kein richtiger Polizist, du wärest besser was anderes geworden», den hab ich eigentlich nicht gehabt.

Können Sie mir eine problematische Dienststelle beschreiben?

Das erste Mal, wo ich dachte, «hier muß ich weg», war eine Dienstgruppe, in die ich von einem älteren Kollegen eingeführt wurde. Obwohl dieser Kollege mich nicht kannte, kündigte er mich negativ an:

«Da kommt jetzt einer, der wird euch zeigen, wo's langgeht, ein ganz scharfer Hund und ein Karrierebeamter.» Diese Dienstgruppe hatte folgende Strukturen entwickelt: Der Dienst wurde so angenehm wie möglich gestaltet. Vor allen Dingen saß man gemütlich in der Wache, spielte Karten und erledigte alles möglichst oberflächlich. Des weiteren gab es auch die bereits geschilderten Vorfälle, daß jemand, der die Polizei nicht mit der vermeintlich gebührenden Achtung behandelt hatte, zur Wache gebracht und dort gezielt verprügelt wurde. Zu Beginn meiner dortigen Arbeit als Dienstgruppenleiter habe ich ganz klare Worte gesagt, daß mir das nicht gefällt und daß ich nicht gewillt sei, diese Arbeitsweise mitzumachen.

Da kamen eines Tages zwei Menschen zur Wache und wollten eine Anzeige gegen Polizeibeamte meiner Dienstschicht erstatten. Da habe ich gesagt: «Wenn Sie jetzt hier bei mir die Anzeige erstatten, müssen Sie wissen, daß ich der Dienstgruppenleiter bin. Hundert Meter weiter befindet sich eine Kriminalwache, dort können Sie die Anzeige genauso erstatten.» Dieses Ereignis spielte sich im Wachraum ab, zur Zeit des Wachwechsels.

Die Anzeigeerstatter sagten dann allerdings: «Das wissen wir, daß Sie der Dienstgruppenleiter sind, wir wissen aber auch, daß Sie verpflichtet sind, die Anzeige aufzunehmen und so zu protokollieren, wie wir das sagen. Es macht also keinen Unterschied, wenn wir zur Kriminalwache gehen, und jetzt nehmen Sie die Anzeige bitte auf, oder wollen Sie die Anzeige nicht aufnehmen?»

Da merkte ich natürlich sofort, daß ich nichts erreicht hätte, wenn ich die Anzeige nicht aufgenommen hätte, die beiden hätten sich das nicht gefallen lassen. Der Fall selber wäre auf jeden Fall protokolliert worden. Also sagte ich: «Gut, bitte schön, dann kommen Sie jetzt durch, wenn Sie das wollen, natürlich muß ich die Anzeige aufnehmen.»

Dies geschah zur Zeit des Wachwechsels, das heißt, zwei Dienstgruppen erlebten hautnah, wie – so hieß es ja dann – ein Dienstgruppenleiter seine eigenen Leute anzeigt. Erst später, aber erst viele Tage später, stellte sich heraus, daß ich die Anzeige möglichst objektiv aufgenommen hatte, und letztendlich auch durch die sofortige Anzeigenaufnahme die Kollegen glimpflicher, mit Sicherheit glimpflicher davongekommen sind. Wären die beiden Anzeigeerstatter zur Kriminalwache gegangen, hätten sie inzwischen sicherlich noch eine neue Wut empfunden. Aber das konnten die Kollegen in diesem Moment nicht einsehen.

Sie müssen sich jetzt vorstellen: Da sind auf einmal ca. 40 Menschen, die absolut gegen Sie sind. Die eigene Dienstgruppe und die Nachtdienstgruppe, die den Vorgang natürlich auch miterlebt hatte. In der Folgezeit erlebte ich zunächst, daß ich in einem Raum reinkam und keiner mehr weitersprach. Oder mit mir wurde nur noch Dienstliches besprochen. Sobald Sie da hinzukommen, wo sich Menschen unterhalten, schweigen die. Das ist natürlich so eine Sache. Damals hab ich allerdings auch nicht daran gedacht, nicht mehr Polizist zu sein, sondern mich in eine andere Dienststelle gewünscht.

Ich blieb übrigens da. Ich ging zu meinem Chef, meinem Schutzbereichsleiter, der hat gesagt: «Sie können vor Problemen nicht flüchten. Die Sache stehen Sie durch, und dann können Sie woanders hin.» Wenn ich heute übrigens schon mal Kollegen von dieser Dienstgruppe treffe, dann schwören die Stein und Bein, daß ich der beste Dienstgruppenleiter bin, den sie je gehabt hätten.

Wie sind Sie mit diesem Konflikt umgegangen, wie haben Sie es geschafft, eine Veränderung zu erzielen?

Also, der große Durchbruch ist gekommen, als ich zwei Kollegen helfen konnte, die in erster Instanz wegen Körperverletzung im Amt verurteilt worden waren. Dieser Vorfall lag vor meiner Zeit als Vorgesetzter in dieser Dienstgruppe. Durch meine Intervention habe ich nach vielen Gesprächen mit einem Staatsanwalt erreichen können, daß die beiden in zweiter Instanz gegen eine Geldbuße mit einer Einstellung des Verfahrens davonkamen, anstatt der ursprünglichen Geldstrafe, die natürlich disziplinarisch ganz andere Konsequenzen ausgelöst hätte.

Da merkten die Kollegen zum erstenmal, daß ich die Dienstgruppe nicht ans Messer liefern will. Rechtsstaatlichkeit ist für mich nicht allein in Lehrbüchern zu finden, sondern ich versuche sie zu praktizieren und erwarte das auch von anderen. Daß heißt aber nicht, daß ich diejenigen, die – jetzt sag ich mal – gefehlt haben, in Bausch und Bogen verurteile oder rausschmeiße.

Ich habe auch viele Gespräche geführt und mit einzelnen Kollegen gesprochen. Und als die merkten: Der meint ernst, was der sagt und handelt selber so, kam auch Vertrauen. Das war natürlich ein mühsames Geschäft, das geht am besten im Nachtdienst. Wenn man mit jemandem rausfährt und ein Gespräch anfängt.

Welche Auswirkungen hat die Polizeiarbeit auf das Privatleben?
Auswirkungen, wie sie gemeinhin geschildert werden: daß der Wechseldienst mehr oder weniger zur Isolation führe oder daß man nicht ins Theater gehen könne, lagen bei mir nicht vor. Wenn ich ins Theater hätte gehen wollen, dann hätte ich auch die Zeit gehabt. Diese Auswirkungen werden meiner Ansicht nach übertrieben. Nicht genug gesehen werden Erscheinungen wie, daß man als Polizist natürlich Held sein muß. Man muß stark sein und will dann nicht nach Hause kommen und ausgerechnet bei der Ehefrau den Weichen mimen, den, der sein Herz nun ausgerechnet seiner Partnerin offenbart, seine Ängste und so. Natürlich schleppt man das mit, das trägt man nach Hause, im wahrsten Sinne des Wortes, aber nicht in der Form: «Jetzt muß ich dir was erzählen, ich hab heute das und das erlebt» oder: «Ich werde da überhaupt nicht mehr fertig mit.» Eigentlich nicht.

Können Sie über belastende Ereignisse mit den Kollegen reden, über Gefühle, die ausgelöst werden?
Nein, nein, nein.

Ich habe während meiner gesamten polizeilichen Tätigkeit noch nie erlebt, daß einer von sich aus irgendwelche Schwächen zugegeben hat. Selbst Dinge, die sich privat ereignen, zum Beispiel eine Ehescheidung.

Ich war in einer Dienstgruppe, da waren 80 Prozent der Kollegen geschieden. Da hätte jetzt keiner zugegeben, welche Auswirkungen dieses Geschehen auf das Leben hat, daß man doch niedergeschlagen ist. Sondern da hieß es eher, man ist jetzt endlich wieder frei, um nur keine Schwäche zu zeigen.

Sie meinen Ängste, Gefühle?
Man sagt, keine Schwächen zeigen, gemeint ist aber, keine Ängste zeigen, wenn ich das heute so betrachte. Aber es hieß immer: keine Schwäche zeigen.

Weniger problematisch ist eine Offenlegung von Vorgängen, die einen mittelbar betreffen. Am stärksten greifen einen natürlich Situationen an, wo jemand Leid erfährt, der in einer vergleichbaren Situation ist wie man selber.

Beispiel: Der schlimmste Verkehrsunfall ist einer, wo ein Kind zu Schaden kommt, das im Alter des eigenen Kindes ist. Das kann man dann schon nach Hause tragen. Das ist auch bei Kollegen irgendwo akzeptiert. Man kommt jetzt aber nicht auf die Wache und sagt: «Ich bin völlig fertig, weil ich gerade dieses tote Kind gesehen hab», sondern da werden andere Worte gebraucht. Zum Beispiel: «Das ist schöne Scheiße, 'ne ganz schöne Scheiße, was da wieder passiert ist», oder: «Das war ein dicker Hund.»

Das war kein dicker Hund, das war ein Kind, aber man würde nicht sagen: «Ich seh andauernd mein eigenes Kind da liegen», oder: «Ich kann jetzt drei Tage lang nicht schlafen, weil ich nachts immer hochschrecke und träume, da hat dein Kind auf der Straße gelegen.» Das sagt man nicht.

Ich weiß noch von einem Einsatz, bei dem ein Toter in seinem Bett lag. Die Ehefrau hatte im Ehebett neben ihm geschlafen. Der Mann ist wohl nachts aufgewacht mit Bluthochdruck. Er hatte in der rechten Hand die Tabletten, Betablocker, in der linken Hand das Blutdruckmeßgerät und war tot.

Als wir kamen, öffnete die Ehefrau die Türe und sagte: «Ja warum kommt die Polizei, ich habe den Krankenwagen gerufen, mein Mann liegt da», und hatte überhaupt nicht gecheckt, daß sie neben einem Toten gelegen hatte. Die Kollegen vom Rettungsdienst kamen und sagten: «Das ist nichts für uns, da müßt ihr einen Bestatter holen, einen Arzt, der Mann ist tot.» Dann kam natürlich der Arzt, und der Frau haben wir alles mühsam erklärt. Wobei gesagt werden muß, Sie fahren später fort in dem Bewußtsein, der Frau ist die Situation letztendlich immer noch nicht klar. Auch wenn wir rausgehen und die Leiche weg ist, weiß die Frau immer noch nicht, daß ihr Mann tot ist, weil der Schock das Erkennen gar nicht zuläßt. Aber man muß sie dann allein lassen.

Nach diesem Einsatz fuhr ich nach Hause. Der Mann war im gleichen Alter wie ich zu dieser Zeit, und auch ich befand mich wegen Bluthochdrucks in ärztlicher Behandlung. Was dann passiert ist, brauche ich ja wohl kaum zu erzählen. Es war ein schöner Sommertag, der Nachtdienst lag hinter mir, und ich setzte mich auf den Balkon.

«Ja», sagte meine Frau, «willste dich nicht ins Bett legen, du bist doch sicher müde.»

«Nein, ich leg mich nicht ins Bett!»

«Ja, frühstücken wir erst?»

«Ja, frühstücken wir.»

«Willst du dich nicht jetzt hinlegen?»

«Nein, ich leg mich nicht ins Bett.»

Ich hatte Angst, mich ins Bett zu legen, ist ja klar. Ich hatte Angst, im Bett zu liegen und das Bild dieses Mannes vor Augen zu haben. Blutdruckmeßgerät, Betablocker, tot. Irgendwann ging es natürlich gar nicht mehr, gegen Mittag war ich so müde, da bin ich dann ins Bett gegangen. Da weiß man so ungefähr, was man mit nach Hause schleppt. Sie haben gefragt: Was nimmt man mit nach Hause, oder wie äußert sich das. Ich glaube, bei vielen in Schlafproblemen, bei manchen auch in Ernährungsproblemen. Entweder kann er eben nichts essen, oder – wozu ich eher neige – man stopft viel in sich rein, vor allem Fast food.

Sicherlich bei anderen Kollegen auch in Eheproblemen, obwohl darüber nicht gesprochen wird. Etwa in der Form, daß mit der eigenen Frau gesprochen wird wie mit dem Bürger – mit dem polizeilichen Gegenüber, wie wir sagen –, belehrend, befehlend, kommandierend. Konflikte werden nicht ausdiskutiert, sondern es wird entschieden. Da neige ich mit meiner Mentalität gar nicht zu. Bei mir drückte sich vieles in Passivität aus. Eigentlich bin ich ein total aktiver Mensch, der viele Interessen hat, aber in der Zeit des Wach- und Wechseldienstes und auch noch als Dienstgruppenleiter verspürte ich allgemeines Desinteresse in der Freizeit, verbrachte die meiste Zeit im Bett, sah fern, was ich heute gar nicht mehr mache, auch Filme, die ich heute als schwachsinnig bezeichnen würde. Das sind die Probleme. Man sinkt im Grunde genommen auf das Niveau des Bildzeitungslesers, über den man vorher vielleicht gelächelt hätte.

Also ist der Wechseldienst doch sehr belastend?

Ja. Nicht wegen der Zeiten, die der Wechseldienst hat. Das spielt eben keine Rolle. Dienstags kann ich besser in ein Museum gehen, als derjenige, der von montags bis freitags arbeitet. Ich kann selbstverständlich an einem Montagabend genauso ins Theater gehen wie an einem Samstag, vielleicht bekomme ich sogar bessere Plätze. Der Wechseldienst hat nur Auswirkungen auf das Engagement.

Ebenso überschätzt wird die Auswirkung des Wechseldienstes auf den Bekanntenkreis. Die Tatsache, daß viele Polizisten im Freundeskreis auch nur Polizisten haben, hat nicht unbedingt mit den Dienstzeiten zu tun. Andere Berufsgruppen wie Krankenschwestern und Ärzte haben ebenfalls ungünstige Arbeitszeiten. Nein, das hängt vielleicht auch von der Art der Kommunikation ab. Polizisten untereinander reden immer über dieselben Dinge wie im Dienst, über Einsätze, besonders spektakuläre Einsätze, über lustige Einsätze. Es gibt nur ein Thema, das heißt Polizei.

Ein Beruf, der einen Menschen in Besitz nimmt?

Ja, Sie sind nur noch Polizist. Natürlich sind Sie auch für die Nachbarn der Polizist. Auch wenn Sie nicht in einer Landesbedienstetenwohnung wohnen, sondern ganz woanders. «Das ist der Polizist, da an der Ecke, wenn du mal was hast.» Sie bleiben immer der Polizist.

Gut, das ist die eine Seite. Wenn ich Ihnen zuhöre, frage ich mich (und jetzt Sie), ob auf der anderen Seite die Art der Erlebnisse des polizeilichen Alltags doch so speziell sind, daß allein dadurch ein Zusammenhalt oder Zusammengehörigkeitsgefühl unter Polizisten bewirkt wird?

Ja. Das habe ich aber auch in verwandten Berufsgruppen festgestellt, mit denen wir Polizisten uns auch sehr gut verstehen. Zum Beispiel mit Krankenschwestern. Während meiner Zeit beim Streifendienst wurden Blutproben immer noch im Krankenhaus gemacht, in der Nachtambulanz. Auch wenn keine Blutprobe anlag, fuhr man schon mal zur Nachtambulanz, trank Kaffee mit den Schwestern oder Pflegern, die da Dienst hatten. Die sind uns da artverwandt.

Ja. Was zeichnet uns aus? Wir blicken erstens da hin, wo der normale Bürger gar nicht hinblickt. Das hängt mit Extremsituationen zusammen. Meinen ersten Toten habe ich bei der Polizei gesehen, meinen ersten schweren Unfall habe ich bei der Polizei gesehen, meine erste Prostituierte habe ich bei der Polizei gesehen. Ich habe bei der Polizei erfahren, daß es Perversionen im sexuellen Bereich gibt. Sie blicken ständig in Randbereiche, in Extrembereiche. Sie sind vergleichbar mit dem Forscher, der von einem Forschungsprojekt zum nächsten weitergeht, oder mit dem Weltreisenden, der von einem Wunder zur nächsten Attraktion gerät. Es sind immer nur besondere Extrembereiche.

Welche Vorstellungen haben Sie von den Einstellungen des Bürgers zur Polizei? Vielleicht können wir einige Kategorien bilden.

Erste Kategorie: der Bürger, der die Polizei als notwendiges Übel sieht. Da hab ich mich früher auch gesehen, da seh ich meine Eltern. Bestimmte Situationen können nicht ohne Polizei gelöst werden, es muß ja auch 'ne Feuerwehr geben. Wenn ein Einbrecher kommt, muß ich jemanden rufen können. Die Polizei als notwendiges Übel, aber nur, wenn es unbedingt sein muß. Besser noch, man macht die Augen zu, dann muß man sie nicht rufen, dann sieht man ja nichts. So, das ist der eine Pol. Und dann kann man das wahrscheinlich folgendermaßen abstufen.

In der zweiten Kategorie sind Bürger, die sagen: «Ja, Polizei, das sind diejenigen, die ich von meinen Steuern bezahle, die für mich Dienstleistungen erbringen, zum Beispiel bei einem Verkehrsunfall oder wenn in meiner Kneipe jemand randaliert. Für diese Menschen ist Polizei ein Dienstleistungsunternehmen.

Dritte Kategorie – diese Gruppe gibt's auch: Bürger, die ein ganz inniges Verhältnis zur Polizei haben, interessanterweise häufig Frauen. Man begegnet Frauen, da merkt man, die finden Polizei toll, die finden einen Polizisten toll. Jetzt nicht als Mann, sondern wegen seiner Rolle als Polizist. Von denen wird man auch auf einer Fußstreife oder bei Veranstaltungen angesprochen. Das habe ich immer wieder erlebt. Die weichen einem dann nicht mehr von der Seite. Und meistens beginnt das Gespräch so: «Ich weiß ja, ihr habt so einen schweren Beruf, ich möchte es ja nicht machen.» Und so weiter. Die fühlen sich irgendwie angezogen von dem Beruf oder den Personen.

Angezogen von der Autorität?

Ja, genau, weil wir noch eine der wenigen verläßlichen Autoritäten sind. Wenn man sein Elternhaus verlassen hat und nicht mehr in der Schule ist, und Religion gilt ebenfalls nur noch wenigen Menschen als Autoritätsmacht – da ist es vielleicht die Polizei.

Sind das eher ältere Frauen?

Auch jüngere. Als ich Dienstgruppenleiter in der kleineren Stadt war, habe ich eine junge Frau kennengelernt, die hatte regelmäßig Polizisten in ihrem Apartment. Morgens um fünf Uhr sagten die Kollegen, wir gehen da noch eine Tasse Kaffee trinken. Dann schellten sie bei ihr. Sie machte die Tür auf und sagte: «Ach Jungs, wollt ihr 'nen Kaffee haben?» Dann setzten die sich in aller Seelenruhe morgens um fünf Uhr in das Apartment, und sie stand im Schlafanzug und kochte Kaffee. Die hatte Mützen in ihrem Regal, wie andere Leute Bücher. Die Nachbarn haben immer gesagt: «Wir warten nur noch auf einen Hubschrauber, sonst war alles schon da, was die Polizei zu bieten hat ...» Das ist also der ganz extreme Polizistenfreund.

Welche Einstellungen haben Sie zum Bürger, und wie sehen Ihrer Meinung nach die Einstellungen von Kollegen aus?

Ich glaube, wenn ich jetzt wieder Kategorien bilden würde, sähe das im Grunde genommen ähnlich aus. Es gibt sicherlich Kollegen, für die der Bürger ein lästiges Übel ist. Der ruft an, und dann will er schon wieder irgendwas.

Es mag auch das Extrembild des Polizisten geben. Diese Kollegen ärgern sich besonders über den Bürger, den sie ironisch auch den mündigen Bürger nennen. Da heißt es dann: «Da hat wieder ein mündiger Bürger angerufen.» Damit ist also der kritische, der manchmal auch hinterfragende, distanzierte Bürger gemeint, der sagt: «Ist Ihnen eigentlich schon mal aufgefallen, daß jetzt seit drei Tagen auf dem Kinderspielplatz immer so ein Junkie auftaucht?» Und Sie sitzen zwei Kilometer entfernt in der Wache und müssen sich anhören, daß Sie das wohl noch nicht wissen, weil Sie eben unfähig sind. Diese Kollegen sehen den Bürger dann auch auch als den geborenen Feind des Polizisten.

Weil er vermeintlich versucht, Ihnen etwas nachzuweisen?

Genau.

Es gibt offensichtlich eine Frontenstellung Bürger – Polizei, obwohl der Polizist in Wahrheit nur ein Bürger in Uniform ist.

Ja, ja. Das ist so ähnlich wie bei der Bundeswehr, wo auch immer ausdrücklich betont werden muß: wir sind Bürger in Uniform. Bei uns wird das nicht thematisiert – aber es ist so, daß viele Polizisten sich tatsächlich nicht als Teil der Gesellschaft sehen. Nicht alle, aber viele Polizisten sehen die Gesellschaft (die Bürger) auf der einen Seite und die Polizei auf der anderen. Subkultur!

Reden wir über Übergriffe von Polizeibeamten. Hamburg, Bernau, Berlin. Was steckt dahinter? Welche Ursachen sind Ihrer Vorstellung nach dafür verantwortlich?

Aus der Distanz heraus würde ich sagen, daß die Übergriffe, die ich selber begangen habe oder sehr hautnah verfolgt habe, hauptsächlich aus Angst begangen wurden. Angst. Wenn ich das Gefühl habe, mir passiert etwas, ich bin in einer gefährlichen Situation und muß schneller sein als der andere. Das Gesetz des Dschungels, sagen die Kollegen.

«Wenn ich nicht töte, tötet der» – das ist zwar übertrieben – es geht ja nicht ums Töten –, aber wenn ich nicht schlage, dann schlägt der mich zuerst. Ich habe gelernt: Du mußt den ersten Schlag machen, dann kann nichts passieren. Wenn der andere dir körperlich überlegen ist, dann mußt du nur zusehen, daß du den ersten Schlag machst. Das ist die pure Angst.

Ein weiterer Anlaß ist wohl hilflose Wut, wenn das Gegenüber den Polizisten spüren läßt, als wie klein er ihn empfindet. Wut auf dieses scheinbare Überlegenheitsgefühl des anderen, nennen wir das mal so.

Was ich persönlich nie erlebt habe, ist Aggression aus Sadismus, daß Stadtstreicher – das hat es ja auch in Düsseldorf gegeben – gequält werden. Das hab ich nicht einmal erlebt, eher das Gegenteil. Manchmal gab man dem Penner tatsächlich noch ein oder zwei Mark oder Zigaretten.

Welche Gedanken und Gefühle laufen ab, wenn Sie daneben stehen, wenn ein Kollege einen Übergriff macht?

In den Situationen, in denen ich daneben gestanden habe, war ich auch immer involviert. Da habe ich genauso empfunden, vermute ich mal. Ich habe noch nicht erlebt, daß ich gesagt habe: «O Gott, was macht der jetzt, hör auf damit», oder ihm nachher gesagt habe: «Das mußte nicht sein», oder gedacht habe, «Mensch, dem möchtest du am liebsten in den Arm fallen und zurückhalten.»

Doch. Ich habe es einmal, ein einziges Mal erlebt – ich erinnere mich jetzt daran. Wir hatten jemand, der unheimlich renitent war, mit Mühe gebändigt und zwischen die hinteren Sitze im VW-Bus gelegt. Da kam ein kleiner, sehr schmächtiger Beamter, holte den Gummiknüppel raus und hat den fürchterlich verprügelt. Da ist ein älterer Kollege gekommen und hat gesagt: «Komm, jetzt ist gut, hau mal ab hier.»

Hinterher hat man sich darüber amüsiert, das hat man ihm auch deutlich zu verstehen gegeben, daß er ja zu großen Taten gelangt ist, als der Betroffene schon in Handfesseln auf dem Bauch lag. Vorher hätte man ihn ja nicht gesehen. Das war aber ein Fall, der nicht typisch ist. Das galt als Verstoß gegen den ungeschriebenen Ehrenkodex, wobei das Wort Ehrenkodex in dem Fall pervers ist. Aber jemand zu schlagen, der gefesselt daliegt – das habe ich auch noch nie erlebt, bis auf diesen einen Fall.

Ich habe wohl erlebt, daß jemandem die Handfesseln abgenommen wurden, der dann verprügelt wurde und gesagt wurde: «Dann wehr dich doch, du Schwein.» Das hab ich erlebt.

Wenn Sie mit einem Festgenommenen auf die Wache kamen?

Richtig, auf der Wache wurden ihm die Fesseln abgenommen, und der wurde dann verprügelt. Das ist im Grunde genommen pervers. Es gibt einen Ehrenkodex, der sagt: Du schlägst keinen, der hilflos ist.

Aber mit mehreren Menschen einen anderen zu verprügeln, das ist weniger problematisch?

Ja genau. «Zwei auf einen ist unfair», was wir als Kinder immer gesagt haben – das spielt dann keine Rolle mehr.

Was ich allerdings wirklich nicht erlebt habe bei uns, ist, daß wirklich schwache Menschen geschlagen wurden. Wir haben Aktionen gehabt, die gingen gegen Stadtstreicher. Wir sagten dazu: «Pennerlandverschickung». Da wurden also Stadtstreicher, die bestimmte Grünanlagen und Spielplätze überbevölkerten, mit einem großen VW-Bus oder einem noch größeren Fahrzeug abgeholt. Dann wurde die Tür aufgemacht, und die wurden ins Auto geschickt. Danach fuhren wir zur Stadtgrenze und setzten sie in der «Wildnis» aus, in einer Sandgrube oder ähnlichem. Und dann hieß es: «Da ist die Richtung zurück, macht euch auf den Weg.»

Das ist ja auch schon ein Übergriff, das ist eine Freiheitsberaubung. Aber beim Transport oder Wegbringen wurden sie nicht geschlagen. Die sind auch nicht in den Wagen hineingeprügelt worden. Natürlich ist das ein Übergriff, na klar – aber eben nicht im Sinne von körperlicher Mißhandlung, direkter körperlicher Mißhandlung.

Gibt es Möglichkeiten der Entlastung, Verarbeitung oder der Klärung solcher Prozesse im Dienst?

Nein. Diese Vorfälle kommen ja in die Sammlung mit den Heiligenbildchen und Andachtsbildchen, die jede Dienstgruppe hat. Und diese Andachtsbildchen werden bei gemeinsamen Treffen hervorgeholt: «Weißt du noch, der hat sein Fett weggekriegt. Dem hat der Jupp aber dies und jenes!»

Das ist die einzige Form der Verarbeitung: im Sinne von Glorifizierung.

Wenn ich mir im Fernsehen «Die Wache» oder andere Polizeiserien anschaue, wird die Arbeit der Polizei überwiegend glorifiziert. Dieser Bereich des Polizeialltages – der anscheinend nicht selten ist – wird überhaupt nicht gezeigt. Außerdem kommt mir die Idee, wenn ich Ihnen und auch anderen Polizisten zuhöre, daß bestimmte Formen von Übergriffen intern – das macht vielleicht auch die Geschlossenheit der Polizei aus – als etwas Gutes, Sinnvolles dargestellt werden.

Ja. Wenn sich Polizisten unterhalten, dann nicht über die hochkomplizierte Unfallskizze, die sie nach einer Massenkarambolage auf einer Kreuzung in der Innenstadt angefertigt haben. Darüber unterhalten sich Polizisten mit Sicherheit nicht. Nein, entweder über heitere Sachen oder aber diese …

... über Extremsituationen, die – wenn ich das rechtsstaatliche Prinzip richtig im Kopf habe – zum Teil den polizeilichen, den gesetzlichen Statuten etwas zuwiderlaufen?

Nicht nur etwas. Nee, nee, schon massiv zuwiderlaufen. Der Erinnerungswert von solchen Dingen ist besonders hoch, und er wird immer wieder bei Veranstaltungen, bei Weihnachtsfeiern hervorgezaubert. Da kommen Erzählungen von Dingen, die – und das muß mal ganz platt gesagt werden – Strafgesetze verletzen. Die verklären sich im nachhinein, werden dann auch aufgebauscht, aber das wird dann dargestellt als positiv – ja.

Welche Schlußfolgerung sollte daraus für die polizeiliche Arbeit gezogen werden?

Heute bin ich relativ distanziert, weil ich nicht mehr im praktischen Polizeidienst tätig bin. Da kann ich für mich nur die Schlußfolgerung ziehen, daß letztendlich jegliche Rollendistanz verlorengegangen ist. Ich hatte ja eingangs gesagt, in der Rolle Polizist bleibt man beim Biertrinken wie auch im Dienst. Das ist eine eigene Welt mit eigenen Gesetzen, auch wenn es überzogen klingen mag. Aber diese Gesetze weichen zum Teil wirklich völlig ab von Gesetzen, die uns vorgegeben sind.

Wenn ich Ihre Worte auf mich wirken lasse, erscheint mir das Dasein des Polizisten sehr gespalten. Was müßte denn geändert werden, um sinnvolle Reformen in der Polizei zu begünstigen? Das ist auf Dauer bestimmt kein angenehmer Zustand, immer in Gefahr zu sein, mit dem Strafgesetzbuch zu kollidieren?

Das habe ich noch gar nicht gesagt, aber es ist mir noch in guter Erinnerung. Nun hab ich ja immer Glück gehabt, ich war nie Beschuldigter oder zumindest nie angeklagt. Das ist in der Tat – wenn eine Strafanzeige erstattet worden ist – für den Polizisten eine neue angstbesetzte Sache, denn jetzt kommt die Angst vor der Strafgewalt, die auch im disziplinarischen Bereich enorme Folgen hat.

Und jetzt betrachten wir dazu folgendes: In unserem Rechtssystem ist es gang und gäbe – und der Justizminister hat neulich gesagt, daß es wünschenswert ist und ausgebaut werden soll –, daß Schlichtung vor Streitentscheidung steht. Das heißt also, wenn ich mit einem Nachbarn einen Streit habe und lasse mich dazu hinreißen, diesem eine Ohrfeige zu geben, habe ich in unserem Rechtssystem die Möglichkeit, ja sogar vorrangig die Pflicht, mich zu entschuldigen und die Sache nach Kräften wiedergutzumachen. Danach ist die Sache erledigt, ich bin nicht vorbestraft.

Der Polizist hat diese Möglichkeit nicht. Es gibt auch nicht die Erwiderung auf der Stelle. Wenn ich jetzt auf eine Beleidigung mit einer Ohrfeige reagiere, dann gibt es nur die Möglichkeit der Anzeige wegen Körperverletzung im Amt. Das ist ein schweres Vergehen, zieht automatisch nach einer Verurteilung im Strafprozeß Disziplinarmaßnahmen nach sich. Der Polizist fühlt sich vielleicht noch einigermaßen wohl in dem Moment, wo er seine Aggressionen durch den Schlag oder die Schläge abladen kann. Schon auf der Fahrt zur Wache kommt dann: «O Gott, was kann denn – ob der sich beschweren wird, was meinste, ob der 'ne Anzeige ...?» – «Och nee, der macht nicht den Eindruck.»

Und dann kommt die Anzeige doch, von einem Anwalt, und wenn die gut ist und eventuell Zeugen beigebracht werden können, dann wird es verdammt stressig.

Ja, jetzt war die Frage eigentlich: was sollte geändert werden, damit der Polizist aus dem Teufelskreis herauskommt? Der im übrigen dazu führt, daß er nur eine Möglichkeit hat: Weil er nicht sagen kann, das tut mir leid, das hab ich getan, kann er nur lügen. Zusätzlich bringt er jetzt seine Kollegen in Schwierigkeiten, die dabei waren. Die können auch nur mitlügen. Das geht gelegentlich bis hin zum kollektiven Meineid. Es gibt Richter, die wissen genau, daß in einem Verfahren «gekrückt» wird – so heißt das Lügen nämlich bei der Polizei –, und dann kommt es auf den Richter an. Es gibt sehr viele Richter, die sagen: «Jetzt sitzt da so ein Ganove, der hat hier eine Anzeige gemacht wegen Körperverletzung im Amt. Jetzt sollst du den unbescholtenen Polizisten hier verurteilen, und der Ganove, der lacht sich ins Fäustchen.» Der Richter hätte vielleicht in dieser Situation genauso gehandelt wie der Polizist, und der Richter wird ja *den* Angeklagten hart bestrafen, der etwas tut, was er sich selber gar nicht vorstellen kann.

Nun sind und bleiben diese Vorgänge immer noch strafbar. Ist das übrigens nur bei einem Polizisten eine Straftat oder auch bei einem «Normalbürger»?

Eine Körperverletzung ist eine Körperverletzung, aber beim Bürger ist Körperverletzung ein Privatklagedelikt, das heißt, es wird nicht von Amts wegen verfolgt. Das Verfahren geht zunächst vor den Schiedsmann, hier gibt es also diese Streitschlichtungsmechanismen.

Welche Maßnahmen würden aus Ihrer Sicht zur Verbesserung der polizeilichen Arbeit beitragen? Welche Änderungen und Reformen sollten die Institution der Polizei und/oder Politiker Ihrer Meinung nach in die Wege leiten?

Ich glaube, es müßte zunächst einmal ein Nachdenken über die polizeiliche Alltagsarbeit bewirkt werden. Ich muß also dem Polizeibeamten ermöglichen, in der Gruppe sein Verhalten quasi noch einmal von außen zu betrachten, zu reflektieren. Man könnte das Wort Supervision dafür nehmen, es ist egal, wie das benannt wird. Mir scheint es wichtig zu sein, jemanden in die Gruppe hineinzubringen, der nicht zu dieser Gruppe und womöglich auch nicht zur Institution der Polizei gehört. Nicht nur wegen des Legalitätsprinzips, dem ein Polizist auch unterliegt, wenn er als Vorgesetzter von Übergriffen erfährt, sondern einfach wegen der Distanz.

Daß im Einzelfall der ein oder andere Polizist – ich würde mich vielleicht heute auch dazu zählen – den Kollegen eine veränderte Sichtweise nahebringen könnte, lassen wir mal außen vor; das ist ja nicht die Regel, das ist ja leider doch die Ausnahme. Andere Berufsgruppen wie Ärzte, Krankenschwestern und Sozialarbeiter holen sich auch einen Fachmann von außen, weil es sehr schwierig ist, seine eigene Situation zu reflektieren. Das muß also geschehen. Ich muß jemanden haben, der als Moderator oder Supervisor die Gruppe betreut. Ich halte auch nichts davon, den einzelnen Polizisten rauszunehmen, weil ich damit ein therapeutisches Klima schaffen würde. Die gesamte Gruppe müßte meiner Ansicht nach betreut werden, besonders in problematischen Gebieten mit hohem Kriminalitätsaufkommen.

Sicherlich auch abhängig von der Struktur des Bezirkes?
Ja, und sicherlich auch abhängig vom Anlaß. Ich habe bisher nur aus eigenem Erleben von den Dingen gesprochen, die wir heute vielleicht als gruppendynamische Prozesse bezeichnen würden.

Der sadistische Einzeltäter, den es ohne Frage gibt: bei dem nützt keine Supervision, da ist eine Therapie angesagt.

Wie verstehen Sie den gesellschaftlichen Auftrag der Polizei. Welche Aufgaben sollten vordringlich wahrgenommen werden?
Hoho, das ist aber jetzt die Gretchenfrage. Darüber denke ich zur Zeit selbst noch nach. Ansätze, die ich im Moment befürworte, gehen in Richtung bürgernahe Polizeiarbeit, wie sie in den USA in manchen Staaten praktiziert wird. Da ist der Polizist im Verbund mit anderen Dienstleistern tätig. Wir haben in der BRD keine kommunale Polizei. Manchmal bedauere ich, daß wir nur noch eine staatliche Polizei haben. Der ideale Polizist wäre für mich einer, der in einem kleinen Revier mit dem städtischen Beamten der Bezirksverwaltungsstelle arbeitet, vielleicht mit einem Streetworker, und und und. Der also sein Quartier letztendlich polizeilich im Sinne von Sicherheit betreut. Das wäre im Moment mein Idealbild.

Was glauben Sie, wie die meisten Ihrer Kollegen den gesellschaftlichen Auftrag sehen?
Ich glaube, daß der Trend in Richtung Feuerwehrpolizei geht. Die Polizei in Nordrhein-Westfalen entwickelt sich derzeit jedenfalls in der Form, wie es bei der Feuerwehr schon üblich ist.

Eine Feuerwehr sitzt auf einer Wache mit hohem technischen Gerät, wartet darauf, daß es brennt und fährt dann möglichst schnell an den Brandort. Und dahin gehen wir jedenfalls in den Großstädten. Die Polizisten warten auf den Revieren und fahren mit Blaulicht und Martinshorn zum Unfall, zum Brand und so weiter – Interventionspolizei.

Interessant ist aber, das die Gesetzgebung immer mehr zur proaktiven Polizei hingeht. Wir erhalten lauter Befugnisse für die Vorfeldbeobachtung, für die vorbeugende Gefahrenabwehr, für die vorbeugende Verbrechensbekämpfung. Das ist die Gesetzgebung. Und die praktische Polizeiarbeit tendiert immer mehr zu der Feuerwehrpolizei.

Also auch da ein scheinbar unauflösbarer Widerspruch?

Ja.

Herr Mokros, ich danke Ihnen für das Gespräch.

«Türken waren einfach Ölaugen»

Jürgen, 33, Polizeiobermeister

Jürgen, schildern Sie bitte in groben Zügen Ihren beruflichen Werdegang bei der Polizei bis zur Fachhochschulausbildung.

Angefangen 1978, im Oktober BPA (Bereitschaftspolizei), dann obligatorisch zweieinhalb Jahre Ausbildung und von da aus in den Schutzbereich. Dort bin ich ein halbes Jahr gewesen, in einem Randbezirk einer Großstadt, durchwachsen: vom Problemviertel bis zu dem, wo die Hautevolee wohnt. Da hat man dann festgestellt, daß ich nicht zu diesem Schutzbereich passe und der Schutzbereich nicht zu mir. Von da aus bin ich 1981 zu einem Schutzbereich in der Innenstadt gegangen. Zum einen kannte ich da noch Leute aus der BPA-Zeit, und zum anderen dachte ich mir, es kann eigentlich nur besser werden. Von 81 bis 85 habe ich querbeet zwischen Streifendienst, normaler Hauptwache und Fußstreife in den jeweiligen Nebenwachen gewechselt, dann so Pi mal Daumen ein halbes Jahr Streife, nur Fußstreife. Dann habe ich mich für die Fachhochschule beworben, bin im Schriftlichen bei der Aufnahmeprüfung schon durchgefallen und wieder zurück. Da gab es gerade ein Pilotprojekt, und zwar war das eine Kradgruppe. Das waren geniale Arbeitszeiten: jeden Sonntag frei, kein Nachtdienst mehr, also nur Früh- und Spätdienst, jeden zweiten Samstag frei, und das habe ich dann gemacht. Danach habe ich eine Zeitlang als Trainer für Eingriffstechnik gearbeitet.

Sie sagten, die in dem ersten Schutzbereich haben zu mir nicht gepaßt, und ich nicht zu ihnen. Können Sie das näher beschreiben?

Das war ein ziemlich übles Jahr. Aus heutiger Sicht würde ich mich in meiner damaligen Verfassung nicht mehr auf die Straße schicken. Ich war effektiv noch zu jung, und dann haben wir auch soviel Mist gebaut, da war ich untendurch in der Dienstgruppe.

Hatten Sie denn genug Unterstützung in der Dienstgruppe?

Absolut nicht. Der Schutzbereich war damals ein sehr unangenehmer. Die Leute waren sehr unsympathisch, für meine Begriffe. Wir hatten einen sehr schwachen Dienstgruppenleiter, den nahm keiner so ganz ernst. Der damalige Schutzbereichsleiter war in der ganzen Stadt verschrien. Dem ging es nicht darum, etwas zu leisten, sondern daß die Socken ordnungsgemäß angezogen waren. Als die ersten weißen Socken aufkamen, war das für ihn ein Kulturschock. Der war übel drauf, und sein Vertreter auch.

Da haben Sie viel Druck empfunden?

Druck weniger, aber Hilflosigkeit seitens der Vorgesetzten, mal lenkend einzuwirken.

Wie könnten Sie die Stärken oder Schwächen Ihrer Ausbildung beschreiben?

Stärken wüßte ich keine. Das ging damals noch richtig mit Antreten zum Hofkehren und Grasrupfen, also aus den Steinen Gras rausrupfen. Dann hatten wir damals noch Stubendurchgänge.

Und fachtheoretisch?

«Wir nehmen das Buch, und wir lernen auswendig.» – Das haben wir dann auch gemacht, mehr oder weniger – ich weniger. Wie man mit Leuten umgeht, was jetzt «in» ist, Rhetorik, Psychologie, Kontaktpflege – das haben wir alles nicht gemacht.

Wir hatten damals noch die berühmt-berüchtigte Lehrwache. Da gab es den berühmt-berüchtigten «Schleuderstuhl». Darauf wurden Leute, die gerade mal den Grundlehrgang absolviert hatten, im zweiten Ausbildungsjahr gesetzt. Er war identisch mit einem normalen Wachtisch. Dann kam aus dem OFF ein Sprecher, der erzählt hat, was denn so Ambach ist.

Die Stimme aus dem Hintergrund rief dann zum Beispiel an: «Hier ist Müller von der Werkstatt Dingenskirchen. Wir haben hier gerade ein Auto abholen lassen und vergessen, die Schrauben von den Reifen anzuziehen.» Aus heutiger Sicht eine Sache – da lachst du drüber. Damals war das für den, der da an dem Tisch saß, anders: «Was mach ich jetzt, Panik!» Man hatte ja vorher nie mit so was zu tun gehabt.

Es war aber klar, daß das ein Spiel war?
Es war ein Spiel, das benotet wurde. Und da konnte man nur untergehen. Da war niemand, der einem eine Hilfe gab oder langsam darauf hinarbeitete. – «Heute du, setzen.» Das ging nur mit «Fünfen» und «Sechsen» ab, weil die Leute zum Teil wirklich maßlos überfordert waren. Da ja keiner wußte, wie er mit so was umgehen soll. Es wurde einem ja nichts erzählt, und dann ging man fürchterlich unter.

Wissen Sie noch, wie Ihre ersten Erfahrungen mit dem Bürger waren?
Das war ganz übel. Am ersten Tag, wo ich auf der Straße war, ging ich zusammen mit einem, der auch gerade erst von der Schule kam, also ohne Bärenführer. Nach dem Motto: «Euch beide können wir gerade nicht verwenden, geht mal raus, hier habt ihr das Streifenbuch.» Da stand dann drin, wo man vier Straßen langzugehen hat. Dann sind wir gegangen und dachten, wir wären die Weltmeister, weil wir jetzt Sternchen auf den Schultern hatten. Und dann kamen die ersten Fragen, und dann: «Öhm, ja, was machen wir jetzt.»

Was war so schlimm daran?
Daß die Erwartungshaltungen und das, was wir wirklich konnten, nicht übereinstimmten. Man wurde aus der Ausbildung entlassen nach dem Motto: «Jetzt bist du Hauptwachtmeister, hast deinen Pikkel auf der Schulter, hast die erste Fachprüfung hinter dir – du bist der Held, weil du das jetzt geschafft hast.» Das glaubst du dann auch. Wenn du aber dann auf der Straße bist, stellst du rapide fest, daß du nämlich gar nichts kannst.

Fallen Ihnen Beispiele ein?
Einmal bin ich übel aufgelaufen, als es angeblich um eine Vergewaltigung ging. Da hatte eine Frau angegeben, sie sei von mehreren Leuten vergewaltigt worden. Wir hatten irgendwie Verdächtige; die Frau war auch schon im Krankenhaus.

Mein damaliger Streifenführer war jemand, den sie auch nicht mochten. Ich glaube, der ist gar nicht mehr dabei, weil er diverse Schwierigkeiten mit dem Abrechnen von Verwarngeldblocks hatte. Sie haben also die beiden, die sie absolut nicht leiden konnten, auf einen Wagen gesetzt. Dann hat mein Streifenführer damals gesagt:

«Die waren's wohl, die vier.» So, ich dann brav, treudoof über Funk gesagt: «Die waren's dann wohl.» Irgendwie stellte der Arzt aber dann fest, daß das mit der Vergewaltigung gar nicht so gewesen sein konnte. Nach dem Nachtdienst im Umkleideraum haben sie mich dann zusammengeschissen: «Was mir einfallen würde, so 'ne Durchsage am Funk zu machen! Sie hätten beinahe widerrechtlich Leute eingesperrt und überhaupt und außerdem ...!» Daß ich gerade mal drei Monate bei der Polizei war und mein Bärenführer gesagt hatte, daß das so ist – davon war keine Rede mehr. Da war dann auch der Punkt gekommen, wo ich gedacht habe: «Da mußt du weg.» Ich hab dann auch das Umsetzungsgesuch geschrieben.

Welche Vorstellungen hatten Sie vor Ihrer Ausbildung von dem Berufsbild eines Polizisten?

Ich muß zu meiner Schande gestehen, ich hatte gar keins. Wenn ich ein richtiges Bild von dem Beruf gehabt hätte, hätte ich ihn gar nicht genommen. Als ich nämlich da angefangen hab, stellte ich fest, daß ich Nachtdienst habe, und ich hasse Nachtdienst.

Ich weiß bis heute nicht, warum ich mir den Beruf ausgesucht habe, weil ich wahrscheinlich in einem anderen Beruf erheblich besser aufgehoben gewesen wäre.

Welche Vorstellungen haben die ersten konkreten Erfahrungen nach der Berufsausbildung bei Ihnen ausgelöst?

Das erste halbe Jahr zählte ich einfach nicht. Das war ein Lernprozeß, sich erst mal einordnen lernen. Angefangen mit der Arbeit hat's an sich erst ein halbes Jahr später im Schutzbereich. Da habe ich bestimmte Fehler eben nicht mehr gemacht. Außerdem waren die Anleitungen durch die älteren Kollegen auch erheblich besser. Die haben mich relativ offen und unvoreingenommen aufgenommen, und ich mußte nicht von Anfang an die Negerjobs machen oder mehr als normal Negerjobs machen.

Was ist für Sie ein «Negerjob»?

Negerjobs waren Pförtnerdienste zum Beispiel. Da saß man eben im Nachtdienst fünf, sechs Stunden lang so ziemlich sinnlos in der Gegend rum.

Aber das mußte ich auch nicht mehr machen, als es sich eben ergab. Oder Palme putzen.

Palme putzen?
«Sowieso (Name eines Kollegen), du bist doch ein Grüner!»
«Ja.»
«Putz die Palme.»

Das geschah im Dienst auf der Wache?
Ja. Wir haben bei uns auf der Wache eine Yucca gehabt. Unser damaliger Wachhabender war, als ich anfing, Ende 50, aber Wachhabender mit Leib und Seele. Der wollte auf gar keinen Fall in den Tagesdienst, der brauchte ganz einfach den Schichtdienst, brauchte die Jungs um sich. Der ist wohl auch ziemlich eingegangen, nachdem er dann pensioniert war ... Er war früher Angehöriger der Waffen-SS gewesen, nach eigener Aussage nicht rechtsradikal, aber deutschnational. Als ich in diesem Schutzbereich war, kamen die Grünen gerade auf, und wir hatten einen Kollegen, der sich dieser Partei irgendwie zugehörig fühlte, und dann kam da der Spruch: «Du bist doch bei den Grünen, putz die Palme.»

Und das mußte gemacht werden?
Es war damals etwas untunlich, zu widersprechen, weil der Mann eine Institution war innerhalb der Dienstgruppe. Also, wenn man sich's da verscherzen wollte, brauchte man ihn nur zu ärgern, dann wär man mit Sicherheit nicht mehr hochgekommen. Weil der von allen akzeptiert wurde und respektiert. Das, was er machen mußte, hatte der drauf, der hatte die Übersicht. Er stellte einfach was dar. Aus heutiger Sicht würde ich manchmal sagen: Das darf nicht wahr sein, was der so von sich gelassen hat. Aber es war danach niemals mehr jemand da, der so eine Persönlichkeit darstellte wie eben er. Der war einfach gut, der Mann, bis zu einem gewissen Grad. Es fehlte wirklich was, als er weg war.

Gut, gab es irgendwann Erfahrungen oder Erlebnisse in Ihrem Beruf, durch die Sie Ihre Berufsentscheidung in Frage gestellt haben?

Permanent! Weil man irgendwann rauskriegt, daß absolut nichts verändert werden kann. Zum Beispiel beim Streifendienst in der Innenstadt. Die Zahl der, sag ich jetzt einfach mal, «Penner» steigt immer mehr. Als ich in dem Bereich tätig war, bekam man auch zwangsläufig Hintergrundwissen zu den Leuten, weil man sich eben täglich mit den Leuten beschäftigen mußte, die da in der Fußgängerzone auf dem Boden lagen. Auch darüber, warum die zum Teil so geworden sind. In der Regel waren es Kriegsveteranen, die einfach die Kurve nicht mehr kriegten, die ganz übel dran waren. Und es wurden immer mehr. Und was mir auch mehr als einmal gestunken hat. Gerade in solchen Bereichen ist das Einschreiten sehr problematisch, weil in der Fußgängerzone logischerweise reger Verkehr herrscht. Und wenn die Leute mal eingesperrt werden müssen, schaukelt sich die Volksmeinung sofort gegen die Polizei hoch. Der kann vorher ungefähr einen umgebracht haben – das sieht keiner. Man sieht nur, wie man mit dem vielleicht rumrangelt, und schon hat man die Volksseele gegen sich. Und da ist mehr als einmal der Punkt gekommen, wo ich mir gesagt habe: «Biste eigentlich noch richtig bei dem Verein?» Es macht einfach keinen Spaß! Man reißt sich mehr oder weniger den Arsch auf, geht morgens gutgelaunt zur Arbeit, und dann kommen so die ganzen Sticheleien.

Von den Bürgern?

Von den Bürgern! Dann die Wache seinerzeit! Die Wache war übelst, weil die so runtergekommen war. Also, wenn das ein Knast gewesen wär, hätte wahrscheinlich amnesty international laut aufgeschrien. Was mir weiter gestunken hat, war etwas, was wieder die Bürger angeht: Wenn man permanent dumm angemacht wird. Man kann es ja keinem recht machen; wenn man einen anhält, will man ja was von ihm. Irgendwann hatte ich die Faxen dermaßen dicke, daß ich mir gesagt hab, in dem Beruf hab ich keine Perspektive mehr, ich kündige. Das war ungefähr mit 28. Dann hab ich mal überlegt, was ich denn gerne machen würde, und ausgerechnet, was mich das kostet, eine neue Lehre anfangen und so weiter. Das wären so einige zehntausend Mark gewesen, und ich hätte immer noch nicht gewußt, ob es das ist, was ich tatsächlich machen möchte. Da hab ich mir gesagt: «Okay, dann mußt du dich innerhalb des Vereins eben ein bißchen neuorientieren.» Und das hat dann auch geklappt. Ich bin dann von der Straße weg und habe als Eingriffstechniker gearbeitet.

Das war problemloser?
Das war noch viel schlimmer! Ich hatte mir eigentlich nur die Frage gestellt: Was ist für dich schlimmer – draußen auf der Straße permanent angemacht zu werden oder dich mit Kollegen zu beschäftigen, die total demotiviert sind und zu dem, was die da machen müssen, keine Lust haben? Als ich da angefangen hab, hab ich gedacht, das Anmachen ist schlimmer. Mittlerweile weiß ich, daß mit demotivierten Kollegen zu arbeiten um etliches schlimmer ist.

Was ist die Aufgabenstellung eines Eingriffstechnikers?
Die Aufgabenstellung ist, zu zeigen, was wir machen, wenn alles Reden nichts mehr nutzt. Wie können wir Leute festnehmen, körperlich überwältigen, ohne daß es nach 'ner blöden Klopperei aussieht? Ästhetisch schön und sehr effizient soll es sein. Und dann saßen sie bei uns, und es gab ungefähr zwei Kategorien von Leuten. Die einen waren die Alten so nach dem Motto: «Das wollen wir gar nicht wissen, was ihr hier erzählt, weil das gar nicht geht, was ihr anbietet. Da braucht man permanentes Training, da haben wir nicht, und aus dem Grund machen wir lieber so weiter wie bisher.» Dann gab es die ganz Jungen, die an sich von der Sache sehr angetan und auch recht aufgeschlossen waren. Nur haben die auch nicht allzuviel gesagt, weil man als Polizeimeister oder so ja nicht gegen einen Alt-Obermeister aufmucken wollte. Ausnahmen in der jeweiligen Verhaltensstruktur bestätigen die Regel, aber es war zum Teil schon demotivierend.

Welche Auswirkungen hat dieser Beruf auf das Privatleben? Kann man ihn an der Haustür ablegen?
Nee, nee. Als ich auf die Straße gekommen bin, kannte ich meine damalige Frau schon. Das Problem ist zum Beispiel: Man bekommt in der Ausbildung beigebracht, daß man einer der größten Menschen Deutschlands ist, daß man alles regeln kann. Darüber hinaus gewöhnt man sich einen ziemlichen Ton an dem Bürger gegenüber. Man muß im Prinzip sagen: «Jetzt geht's rechts rum, und jetzt geht's links rum.»

So, und wenn man nicht schwer aufpaßt, dann passiert's ganz einfach, daß man sich zu Hause den gleichen Ton und die gleiche Argumentationsweise angewöhnt oder benutzt, und dann sagt der Partner: «Du bist zu Hause!» Das kann dann ziemlich übel werden.

Das andere ist ganz einfach der Schichtdienst, das gibt es allerdings auch in anderen Berufssparten. Als ich mit der Ausbildung fertig war, hatte ich noch Ambitionen, im Fußball ein bißchen Karriere zu machen und hatte mich auch schon bei einem guten Verein angemeldet. Das Problem war ganz einfach: Verein mit intensivem Training plus Schichtdienst plus Frau ging nicht. Also habe ich den Fußball seingelassen. Ein anderes Problem ist der Freundeskreis. Nach dem Motto: «Kommt ihr am Samstag?» – «Nee, hab ich Nachtdienst!»

Sie haben einen durchaus heterogenen Bekanntenkreis, also nicht nur Polizisten?

Mittlerweile ja, aber ich bin da nicht ganz so repräsentativ. Früher hatte ich gar keine Bekannten. Die kamen alle aus dem Kreis meiner Ex-Frau. Gar keine Polizisten, weil ich das auch nicht wollte. Ich habe immer gesagt: Wer nur mit denen zusammenhängt, privat und im Dienst, der wird irgendwann ein bißchen betriebsblind. Das wollte ich mir tunlichst ersparen, weil ich nicht so werden wollte wie einige, die ich als Hauptmeister in Ehren ergraut rumlaufen sah. Nach der Scheidung hab ich meinen eigenen Bekanntenkreis aufgebaut, und der ist ziemlich durchwachsen, wobei ich probiere, so wenig Polizisten wie möglich da drin zu haben. Wenn's Polizisten sind, dann nur welche, mit denen ich auch zusammen wäre, wenn ich nicht bei der Polizei wäre.

Was sind für Sie die problematischsten Aspekte des Berufes? Wo tauchen Angst oder Emotionen auf, die wirklich ganz problematisch sind?

Einmal dann, wenn eigene Ansichten sich nicht mit den Ansichten übereinbringen lassen, die vom Dienstherrn gefordert werden. Prominentes Beispiel ist der Castor-Transport: Ich möchte nicht wissen, wie viele Kollegen von den 5000, die dort eingesetzt waren, lieber auf der anderen Seite gestanden hätten, nach dem Motto: «Was soll dieser Schwachsinn, so 'nen Castor-Behälter durch Deutschland zu fahren», weil das absolut nicht erforderlich ist. Das sind Sachen, wo man sich irgendwann auch mal fragt: «Kann das so richtig sein?»

Oder wenn man meint, man hätte Leute rechtmäßig eingesperrt, und die müßten an sich für die nächsten zehn Jahre hinter Gitter gehen. Und dann kommt da irgend jemand, der ihnen einen Verfahrensfehler nachweist oder nach dem Motto entscheidet: «Das ist ein ganz armer Mensch, der konnte gar nicht anders, als so zu werden, wie er ist.» Und den dann wieder auf die Straße schickt. Da fragt man sich auch oft: «Wofür tu ich das eigentlich?»

Welche Einsätze haben Sie am meisten gefürchtet?

Das hört sich tierisch hart an, aber die gab's nicht. Angst hat sich im Einzelfall sicherlich mal ergeben: daß es einem mulmig wird. Zum Beispiel bei Schlägereien. Ich bin nun mal nicht der größte. Auch als Kradfahrer ist man manchmal einfach schlecht drauf. Man ist allein draußen, und da wird's einem manchmal schon mulmig: «Ob du jetzt die Sachlage wohl geregelt kriegst?» Aber daß ich sagen würde: Etwas möchte ich nicht machen, zum Beispiel Todesnachrichten überbringen oder so was – nein.

Es gibt ja nicht nur schlechte Seiten in dem Job, ein bißchen aufregend ist er ja schon.

Was sind die positiven Aspekte des Berufs?

Ich glaube, das können andere besser beantworten als ich. Das ist ein Job, den mach ich so gut, wie ich es kann, und dann gibt es schon mal ein paar lustige Sachen. Man kriegt ein bißchen mehr mit als zum Beispiel in der Backstube.

Wodurch zeichnen sich gute Vorgesetzte aus?

Ich kenne mehr schlechte als gute, aber ich kenne auch einige, die sind aus meiner Sicht hervorragend. Die zeichnen sich dadurch aus, daß sie ganz schnell verschwinden müssen oder versetzt werden, bis sie irgendwann mal ins Fernsehen kommen, wo sie nicht mehr unruhig sein können, sondern nur noch im Glaskasten sitzen.

Meinen Sie damit auch kritische Vorgesetzte?

Zum Beispiel mein zweiter Dienstgruppenleiter: der hatte fachlich voll was drauf. Den konnte man immer fragen. Das war schon soweit, daß, wenn irgendwo in der Stadt ein Problem war, bei ihm angerufen wurde: «Wie siehst du das?» Oder wenn irgendwelche «Lagen» gelöst werden mußten. Er kam raus und hatte die Sache im Griff. Und auch die Dienstgruppe selber hatte er gut im Griff. Der konnte mit den Leuten umgehen. Nur, der war schon so abgehoben – jetzt aber im positiven Sinne –, daß das den Vorgesetzten nicht mehr paßte. Die haben also nur darauf gewartet, daß er einmal 'nen Fehler macht, und dann hat er auch einen gemacht. Und da haben sie sich wie Aasgeier auf ihn gestürzt und ihn degradiert.

Was glauben Sie: Welche Kategorien von Bürgern mit welchen Einstellungen zur Polizei gibt es?

Wollen mal so sagen: Es gibt nichts, was es nicht gibt. Sei es «die Zecke»; Hausbesetzerszene. Mit dem kann man nicht arbeiten, behaupte ich einfach, auch wenn es da Leute gibt, die sagen: «Nein, da soll man drauf zugehen.» Nö! Die Fronten auf beiden Seiten sind dermaßen verhärtet – das kann man vergessen. Das Feindbild steht. Und wenn nicht irgendwie ein Zufall passiert bei Einzelpersonen, dann wird sich dieses Feindbild auf beiden Seiten nicht großartig ändern.

Was gibt's da noch? Da gibt's den neutralen Bürger, der einfach so hinnimmt, was passiert, und alles wohl in der Regel für richtig hält.

Dann gibt es den satten amnesty international-freundlichen, der alles immer sehr kritisch sieht, weil er selbst ja keine Probleme hat. Also sucht er welche, und dann heißt es: «Die Polizei, das kann alles so nicht richtig sein.» Der ruft dann direkt an, wenn der Nachbar etwas laut Musik hört.

Und dann gibt's noch den guten strammen Menschen alter deutscher Prägung. Für die sind wir die letzten Deutschen, die letzten Helden des Vaterlands, die gibt's auch.

Wie ist das umgekehrt, also bei Ihnen und Ihren Kollegen? Die Polizei hat meinem Gefühl nach auch eine sehr festgefahrene Vorstellung vom Bürger. Es scheint mir ein Frontensystem bei der Kommunikation zu geben ohne Verständnis. Was glauben Sie?

Vernünftige Kommunikation gibt es so gut wie gar nicht.

Woran liegt das?

Jetzt mach ich mich tierisch unbeliebt: Das liegt zum Beispiel am zu vielen Streifenfahren. Weil in dem Kasten im Auto ist man zu. Man fährt durch die Gegend, guckt, und wenn man irgendwas feststellt, dann agiert man. Bei vielen Kollegen ist die Fußstreife absolut verpönt. Man könnte ja mit Situationen konfrontiert werden, mit denen man nicht klarkommt. Einfach nur so ein Pläuschchen halten, das kann nicht jeder. Und man wird auch – wenigstens zu meiner Zeit war das so – ausbildungsmäßig gar nicht darauf vorbereitet. Man lernt ja nur, was Straftaten und Owis (Ordnungswidrigkeiten) sind, und sonst gar nichts. Deswegen hassen die Kollegen auch die Fußstreife.

Man kommt in die Dienstgruppe rein als Neuling, wird in das Auto gesetzt und fährt. So. Und da man nichts anderes macht, als das, was schon seit Generationen bei dem Laden gemacht wird, nämlich Autofahren, passiert da nichts. Man unterhält sich mal mit dem Bürger, wenn es sich nicht vermeiden läßt, eventuell. Bevorzugt werden weibliche Gesprächspartner – und damit hat sich das. Als ich das halbe Jahr Fußstreife gemacht hab, das war verschärft. Da wird man nämlich permanent angequatscht, weil der Bürger ja so ein gewisses Informationsbedürfnis hat. Und sei es nur, daß er eben wissen will, wo die Kaufhalle ist. Aber da lernt man wirklich mal, mit Leuten umzugehen, weil man sehr schnell merkt, wenn man sich im Ton vergreift.

Solange die Fußstreife als was Schädliches oder was Blödes angesehen wird, wird sich da auch nichts ändern. Weil, Polizist sein heißt dann einfach nur: «Mann in Auto, Frau in Auto.» Alles was zu Fuß ist, ist mehr als dubios.

Hamburg, Bernau, Berlin – Übergriffe von Polizeibeamten. Was vermuten Sie: Welche Ursachen haben Einzeltaten oder Gruppenprozesse?

Mehrere. Wenn ich an meine Ausbildungszeit zurückdenke – ich bin auch nicht gerade das Engelchen hier. Als ich '78 angefangen hab, da war's irgendwie … Ich will nicht sagen chic, aber man hatte ja einen Bezirk mit Türken.

Man hatte keine Beziehung zu Türken, Türken waren einfach Ölaugen.

Wie? Ölaugen?
Ja, Ölaugen, oder sonstiges. Und Schmocks.

Was sind Schmocks?
Ja, was sind Schmocks. So was ähnliches wie Zecken. Das kann man so schlecht übersetzen. Jedenfalls potentielle Straftäter oder sonst irgendwas. So, und dieses grundsätzlich: ich will nicht sagen rassistische, aber leicht rassistische Gedankengut ist latent vorhanden.

Würden Sie davon auch heute noch ausgehen?
Ja. Diese Annahme wird auch dadurch bestätigt, daß das eben seltsame Menschen sind zum Teil, diese Ausländer, daß man mit ihnen beruflich eben sehr viel zu tun hat. Das heißt, es läßt sich in bestimmten Stadtbezirken nicht übersehen, daß ein sehr großer Prozentsatz der Straftäter Ausländer sind, seien es Italiener, Türken, Schwarzafrikaner oder andere. Ein Täter ist ja grundsätzlich ein Feindbild für 'nen Polizisten, den muß er ja kriegen. Und irgendwann sucht man eben nur noch nach bestimmten Leuten. Das hab ich zum Beispiel auch bemerkt, als ich noch voll im Dienst drin war; heute ist das zum Glück nicht mehr so. Wenn ich durch die Gegend gegangen bin – da guckt man sich die Leute schon ganz anders an. Man entwickelt irgendwie einen Blick, so ein Gespür für: ja für «Drecksäcke», auf gut deutsch gesagt. Und man kann machen, was man will, man kommt immer wieder mit diesen Leuten in Kontakt.

Das andere ist ganz einfach ein sozialer Aspekt. Soviel verdient man nun mal im mittleren Dienst nicht. Als Double-income-no-kids kann man noch ganz gut leben, aber als alleinverdienender Familienvater mit ein oder zwei Kindern ist das schon schwer übel. Und dann sieht der die ganzen Feindbilder rumlaufen, die ohne Arbeit ganz gut Geld machen, und dann baut sich auch Frust auf nach dem Motto: «Ich krieg keine Wohnung, meine Kinder bekommen keinen Kindergartenplatz, und ihr Idioten hier meint, ihr müßt in Deutschland rumlaufen.» So denken sehr viele – denk ich mal – in Deutschland. Und wir haben ganz einfach die Möglichkeit, das auszuleben bis zu einem gewissen Grad. Das, was ein paar Kollegen vielleicht machen, weil sie sich nicht mehr in der Gewalt haben – denken tun's viele.

Aber viele wissen auch, daß man es eben akzeptieren muß, weil wir in einer Demokratie leben und Gewalt sicher nicht die Lösung des Problems ist. Nur ein paar schaffen die Kurve einfach nicht mehr und leben die Gewalt, die in ihnen drinsteckt, einfach aus.

Wenn die Asylbewerber so gestellt wären, daß sie nicht auf Straftaten zurückgreifen müßten, das heißt, sie dürfen ja nicht arbeiten und und und – wenn sie das dürften, wären sie ja auf das Begehen von Straftaten gar nicht angewiesen, um sich mal ein bißchen was zu gönnen, was von der Werbung so suggeriert wird. Dann gäb's auch mehr Deutsche, die das machen würden, dann würden eben Deutsche verhauen und nicht Türken und Schwarzafrikaner. Nur: Da sie eben diejenigen sind, die aus den verschiedensten Gründen immer wieder auffallen, sind sie auch ganz klar **Opfer**.

Glauben Sie, daß bei vielen Polizisten das Bewußtsein vorhanden ist, daß diese Menschen Straftaten begehen, weil sie wenig andere Möglichkeiten haben?
Jein, weiß ich nicht, ich kann nicht in die Köpfe der anderen gucken. Aber der gute Mann denkt an sich selbst zuerst, und das heißt, man hat Probleme und muß sie sich ja irgendwie erklären. Wenn man keine eigene Lösung findet, dann muß irgendwie jemand schuld sein. Und dann entsteht irgendwann mal ein Feindbild. Und dann freut man sich doch, wenn man dieses Feindbild einsperren kann. Dann ist der aber drei Tage später wieder draußen, weil nämlich andere Leute ganz andere Auffassungen von der Sache haben. Und das macht man tagein, tagaus, sperrt den ein, und der lebt so weiter, verkauft weiter Drogen, bricht weiter ein, da passiert nichts, der kassiert weiter Sozialhilfe, man selbst reißt sich den Arsch auf und kriegt nichts – und dann passiert's. *(Bewegung mit der Faust)*

Dann passiert's, bei der nächsten Festnahme?
Bei der nächsten Festnahme passiert's. Und dann ist da so ein Korpsgeist, weil das ja nicht nur einer ist, dem es schlechtgeht in der Dienstgruppe, und so 'ne Sache schaukelt sich hoch. Ich würde echt den Hut ziehen zum Beispiel vor dem Hamburger Kollegen, der auch im Senat ausgesagt hat, der den Mut entwickelt hat, da was zu sagen …

Sie haben gerade gesagt, Sie finden das sehr mutig. Heißt das, es ist sehr schwierig?

Natürlich, der Korpsgeist ist nun mal ganz einfach da. Wie es heute in den Dienstgruppen ist, weiß ich nicht genau, weil ich ein paar Jahre draußen bin. Ich muß also die Erfahrungswerte von Anfang der 80er Jahre hinzuziehen, und da war der Korpsgeist in unserer Dienstgruppe sehr stark.

Aus heutiger Sicht würde ich sagen: Zu Übergriffen aus rein rassistischen Gründen ist es, während ich da war, nicht gekommen. Daß vielleicht der eine oder andere härter angepackt wurde als unbedingt erforderlich, kann im Eifer des Gefechts passieren.

Wenn man einen Übergriff erlebt, daß heißt, Sie stehen daneben und sehen das – was läuft dann in Ihnen ab?

Das kommt auf die eigene Verfassung an, darauf, wie man selbst zu demjenigen steht, der da gerade – wenn man es so ausdrücken will – vermacht wird. Wenn ich der Meinung bin, es ist fast unvermeidbar, daß es rundgeht, dann sag ich mit Sicherheit nichts. Ich versuch aber gerade darüber nachzudenken, ob ich mal was gesagt habe.

Es geht nicht unbedingt nur darum, ob Sie was gesagt haben, sondern was Sie dabei empfunden haben. Ich habe von einigen Ihrer Kollegen schon erfahren, daß da auch Gefühle ablaufen wie Angst, Wut und Verzweiflung, gerade zu Beginn der Berufslaufbahn.

Da muß ich irgendwie abgebrühter sein.

Vielleicht dürfen Sie in diesem Beruf auch keine Gefühle haben?

Was meinen Bekanntenkreis angeht oder damals meine Ehefrau – da galt ich schon mehr oder weniger als gefühllos. Aber man stumpft ganz einfach ab. Das ist eben normal, daß auch mal Leichenteile rumliegen oder sonst irgendwas. Das ist eben so. Das juckt einen dann auch nicht mehr. Und ob da einer vermacht wird oder nicht, das juckt mich genausowenig. Da guckst du mal rein und sagst: «War's nicht zu übel, hat der Kollege was abgekriegt?» Das ist eine Sache, in die man langsam hineinwächst. Ich hab allerdings schon einmal bezahlen müssen wegen so 'ner Sache: weil andere jemand verkloppt haben. Und ich mußte dafür zahlen …

Wieso?
Das war eine dumme Sache. Wir hatten seinerzeit einen Anruf, daß wohl ein Verkehrsunfall mit Flucht passiert war. Wir dann dahin (zu dem Anrufer in die Kneipe), und da war dann einer meiner Freunde von jenseits der Oder-Neiße-Linie.

Was heißt das?
Ein Pole. Als wir dahin kamen – das ist so 'ne Sache, die man nicht erklären kann. Wir wußten nur: Da stimmt was nicht. Da gab's dann auch diverse Probleme, der hat uns übelst angeschimpft. Da haben wir gesagt: «Okay, jetzt haben wir die Faxen dicke, jetzt kommste mit.» So, dann wollten wir ihn einpacken, er hat sich gewehrt, wir haben ihn zurechtgefaltet und ins Auto reingetan, sind dann zur PD (Polizeidirektion), haben ihn dort abgeliefert, und da hat er sich wieder gewehrt. Dann haben wir ihn ganz einfach – nur im Rahmen des Notwendigen – in die Zelle reingetan. Ja, und in der Zelle wurde er dann wirklich verhauen, aber von Leuten, die überhaupt nichts damit zu tun hatten.

Von Kollegen?
Ja, und damals fand ich das irgendwie noch normal, nach dem Motto: «Der Typ hat mich eh geärgert, und der hat's verdient.» Das Blöde war nur: Zwei Wochen später kam ein Attest an, daß er einiges abgekriegt hätte. Und das Problem war dabei, daß man das als normal empfunden hatte, also nicht auf das Schreiben vom Gericht reagiert hat. Und irgendwann fand man sich auf der Anklagebank wieder ... Das Ende vom Lied war, daß wir also nicht wegen Körperverletzung im Amt verurteilt wurden, sondern wegen Freiheitsberaubung im Amt. Wir hätten ihn gar nicht mitnehmen dürfen. Das war total banane, da hab ich also 400 Mark für bezahlt ... Seitdem sah ich die Sache mit dem Hauen auch etwas anders.

Wissen Sie, warum diese Kollegen in die Zelle gegangen sind?
Na klar, für die war das normal. Das waren Kollegen aus dem Gewahrsamsdienst, und die hatten eh einen schlechten Ruf – ja, das war im Gewahrsam damals üblich, so was. Im Gewahrsam bei uns ging es zum Teil fürchterlich zu. Ich hab eine Zeitlang im Gewahrsam gear-

beitet, da ging's richtig rund, was sich zum Teil auch nicht vermeiden ließ.

Das heißt, die Eingesperrten haben einen Anlaß gegeben, oder welche Auslöser gab es da?
Die wehren sich ganz einfach, wenn sie zum Beispiel durchsucht werden sollen, fangen an, um sich zu schlagen oder werden schon wild randalierend eingeliefert – da geht's nicht anders.

Das wäre ja dann auch noch im Rahmen der Notwehr?
Ja, das ist auch normal. Aber bei dem, den wir da eingeliefert hatten, war's nicht mehr notwendig. Die haben sich ganz einfach ihren Knüppel genommen und fürchterlich draufgehauen.

Haben Sie nicht gedacht, ich bezahl doch nicht für die Kollegen?
Wie alt war ich da? Zwanzig, einundzwanzig, gerade mal ein halbes Jahr in dem Schutzbereich.

Sie hatten also den Eindruck, es gibt keine Chance, sich zu wehren?
Nee, das hab ich damals eben nicht auf die Reihe gekriegt. Das Problem bei der Sache war: Selbst wenn ich gesagt hätte, «die Idioten haben auch», wär ich ja drangewesen, weil ich diese Attacke zugelassen habe und weil bei Körperverletzung im Amt auch der, der es zuläßt, mitverurteilt wird.

Sie sagen, seit diesem Vorfall hat sich ihr Verhältnis zur Gewalt geändert.
Etwas, ja. Also ich pass, besser auf, wer meine Leute verhaut. Wenn ich jemanden ins Gewahrsam reinbringe, da geht keiner mehr dran. Wenn ich ihn selbst verhaue, ist das okay, aber nicht, daß da ein anderer noch mal reingeht und auf einmal anfängt, Randale zu machen. Das hat sich schon geändert.

Und dann würden Sie auch einschreiten?
Mittlerweile ja, weil ich ja nicht noch mal für andere bezahlen will.

Welche Möglichkeiten der Entlastung oder Aufarbeitung solcher Vorfälle gibt's im Dienst?

Mir sind rein theoretisch keine bekannt.

Und praktisch?

Zum einen die integrierte Fortbildung, aber da ist man turnusmäßig dran und nicht im Bedarfsfall. Das andere ist das Verhaltenstraining: viel Bedarf, aber keine Plätze, geschweige denn Leute, die trainieren können. Die SAPs (Soziale Ansprechpartner) sind auch noch da. Aber es weiß kaum einer, daß es die gibt, außer den tatsächlich Süchtigen. Nur, daß das eben nicht «Sucht-Ansprechpartner», sondern «Soziale Ansprechpartner» heißt, ist den Kollegen nicht geläufig. Die werben ja auch mehr mit Suchtproblemen als mit dienstlichen Problemen, wenn sie Plakate aufhängen …

Sie dürften im Dienst auch nicht zu einem Vorgesetzten gehen und sagen: «Hör mal, das ist mir passiert, ich bin ausgerastet, ich hab da einen zusammengefaltet?

Ja, das ist ein Problem.

Deswegen die Frage: Welche formalen und praktischen Möglichkeiten der Entlastung, Verarbeitung oder auch der Klärung gibt es im Dienst, ohne daß direkt strafrechtliche, dienstrechtliche Konsequenzen erfolgen?

Sind mir keine bekannt. Man könnte natürlich jetzt anführen, fällt mir gerade ein, zu den Vertretern der jeweiligen Kirchen zu gehen. Nur: Ich kann Vertreter dieser Vereine nicht leiden. Menschlich sind die, die ich kenne, in Ordnung, und die würden sich mit Sicherheit auch der Leute annehmen, nur: Die kommen eben von der Kirche, und das weckt bei mir schon Aggressionen.

Glauben Sie aus der Distanz heraus, daß Veränderungen nötig sind? Welche Verbesserungsvorschläge hätten Sie?

Weg mit dem Berufsbeamtentum. Man sitzt auf seinem Stuhl fest, und nicht die Leistung wird honoriert, sondern Alter und Rang. Das hat den Nachteil, daß zum Beispiel nicht die Leute nach oben kommen, die wirklich gut sind, weil sie fachlich was drauf haben, sondern diejenigen, die einfach dran sind. Ich schätze, wenn mehr dynamische Jungmanager – auf deutsch gesagt – in Führungsebenen reinkämen, würde von dieser Seite ein ganz anderer Wind wehen. Es wäre nicht mehr das behäbige Beamtentum da, sondern einfach ein bißchen mehr Professionalität.

Das nächste ist: Die Ausbildungsinhalte müßten vollkommen geändert werden, nicht die Ausbildungszeit. Es müßte viel mehr im kommunikativen Bereich und in der Persönlichkeitsentwicklung stattfinden. Die meisten, die kommen, sind Anfang Zwanzig und noch gut zu formen, aber völlig unwissend, was Kommunikationsverhalten und so angeht. Es reicht, daß ich weiß, was ein Diebstahl ist, aber ob ich unbedingt die ganze Strafprozeßordnung kennen muß, das wage ich zu bezweifeln.

Dann, innerhalb der normalen Dienstverrichtung: Mehr Angebote von Verhaltenstraining, bei denen Leute auch mal ein bißchen ausspannen und sich den ganzen Frust von der Seele reden können.

Außerdem eine Ausweitung der SAPs, der Sozialen Ansprechpartner, und weg vom Knöllchenjagen, wenn's das denn noch so geben sollte.

Wie verstehen Sie denn den gesellschaftlichen Auftrag der Polizei?
Als Dienstleistungsunternehmen. Die Engländer oder Amerikaner sagen: «How to serve and to protect.» Mehr kann man eigentlich nicht. Wenn's irgendwo ein Problem gibt – man kann nicht alles lösen. Zumindest sollte man wissen, wer es lösen kann. Deswegen sollte man sich nicht scheuen zu sagen: «Das kann ich jetzt nicht lösen, was Sie mir hier aufgeben, aber ich kenne jemand, der es könnte.»

Welche Aufgaben sollten Ihrer Vorstellung nach vordringlich von der Polizei wahrgenommen werden?
Es wird sich bei der zunehmenden Verelendung in den Städten gar nicht vermeiden lassen, daß der Anteil an Sozialarbeit sich immer mehr vergrößern wird. Weil die Leute immer unfähiger werden, miteinander zu kommunizieren und statt dessen die 110 anrufen. Da werden immer mehr Probleme auch im familiären Bereich auf die Kollegen zukommen, die sie versuchen müssen zu lösen.

Können sie das?

Das wage ich mal heftig zu bezweifeln. Da fällt mir einer meiner frühen Einsätze ein. Wie alt war ich denn da? So achtzehn, neunzehn. Ich mußte zu einem Familienstreit in einer türkischen Familie. Totaler Schwachsinn, da was machen zu wollen. Selber noch grün hinter den Ohren, und dann einen Familienstreit von 40jährigen lösen zu wollen. Sie werden's mit Sicherheit nicht können beim ersten Mal, und auch nicht beim zweiten und dritten Mal, je nachdem, wie das Team sich zusammensetzt. Jetzt mit 30 und einer gescheiterten Ehe würde ich mir schon eher mal zutrauen, einen Familienstreit zu lösen.

Also Sozialarbeit. Und wie sieht es mit der Strafverfolgung aus?

Auch wenn es den Leuten nicht paßt, Sozialarbeit zu machen, weil man Täter fangen, Unfälle aufnehmen und nicht soziale Probleme lösen will. Es widerspricht meines Erachtens dem Weltbild einiger Polizisten, Sozialarbeit zu machen, aber es wird sich nicht vermeiden lassen.

Sie glauben also die sogenannte gemeinwesenorientierte Polizeiarbeit sei eigentlich sinnvoller?

Mit Sicherheit. Und nur über die Fußstreife kriege ich Kontakt zum Bürger.

Jürgen, ich danke Ihnen für das Gespräch.

«Wenn einer quer kam, wurde zugelangt»

Robert, 30, Polizeihauptmeister

Mit 17 Jahren habe ich nach dem Hauptschulabschluß die Ausbildung für den mittleren Dienst begonnen, die mit der ersten Fachprüfung endet. Danach war ich ein Jahr in einer Einsatzhundertschaft und anschließend sechs Jahre lang in einer Kreispolizeibehörde. Da wurde ich das erste Mal auf die Menschheit losgelassen und hatte meine ersten einschlägigen Erlebnisse. Der Kreis war von der Fläche her riesig groß, hatte aber nicht übermäßig viele Einwohner. Ich war dort in drei verschiedenen Bezirken tätig. In der ersten Gemeinde waren mehrere Orte zusammengefaßt, wenig sozialschwache Bevölkerungsschicht, vielmehr gut situiert in der Regel. Der zweite Ort hatte eher Großstadtcharakter, es gab Nachtleben, und dort war insgesamt ganz gut was los. Die dritte Stadt war eher eine verschlafene Kleinstadt.

Wissen Sie noch, warum Sie zur Polizei gegangen sind?
Das hört sich vielleicht blöd an, aber das war ein Kindheitstraum. Letztendlich den Ausschlag gegeben hat auch das Geld, das muß ich schon zugeben. Es gab sofort im ersten Monat 1.200 Mark, das war damals ein Heidengeld, das hat manch einer nach der Ausbildung noch nicht verdient. Das war ein unheimlicher Reiz. Ich wollte immer Polizist oder Radio-Fernseh-Mechaniker werden. Ich habe immer gern gefummelt und gebastelt. Nachdem ich in beiden Bereichen Aussichten auf Einstellung hatte, habe ich mich aber letzten Endes für die Polizei entschieden.

Wenn Sie an Ihre Ausbildung zurückdenken – wie würden Sie das heute nach Stärken und Schwächen beurteilen?

Im nachhinein betrachtet muß ich sagen: Was Straf- und Polizeirecht angeht, war das schon eine relativ fundierte Ausbildung. Wirklich ein Defizit in der ersten Ausbildung sehe ich im bürgerlichen Recht. Da war überhaupt nichts. Und es gibt doch viele Streitigkeiten zu klären, bei denen die Bürger Rechtsauskünfte und Hilfestellungen haben wollen. Da habe ich mich oft überfordert gefühlt. Da bist du wirklich auf die älteren Kollegen angewiesen.

Nehmen Sie einmal einen Ehekrach. Die Frau will die Wohnung verlassen und ihre Sachen mitnehmen, der Mann sagt aber nein. Dann eine vernünftige Rechtsauskunft zu geben, ist schwierig. Da kann man in der Regel nur sagen: «Lassen Sie alles, wie es ist, und gehen Sie zum Rechtsanwalt.»

Außerdem wird man auch für den Umgang mit Menschen so gut wie überhaupt nicht ausgebildet. Du wirst vollgepumpt mit Recht und Schießen und Sport – und die ganze kommunikative Seite, die liegt sehr im argen. So daß man halt nach der Ausbildung wirklich auf die Menschheit losgelassen wird nach dem Motto: «Jetzt mach mal.» Das ist ja nicht leicht mit dem Bürger umzugehen. Die meisten Situationen sind konfliktgeladen.

Wie waren denn Ihre ersten Erfahrungen mit dem Bürger?

Die ersten Erfahrungen habe ich in der Einsatzhundertschaft gemacht, aber die beschränkten sich eigentlich auf Verkehrskontrollen. Manchmal sind wir gruppenweise den Wachen im Umkreis zugeteilt worden. Die Kollegen waren natürlich alles andere als erfreut über uns. Jetzt saßen da wieder zehn Mann von der Bereitschaftspolizei, und keiner wußte was mit uns anzufangen. Dann wurdest du irgendeinem zugeteilt, bist vielleicht an irgendeine größere Straße gefahren, und dort wurden dann riesige Kontrollen durchgeführt. Gurtüberprüfung, Beleuchtung oder normale Alkoholkontrollen am Abend.

Warum waren die Kollegen nicht erfreut über euch?

Wir waren lästig. Die mußten sich um uns kümmern, weil wir uns nicht auskannten. Die mußten uns alles sagen: wo das Papier liegt, wo die Anzeigen liegen. Und es ist ja nicht so gewesen, daß wir immer zu der gleichen Wache gekommen sind, sondern: heute mal hier, am nächsten Tag dort. Überallhin kamst du hin – Kinderlandverschikkung. Gelegentlich kam es vor, daß wir drei oder vier Tage auf einer Dienststelle waren, aber das war die Ausnahme.

Wenn du mit einer Gruppe von neun Mann in eine kleine Wache kommst, in der normalerweise nur acht oder neun Mann Dienst haben, ist natürlich der «Hausfrieden» gestört. Das haben die einen auch spüren lassen. Nicht direkt, aber man konnte das merken, und ich habe hinterher in der umgekehrten Position ähnlich empfunden. Auch deswegen, weil die Leute nicht motiviert sind. Die kommen dahin, und es geht ihnen genauso auf den ‹Driss›, wenn sie überall hingeschickt werden – heute hier, morgen da. Dann setzen sie sich da hin und warten, bis irgendeiner sagt: «Kommt mal mit. Jetzt fahren wir da und da hin. Jetzt machen wir mal dies.» Ich habe es von beiden Seiten erlebt, die Situation ist schwierig.

Warum sind die Kollegen nicht motiviert?
Warum die Leute nicht motiviert sind, die heutzutage aus der Ausbildung kommen, weiß ich auch nicht. Als Wachhabender habe ich erlebt, daß die Leute kamen und sich einfach hinsetzten. Wenn man gesagt hat, was zu tun ist, wurde die Arbeit wohl auch erledigt. Vielleicht habe ich zuviel erwartet.

Diese Hundertschaft ist für niemanden befriedigend. Du kommst dir immer vor wie ein Lückenfüller. Die Einsatzhundertschaften sind ja für Großeinsätze da, für geschlossene Einsätze, Demos etcetera, und wenn die halt nicht anstehen, dann gibt's nur einen Ausbildungstag in der Woche, an dem wird Schießen geübt und Sport gemacht. An den übrigen Tagen werden die Behörden verstärkt.

Haben sich Ihre Vorstellungen vom Polizeiberuf durch die Praxis verändert?
In der Ausbildung war ich eigentlich noch richtig euphorisch und optimistisch. Lernen ist mir nie schwergefallen, ich hab auch fast noch mit 'ner Eins bestanden. Der erste Hammer, der kam in der Einsatzhundertschaft. Prüfung abgelegt, erstes Sternchen auf der Schulter, da habe ich gedacht: «Jetzt bist du ein richtiger Polizist.» Ich dachte, als ausgebildeter Beamter wirst du anders behandelt – von wegen! Das

war wie in der Kaserne: Morgens hieß es antreten. Die Leute wurden vor versammelter Mannschaft zusammengeschissen, wenn sie zu spät gekommen sind oder sonst irgend etwas war. Da habe ich gedacht: «Wo bist du denn hier überhaupt.»

Da hatte ich mein erstes Tief. Ich dachte: «Hier willst du ganz schnell wieder weg.»

Wie würden Sie die Behandlung in der Ausbildung charakterisieren?
Das war ziemlich von oben herunter, hierarchisch. Die Fachlehrer waren aus dem gehobenen Dienst, Kommissare, hatten aber mit der Formalausbildung, Schießausbildung wenig zu tun. Das waren Ausbilder aus dem mittleren Dienst. Die haben natürlich schon Druck ausgeübt, von wegen Pünktlichkeit und Aussehen. Zum Teil ist das in Ordnung gewesen, aber manchmal wurde das überzogen.

Zum Beispiel wurde freitags nachmittags, kurz vor der Entlassung ins Wochenende gesagt: «Jetzt ist Fahrzeugkontrolle.» Da mußten alle ihre privaten Fahrzeuge aufstellen, und die Reifen wurden kontrolliert. Die Beamten wurden überprüft, ob sie auch vorschriftsmäßige Fahrzeuge fuhren. Ich finde, das ging zu weit. Das wird heute wahrscheinlich nicht mehr gemacht, aber damals war es so.

Gab es weitere Situationen, in denen Sie an einen Ausstieg aus dem Beruf gedacht haben?
Ja, aber das lag nicht an der Arbeit an sich. Ich hatte allerdings einige Erlebnisse im innerdienstlichen Bereich, an denen ich länger zu knabbern hatte. Die Arbeit selbst habe ich relativ gern gemacht. Mit dem Kontakt zum Bürger hatte ich nie große Probleme. Es war halt nur: Ich habe eben Pech gehabt.

Nach dem Jahr Bereitschaftspolizei habe ich mich bemüht, in die Nähe meines Wohnortes zu kommen, wobei ich nicht unbedingt in den Großstadtdschungel hineinwollte. Das hat auch geklappt, und ich war zuerst einmal total happy.

Jetzt hatte ich aber das Pech, daß ich in einer Dienstgruppe gelandet bin, die mich vier Jahre meiner Karriere gekostet hat. Da hieß es erst einmal wirklich: «Vergiß alles, was du in der Schule gelernt hast.» Da herrschten dann ganz rauhe Sitten, zum Beispiel: «Hier, mach mal Mülleimer leer.»

Das heißt, Sie als Neuling mußten den Mülleimer leermachen?
Ja, genau, das war aber noch das harmloseste. Beim Vorstellungstermin direkt am ersten Tag hatte man mir gesagt: «Lassen Sie sich in dieser Wache nicht unterkriegen, hier herrscht so'n bißchen rauherer Umgangston.» So hat sich der Dienststellenleiter ausgedrückt.

Ich habe zunächst alles auf mich zukommen lassen. Hinterher sah das allerdings so aus, daß ich in einer Dienstgruppe gelandet bin, in welcher der Dienstgruppenleiter überhaupt keine Kontrolle mehr über die Dienstgruppe hatte. Dem schien alles ziemlich egal zu sein, und er zog sich in sein Kämmerchen zurück.

Er war etwa Mitte Vierzig, aber er hatte keine Autorität, der hatte das Ruder verloren. Er schrieb die Dienstpläne, ist nachts rausgefahren und hat den lieben Gott 'nen guten Mann sein lassen, die Dienstgruppe praktisch sich selbst überlassen. Der Nachteil lag in der Struktur dieser Dienstgruppe. Ich war damals 20, 21 Jahre alt, und es gab vier bis fünf Beamte in dieser Altersgruppe. Außerdem waren dort vier, fünf, sechs Kollegen, die schon über 30 waren. Die Älteren, und das war das Pech, waren alle total demotiviert und haben Scheiße gebaut.

Das fing damit an, daß Einsätze am Telefon abgewimmelt wurden. Die Leute mußten dreimal anrufen, bevor ein Wagen dahingeschickt wurde. Daß auch Unfälle ... also, das werde ich nie vergessen: Da war einer, den nannte man «Wimmler». Du standest nämlich wie der Beste da, wenn du die Sachen abgewimmelt hast. Gut war, wenn man den Bürger verarscht hat. Derjenige, der korrekt seinen Dienst versehen wollte und lernen wollte, der war auf der Verliererstraße.

Die haben natürlich auch ganz schnell gemerkt, ob du mitziehst oder nicht. Ich muß heute klar sagen, ich hab mich da irgendwie mit reinziehen lassen. Du kommst dahin, hast von nichts eine Ahnung und suchst nach Leitbildern. Ich habe geglaubt, daß sind erfahrene Kollegen, die schon zehn Jahre auf dem Buckel haben. Was die machen, wird schon richtig sein. Ich konnte das irgendwie gar nicht richtig einschätzen. Im nachhinein sage ich, das ist unheimlich mies gelaufen. Man hat das selber gar nicht gemerkt. Man hat wirklich diese Verhaltensweisen angenommen, ich habe sie teilweise angenommen in der Meinung, das ist richtig so. Im nachhinein hat sich diese Dienstgruppe wirklich als extrem herausgestellt.

Jede Dienstgruppe hat ihre Eigenarten, wie sie mit der Arbeit umgeht, aber da war die Konstellation so schlecht – vom Dienstgruppenleiter angefangen bis zu den älteren Beamten –, daß da absolut nichts gelaufen ist. Nur das Nötigste. Das hat mich vier Jahre meiner Karriere gekostet, weil ich hinterher auch in eine Sache verstrickt war und ein Disziplinarverfahren gegen mich lief. Das endete mit einem riesigen Verfahren vor Gericht. Ich bin zwar freigesprochen worden, und infolgedessen wurde das Disziplinarverfahren fallengelassen, aber während der ganzen Zeit schwebte das im Hintergrund.

Mir wurde gemeinsam mit fünf anderen Kollegen Körperverletzung im Amt vorgeworfen. Einige Beamte sind entlassen, einige freigesprochen worden. Dazu zählte ich, und ich konnte mich natürlich erst zu diesem Zeitpunkt für den gehobenen Dienst bewerben. Ich könnte vielleicht jetzt schon Oberkommissar sein. Im nachhinein hat mich das natürlich maßlos geärgert, aber du kannst es nicht mehr rückgängig machen.

Haben Sie sich während der gesamten Zeit in dieser Wache nicht wohl gefühlt, oder würden Sie sagen, Sie haben nicht gemerkt, was dort abläuft?

Ich habe wirklich geglaubt, das ist richtig, was die machen, das wird hier so gehandhabt. Ich war unerfahren, und die Courage, mich dagegen aufzulehnen, hatte ich damals nicht. Heute wäre das sicherlich anders. Ich bin mit in den Sumpf reingeraten, ich wurde einfach mitgezogen.

Gibt es Auswirkungen des Berufes auf das Privatleben, und wie sehen die aus?

Der Schichtdienst geht natürlich immer auf das Privatleben. Für junge Menschen spielt sich das Leben am Wochenende ab, dann ist eigentlich immer irgendwo was los. Da verbringst du dann drei von vier Wochenenden mit Dienst. Das Ende vom Lied ist, daß die Leute hinterher nicht mehr anrufen, die Kontakte immer mehr zurückgehen. Die denken dann: «Der Robert hat sowieso wieder Dienst.» Da macht man halt viel mit Kollegen zusammen. Es ist auch heute eigentlich so. Ich mach noch viel mit einem Kollegen, mit dem ich zusammen in dieser Wache war. Den hat das gleiche Schicksal ereilt wie mich.

Seit ich im Studium bin, hat sich das Leben wieder ein wenig normalisiert, und man kennt auch wieder andere Leute. Der Bekanntenkreis hat sich etwas erweitert. Aber zur Zeit des Schichtdienstes hat sich das wirklich merklich ausgewirkt.

Wie reagieren Menschen, die Sie im Privatleben kennenlernen, auf Ihren Beruf?

Die Reaktion von Femden auf meinen Beruf ist oft folgendermaßen gewesen: «Ah ja, Polizist, da muß ich Ihnen mal was erzählen.» Hinterher habe ich schon gar nicht mehr gesagt, daß ich Polizist bin und versucht, das Thema zu umgehen, weil mich das genervt hat. Du wirst mit Sachverhalten gelöchert, zu denen du Stellung nehmen sollst. Auf richtige Abneigung, wie ‹Scheißbulle› oder ähnliches, bin ich wohl nicht gestoßen. Sicherlich: kritisiert werden wir häufig, aber anstrengender fand ich es, mit irgendwelchen Fällen gelöchert zu werden.

Gibt es Aspekte Ihres Berufes, die Sie als besonders problematisch empfinden?

Ich hab schon fast alles gemacht. Ich bin Krad gefahren, Großeinsätze in der Hundertschaft, normaler Streifendienst, Kriminalwache. Ängste habe ich kaum. Leichensachen sind schon unangenehm. Wenn zum Beispiel außerhalb der Bürodienstzeit eine Leichensache anfällt, dann mußte ich die aufnehmen. Da muß die Leiche ausgezogen, gewendet und abgetastet werden. Das ist nicht jedermanns Sache. Da habe ich persönlich jetzt keine Angst vor, das muß halt gemacht werden.

Wenn Sie einmal das Verhältnis der Bürger zur Polizei charakterisieren sollten: Was glauben Sie, welche Einstellungen da vorherrschen?

Ich denke, bei den älteren Leuten in der Bevölkerung ist noch ein gewisses Vertrauen vorhanden. Das merkt man halt im Umgang. Die haben noch mehr Respekt und achten uns. Die jüngeren Leute haben nicht mehr den Respekt, da kommt dann auch teilweise wirklich das Negative durch.

Wie können Sie den fehlenden Respekt beschreiben?

Im schlimmsten Fall äußert sich das in Beschimpfungen. Ich weiß auch nicht, ob sich das im Laufe der Zeit so verändert hat. Mit dem älteren Teil der Bevölkerung kommst du in der Regel immer klar. Vielleicht lag das an dem Bereich, es gab weniger Brennpunkte als in der Großstadt.

Ich habe persönlich nie das Problem mit Widerständen gehabt, ich bin mit den Leuten relativ gut klargekommen, auch mit den jüngeren. Manchmal kann man allerdings reden, wie man will, da gibt es halt Ärger. Ich bin eigentlich immer ruhig mit den Leuten umgegangen.

Ich habe auch Widerstände gehabt, aber das war in der ersten Wache, und da waren eben Kollegen, die die Leute wirklich aufs derbste provoziert haben.

Da gibt es dann Klatschen, der Bürger ist verletzt, und dann kann man das nicht mehr so laufen lassen. Da wird dann unterstellt, der Bürger hat am Schlips gezogen oder zum Schlag ausgeholt, und dann mußte man das halt mit einem Faustschlag oder sonstwie erwidern. Na ja, der Schlag muß halt gerechtfertigt werden. Da war ich auch mehrfach beteiligt, und da kamst du dann vielleicht hinterher vor Gericht.

Dort sind die Sachen meistens eingestellt worden, das hatte nie Konsequenzen für die Beamten. Die sind immer irgendwie durchgekommen, weil das auch schlecht nachweisbar ist. Da waren einige Kollegen dabei, die wirklich die Leute angemacht haben.

Wenn einer Alkohol getrunken hatte und wollte den Alkoholtest nicht machen lassen, wurde dem schon gedroht, und der wurde aus dem Auto gezerrt. Wenn jemand zur Wache mitgenommen wurde und ein paar Widerworte gegeben hat, dann bekam er direkt 'ne Watsch. Im nachhinein betrachtet wirklich unfaßbar, aber wenn man da als junger Mensch reingerät, ist das eben so.

Wie war Ihre Einarbeitung auf der Wache? Sind Sie mit einem älteren Kollegen losgeschickt worden?

In der Regel ist man einem älteren Kollegen zugeteilt worden. Das war dann der sogenannte Bärenführer, der einem zeigte, wie es seiner Meinung nach geht, aber nicht wie es eigentlich sein sollte. Es gab Sachen, die habe ich bis heute nicht verstanden. Zum Beispiel kam in den ersten Tagen über Funk ein Verkehrsunfall. Es waren drei Wagen draußen, und wir wurden aufgerufen. Ich wollte gerade das Mikrofon nehmen, da haut mir der Kollege auf die Finger und sagte: «Warte mal.» Ich sagte: «Der hat uns doch gerufen.» Dann hat uns die Leitstelle zwei-, dreimal gerufen und danach einen anderen Wagen, der sich dann auch meldete. Da sagte der Kollege zu mir: «Siehste!» Das war dieses Abwimmeln. Nicht einmal nur die Arbeit von sich selbst weghalten, sie auch noch den anderen Kollegen zuschustern – da wurde vor nichts haltgemacht.

In den letzten Monaten wurde mehrfach von Übergriffen durch Polizeibeamte berichtet, auch durch ganze Wachen. Wie kommt es Ihrer Meinung nach dazu?

Zum einen trägt sicherlich eine gewisse Unzufriedenheit im Job oder vielleicht auch privat dazu bei, die sich auf den Job überträgt. Und es mangelt an Kommunikationsfähigkeit, du wirst eben nicht trainiert im Umgang mit Aggressionen und arbeitest dann auch mit Gegenaggressionen. Das läuft natürlich unbewußt ab. Du bist einfach nicht mehr Herr deiner Sinne und machst irgend etwas, das überhaupt nicht überlegt ist. Da wird eine ‹Tilt›-Grenze überschritten, man handelt, ohne nachzudenken, ohne vielleicht im Vorfeld die Luft rauszunehmen.

Was meinen Sie mit mangelnder Kommunikationsfähigkeit?

Darauf wird in der Ausbildung überhaupt kein Wert gelegt. Sie kennen doch auch die Vorbehalte, selbst bei Leuten, die an der Fachhochschule ihre Ausbildung machen. Die stellen sich unheimlich an und meinen, man wird in einem Verhaltenstraining durchleuchtet.

Haben Sie keine Vorbehalte?

Ich war drei Wochen lang auf einem Seminar. Man hatte mich damals ausgeguckt, wohl auch, weil ich mit einem Verfahren belastet war. Ich hätte zwar sagen können: «Mach ich nicht, nehmen Sie einen anderen», aber ich bin gegangen und habe es nicht bereut. Nur werden diese Sachen eben von den Kollegen belächelt.

Ich war auch nicht nur begeistert, weil viel von einem verlangt wird. Rollenspiele sind nicht unbedingt meine Stärke. Damals war ich auch ziemlich angeschlagen, und da ist einiges an Defiziten zutage gekommen. Das war schon eine Überwindung, aber im Endeffekt hat mir das sehr viel gebracht. Danach fühlte ich mich unheimlich gut. Alle Kollegen waren mir wildfremd, alles war wild zusammengewürfelt, altersmäßig kreuz und quer, und da kam eine gute Gruppendynamik auf. Ich habe dort sehr viel über den Umgang mit Aggressionen gelernt.

Sie glauben also, daß mangelnde Kommunikationsfähigkeit Aggressionen begünstigt?

So war das zumindest bei mir auf der Wache. Da wurde nicht lange gefackelt. Wenn irgendeiner querkam, wurde zugelangt. Mich hat immer wieder gewundert, wie lange das gutging. Daß nie einer auf den Bauch gefallen ist und überführt werden konnte.

Woran liegt das?

Für das Gericht und die Staatsanwaltschaft ist es schwierig zu beurteilen: Wer ist jetzt glaubwürdiger, wenn zwei Polizisten eine Anzeige unterschreiben und einer als Beschuldigter vorgeladen wird. Selbst wenn der Gegenanzeige erstattet und sagt: Das war nicht so, ich bin ohne Grund von den Beamten geschlagen worden. Ja, was passiert denn dann! Bestenfalls wird dann alles eingestellt. Unter Umständen kriegt er noch eine Anklage an den Hals wegen Verleumdung, weil gesagt wird, das war nur eine Schutzbehauptung, und wenn er ganz viel Pech hat, wird er auch noch dafür verknackt.

Wurde sofort eine Widerstandsanzeige geschrieben, wenn geschlagen wurde?

Das geschah in der Regel im Zusammenhang mit einer Festnahme oder In-Gewahrsamnahme, das heißt, wenn irgendwelche Randalierer eine Nacht eingesperrt werden sollten, oder bei Festnahmen von Einbrechern. Da eskalierte das unheimlich oft, immer wieder bei den gleichen Kollegen. Das waren immer die, die keine Lust hatten und es wirklich auch darauf angelegt haben, sich abzureagieren. Das ganze Verhalten war aggressiv, überhaupt nicht zurückhaltend.

Da hieß es zum Beispiel «Jetzt mach mal hier, los, geht es nicht schneller?» Da wurde dann einer in den Wagen geschubst. Gab derjenige ein Widerwort – klatsch, bekam der eine runtergehauen. Wenn sich die Leute dann auch noch gewehrt haben, ging es richtig mit den Fäusten voll drauf, und das wurde dann auch so geschrieben.

Zum Beispiel: «Er versuchte, die Beamten anzugreifen, holte zum Schlag aus, und der Angriff konnte nur durch einen gezielten Faustschlag zum Gesicht unterbunden werden.» Hin und wieder ging das als Widerstandsanzeige auch durch. Da wurde der Beschuldigte verurteilt, obwohl der natürlich klar gesagt hat: «Ich bin provoziert, beleidigt und geschlagen worden, und irgendwann habe ich mich gewehrt und bin danach richtig verprügelt worden.» Aber das hat man den Leuten oft nicht geglaubt.

Wurde eine Widerstandsanzeige erst bei einer Verletzung geschrieben oder auch schon vorher?

Ich habe es so erlebt, daß eine Anzeige geschrieben wurde, sobald wirklich geschlagen wurde.

Eine Anzeige lag in der Regel eh vor, wegen In-Gewahrsamnahme oder irgendwas anderem. Dann wurde das ganze Dingen eben umfunktioniert zur Widerstandsanzeige. Da hießt es zum Beispiel: «Er sollte in Gewahrsam genommen werden, wurde aufgefordert mitzukommen und in den Wagen einzusteigen. Vor der Wache griff er dann plötzlich die Beamten an.» Damit wurde der Schlag oder wurden die Schläge immer gerechtfertigt.

Klar, es gab auch Fälle, wo einer wirklich angegriffen hat, aber einige Fälle waren echt brisant. Ein objektiver Beobachter hätte den Kopf geschüttelt, aber so war es halt. Es waren immer wieder dieselben Kollegen. Und dann kommst du als junger Beamter dorthin, wirst damit konfrontiert und nimmst die Verhaltensweisen teilweise selbst an.

Können Sie mit einem ‹Nichtpolizisten› über solche Vorfälle reden?

Nein, das mach ich nicht. Sie haben mir zugesichert, daß das Gespräch anonym bleibt. Ich habe über diese Dinge nie gesprochen.

Ich meine damals, als diese Vorfälle passierten. Haben Sie mit Freunden darüber reden können?

Nein, habe ich nie gemacht.

Kann das nicht auch eine Auswirkung auf Ihre Freundschaften haben, daß Sie in Gesprächen mit Nichtpolizisten einen wichtigen Teil Ihres Lebens ausblenden müssen?

Vielleicht, vielleicht hat man mir das angemerkt, keine Ahnung. Klar, ich habe mit meiner Frau darüber gesprochen, aber ich hab das dann verharmlost, so nach dem Motto: «Ist ja schon alles richtig so», hab auch noch Witzchen darüber gemacht, teilweise. Im nachhinein betrachtet traurig ...

Wissen Sie noch, was damals an Gedanken und Gefühlen in Ihnen abgelaufen ist? Wenn Sie danebengestanden oder selbst beteiligt waren?

Zum einen schon so 'n bißchen Erschrecken, wie mit Leuten und ihren Rechten umgegangen wurde. Auf der anderen Seite war ich vielleicht auch ein bißchen zu naiv. Ich habe aber wirklich geglaubt: So geht die Polizei mit dem Bürger um, man muß auch ein bißchen Autorität zeigen. Klar, ich hab auch oft gedacht: Das kann doch so nicht richtig sein, warum denn jetzt schon wieder so aggressiv. Aber ich wäre niemals auf den Gedanken gekommen zu sagen: «Ich moniere das jetzt öffentlich», oder ich schreib dagegen.

Wenn ich die Verantwortung für jemanden gehabt hätte, hätte ich vielleicht nicht so reagiert. Aber hinterher merkte ich selbst: Man eignet sich diese Verhaltensweisen an. Ich wurde selbst aggressiver den Leuten gegenüber.

Glauben Sie, daß sich in den letzten Jahren bei der Polizei etwas verändert hat?

Es ist schwer zu sagen, ob sich in der Zwischenzeit was verändert hat. Klar, die Bürger sind immer sensibler geworden. Einen Anwalt einzuschalten ist ja heute auch kein Problem mehr. Früher gab es auch Gegenanzeigen, aber ich glaube, wenn heute wirklich einer permanent Leute traktiert und dann 'ne Widerstandsanzeige erstattet, ist die Gefahr einer Gegenanzeige mittlerweile größer geworden, und die Gefahr, daß er dann aufkippt.

Vielleicht hab ich auch wirklich das Pech gehabt, daß ich in eine absolute Losertruppe gekommen bin. Ich möchte das um Gottes willen nicht verallgemeinern und auf alle Dienststellen beziehen. Ich kann ja nur von meinen persönlichen Erfahrungen ausgehen.

Hätten Sie damals etwas dagegen machen können?

Ich weiß nicht, dann wäre ich vielleicht der Loser gewesen?

Was bedeutet das? Sind Sie der Loser, wenn Sie sich nicht an die Verhaltensweisen anpassen?

Klar, da entsteht ein psychischer Druck, dem man nicht ausgesetzt sein möchte. Ich kann mir vorstellen: Wenn die gemerkt hätten, daß ich nicht mitziehe – dann wirst du irgendwo geschnitten, dann kommen keine Infos mehr rüber, dann lassen die dich verhungern.

Haben Sie das einmal erlebt, bei einem Kollegen?

Ja, sicher, die lassen den dann verhungern. Wenn du einen Unfall aufnimmst, brauchst du am Anfang Anleitung, dann lassen die dich aber einfach verhungern. Du bist doch auf die Hilfe der Leute angewiesen.

Wenn du mit den Älteren rausfährst, heißt es: «Schreib mal auf, mach dies mal, nimm den Einbruch auf.» Dann schreibst du alles auf und sitzt hinterher an der Maschine und überlegst: «Wie formuliere ich das denn jetzt.»

Da ist man wirklich auf die Leute angewiesen und will auch nicht in Ungnade fallen. So war es zumindest bei mir. Ich habe mich unheimlich an die geklammert, wollte auch schnell lernen, um unabhängig zu sein. Und das waren sozusagen die Herrgötter, diese erfahrenen Polizisten, die werden einem das schon richtig zeigen. Da hätte ich mich nicht getraut aufzumucken.

Man kann die Uhr nicht mehr zurückdrehen. Man kann nur jetzt versuchen, für den künftigen Werdegang die Konsequenzen zu ziehen, obwohl ich keine Patentrezepte in der Hinterhand habe.

Fest steht, daß ein Dienstgruppenleiter eine ganz wichtige Institution ist. Der muß wirklich in der Dienstgruppe aufpassen, damit die Sache nicht kippt und eskaliert. Sie kennen ja diese Gruppenprozesse: Es kann sich schnell hochschaukeln, und wenn nicht rechtzeitig eingehakt und in andere Bahnen gelenkt wird, dann platzt irgendwann die Bombe. Irgendwann passiert etwas, was zu Beginn sicher keiner wollte. So war das auch bei uns.

Nachher haben alle gesagt: «Wie konnte das passieren» und haben mit dem Finger auf mich gezeigt. Ich hab mich nicht getraut zu sagen: «Die anderen haben mir das doch vorgemacht.» Ich habe gesagt:

«Alles klar, ich sag dazu nichts, mal sehen, was dabei rauskommt.» Das hat mich aber über Jahre belastet, das belastet mich im Prinzip heute noch.

Ich denke so oft zurück an diese vier Jahre, in denen ich bangen mußte, meinen Job zu verlieren, und ich hatte schon Familie. Das war wirklich eine harte Zeit.

Wer hat auf Sie gezeigt?

Mit dem Finger auf mich gezeigt war im übertragenen Sinne gemeint. Man merkte halt, das war eben ein Skandal...

(An dieser Stelle wurden von meinem Gesprächspartner detailliertere Aussagen gemacht, die ich ausgelassen habe, um seine Anonymität nicht zu gefährden.)

Sie fühlen sich durch diese Vorfälle heute noch belastet?

Ja, klar, die Ängste, die ich in diesen Jahren durchgestanden habe, bleiben nicht in den Klamotten hängen. Da denkt man unheimlich oft dran, und ich bin sehr vorsichtig geworden, weil ich das nicht noch mal haben will.

Machen Sie sich Vorwürfe?

Vorwürfe? Ich hatte einfach nicht die Courage aufzumucken. Die strafrechtlich relevanten Sachen sind auch überwiegend an mir vorbeigelaufen. Es gab Teilbereiche, wo mir stillschweigende Beteiligung vorgeworfen wurde. Einiges habe ich auch erst später erfahren. Ich glaube, wenn ich alles gewußt hätte, hätte ich vielleicht nicht mehr mitgemacht. Aber es eskalierte halt. Es fing mit der Arbeitsverweigerung an, dann kam die Langeweile ...

Die Ermittlungen zogen sich jahrelang hin.

Wie war es in den anderen Dienststellen?

Ganz anders. Meine erste Dienstgruppe ist zerschlagen worden, nachdem erkannt wurde, daß da jahrelang einiges im argen lag. Verschiedene Beamte sind suspendiert worden, und meine Wenigkeit sowie einige andere sind innerhalb des Kreises umgesetzt worden. Auf der nächsten Wache ging es wesentlich korrekter zu, und ich habe mich dort sehr wohl gefühlt. Es gab auch brisante Einsätze, viel Nachtleben und hohes Aggressionspotential, aber da wurde schon ganz anders mit den Leuten umgegangen. Viele junge Kollegen waren in der Dienstgruppe, die wirklich in Ordnung waren, mit denen ich gut klargekommen bin. Wir wollten arbeiten und konnten auch gut zusammen arbeiten.

Der Wachhabende stand kurz vor der Pensionierung und hatte seine Gruppe wirklich noch gut im Griff, aber auf eine nette Art. Der Dienstgruppenleiter war relativ kompetent, hat ein Auge darauf gehabt und war auch immer vor Ort. Da lief alles wesentlich besser.

Aus dieser Zeit habe ich gar kein Erlebnis vor Augen, das ich als Übergriff bezeichnen würde. Ich muß allerdings dazu sagen, ich war ein gebranntes Kind und habe mich auch sehr bemüht, nicht erneut unter Verdacht zu geraten. Da war halt das normale Geschehen und ist in aller Regel auch korrekt über die Bühne gelaufen.

Wann definieren Sie eine Handlung als Übergriff?
Das ist wirklich schwierig zu sagen. Das kann im Prinzip schon mit der Provokation anfangen und endet dann irgendwann beim Schlagen oder Einsperren.

Auch verbale Provokation könnte zu Übergriffen führen. Das negative Beispiel, das ich erlebt habe, hat mir immer wieder bewiesen, daß die Übergriffe dadurch provoziert wurden. Ganz bewußt, um das Gegenüber zu locken, damit es was Falsches machte und man hinterher wirklich draufgehen konnte und das eben halbwegs rechtfertigen konnte.

Wodurch werden diese Prozesse begünstigt?
Begünstigen könnte solche Prozesse auf jeden Fall, wenn sich Menschen zusammenfinden, die nicht über die nötige Lebenserfahrung verfügen.

Ist das abhängig von der Struktur des Bezirkes?
Nein, oder ... Wenn ich mir überlege, man würde eine Wache einrichten, die speziell nur für soziale Brennpunkte zuständig wäre. Unter diesem Aspekt könnte ich mir schon vorstellen, daß die Kollegen einem Abstumpfungsprozeß erliegen, einfach, weil ein Mangel an ganz normalem Umgang vorliegt. Sie sind dann eventuell gezwungen,

sich gegen ständige Anfeindungen zu schützen. Da muß ein vernünftiges System her, was den einzelnen schützt. Das ist überwiegend eine gute Gruppe.

Was wäre Ihrer Meinung nach nötig, um die Polizeiarbeit, auch die Ausbildung, zu verbessern?
In der Ausbildung zum mittleren Dienst müßte zum einen mehr Wert auf Bürgerliches Recht gelegt werden. Gerade mit diesem Bereich wird man durch den Bürger konfrontiert, Rechtsauskünfte am Telefon, bei Streitigkeiten und so weiter. Zum anderen müßten mehr Rollenspiele gemacht werden, das finde ich sehr wichtig. Das bringt dem einzelnen viel, mir hat das viel gebracht. Das müßte vielleicht mehrfach in die Ausbildung eingebaut werden. Immer mal wieder ein Training über zwei Wochen. Dieses Training sollte natürlich immer weiterentwickelt werden, damit man die Sprache besser einsetzen kann. Die Sprache ist dein Handwerkszeug. Darauf sollte gesteigerter Wert gelegt werden.

Was kann in den Dienstgruppen getan werden?
Das ist natürlich so 'n Thema. Das hängt vom Dienstgruppenleiter ab. Ein guter Dienstgruppenleiter kann bestimmt viel bewirken. Wenn der wirklich Lust hat, nimmt er sich den einzelnen raus und spricht mit ihm. Der kann auf seine Beamten einwirken. Er muß rechtlich fit sein, aber führen können. Führen heißt für mich auch Probleme lösen, Probleme erkennen, Vorbild sein, und versuchen, die Leute zu sensibilisieren, damit sie besser mit dem Bürger umgehen können oder zeigen, wie man es besser macht.

Haben Sie einen guten Dienstgruppenleiter erlebt?
Der Dienstgruppenleiter in der zweiten Wache, der hat aufgepaßt und überall ein Auge drauf, aber ich habe sicherlich noch einen besseren in der dritten Wache erlebt. Er war überall dabei, ist rausgekommen und hat vor Ort machen lassen. Er hat wirklich nur eingegriffen, wenn etwas rechtswidrig gewesen wäre. Hinterher haben wir uns zusammengesetzt und über den Einsatz geredet.

Dieser Dienstgruppenleiter hat zum Beispiel auch die Personalführungsgespräche unheimlich gut gemacht. Er hat gesagt, wie er einen von der Leistung her sieht, und wie man sich verbessern könnte, um eine gute Beurteilung zu erzielen, oder auch gesagt: «So kannst du mit den Leuten nicht umspringen.» Dieser Mann war wirklich gut. Da hat die Arbeit auch hundertprozentig Spaß gemacht.

Der hat sich auch für mich eingesetzt. Ich bin zwar freigesprochen worden von dieser Sache, aber man ist doch mit einem Makel behaftet, wenn einmal ein Verdacht im Raum stand.

Ist Ihnen gegenüber dieser Makel geäußert worden?

Auf jeden Fall. In der zweiten Wache begrüßte mich der Dienststellenleiter mit den Worten: «Ich habe nicht um Sie gebeten, und da stehen diese skandalösen Vorwürfe im Raum.» Und ich sollte mich schön vorsehen. Der hat mich dann direkt eingenordet, und zwar so, daß er teilweise nachts um 3 Uhr auf die Wache kam, gezielt auf mich zuging und sagte: «Zeigen Sie mal Ihren Verwarngeldblock, zeigen Sie mal Ihren Streifenbefehl.» In den Streifenbefehl trägt man seine Tätigkeiten ein. Und wehe, der wäre nicht auf dem aktuellen Stand gewesen.

Manchmal ist das so, daß man morgens um 6 Uhr kurz vor Feierabend alles einträgt. Das ist eh' ein Lügenbefehl, der vorne und hinten nicht stimmt. Die Zeit muß halt ausgefüllt sein. Ja, da kam der nachts um 3 Uhr und hat meinen Verwarnblock und meinen Streifenbefehl kontrolliert.

Warum heißt dieser Streifenbefehl Lügenbefehl?

Von den neun Stunden Nachtdienst hat man zweieinhalb Stunden sogenannte D-Zeit, das heißt Dienst auf der Wache. Wenn also nichts anliegt, machst du deine schriftlichen Arbeiten oder Pause, ißt dein Butterbrot oder siehst fern oder ähnliches. Die andere Zeit muß dienstlich ausgefüllt sein. Wenn du die erste Pause im Nachtdienst um 12 Uhr machst, dann fährst du von 1 bis 3 Uhr noch mal raus, und danach bleibst du auf der Wache, weil wirklich auf der Straße der Hund begraben ist.

Du darfst aber auf dem Zettel nicht schreiben: Von 4 bis 6.30 Uhr habe ich nichts gemacht, oder die Zeit einfach auslassen. Also lügst du da irgendwas rein: Ansicht Stadtgebiet, Raumstreife zur Verhinderung von KFZ-Aufbrüchen. Wir müssen theoretisch rausfahren, auch wenn gar keine Meldung vorliegt. Auf allen Wachen, die ich kenne, wurde das sehr großzügig gehandhabt, insbesondere nachts.

Tagsüber ist die Führung im Hause, und da achtet auch der Dienstgruppenleiter darauf, daß die Leute halbwegs pünktlich rein- und rausfahren und ihre D-Zeit nicht total überschreiten. Es sei denn, du hast wirklich dienstliche Gründe, zum Beispiel dringende schriftliche Arbeiten zu erledigen.

Wie könnte die Arbeit selbst verbessert werden, welche Tätigkeiten sind sinnvoll?

Der Streifendienst muß natürlich aufrechterhalten bleiben, und das ist auch sinnvoll, gerade in einer Großstadt. Wenn wirklich was ist, hast du ruckzuck 10 Wagen da, da kann ganz schnell Hilfe geleistet werden.

Aber das ist alles schwer zu sagen. Ich strebe den Dienst bei der Kripo an, weil ich nicht so gern im Mittelpunkt, im Brennpunkt stehe. Ich habe zwar gerne gearbeitet, aber auf die Uniform hatte ich einfach keine Lust mehr.

Welchen gesellschaftlichen Auftrag hat die Polizei aus Ihrer Sicht?

Der gesetzliche Auftrag ist Kriminalitätsbekämpfung und Strafverfolgung, und das muß auch so sein. Ein Ansatz wäre sicher auch, wenn man wirklich die bürgernahe Polizei fördern würde. Die Informationen kommen nun mal aus der Bevölkerung – da liegt einiges im argen. In den letzten Jahren ist doch alles sehr anonym aus dem Wagen heraus gemacht worden. Fußstreife galt mehr oder weniger als Bestrafung, das hat zumindest jeder so gemeint. Da könnte man ja mal angesprochen werden. Da ist natürlich der Knackpunkt.

Ist es denn nicht interessanter, auch einmal angesprochen zu werden?

Viele Kollegen fühlen sich vielleicht unsicher a) im sprachlichen Umgang mit dem Bürger und b) beim Geben von rechtlichen Auskünften. Ich hab das auch nicht so gerne gemacht. Da wurdest du durch die Fußgängerzone geschickt, dann läufst du mit deiner Mütze auf und ab, und alles starrt dich an. Einsätze habe ich gerne gemacht, Probleme lösen und mit den Leuten reden. Aber wenn du so ziellos herumläufst … –, obwohl das wirklich wichtig ist, weil du ja nur auf diese Weise Kontakte knüpfen kannst.

Wie man jetzt wirklich ein sinnvolles Konzept auf die Beine stellen könnte, weiß ich auch nicht. Es müßten Leute gefunden werden, die das machen wollen, wirklich viele. Dann heißt es aber auf der anderen Seite wahrscheinlich wieder: «Das kostet ein Heidengeld, die Beamten rennen auf der Straße herum, machen mehr oder weniger nichts.» Da fehlt mir der Überblick. Ich weiß nicht, ob das greift.

Klar ist, daß die Informationen aus der Bevölkerung kommen, und wenn von daher nichts kommt, können wir auch nichts aufklären. Es muß schon ein Miteinander sein, das muß irgendwie wachsen.

Sehen Sie eine solche Entwicklung in der Polizei wachsen?

Nee, eigentlich nicht. Ich bin zur Zeit in der Sachbearbeitung tätig. Da hab ich mit Drogenabhängigen zu tun, die Straftaten begehen, also Beschaffungskriminalität. Andauernd bekomme ich Anzeigen auf den Tisch von Leuten, die in der Bereitschaftspolizei sind und gerade erst ausgelernt haben. Dann werden die jungen Kollegen direkt allein – ohne Anleitung – in die Großstadt zum Hauptbahnhof geschickt, gehen da Streife, tummeln sich auf dem Vorplatz in der Drogenszene und versuchen, etwas zu machen. Das sind ganz junge unerfahrene Beamte, die dahin geschickt werden, wo wahrscheinlich kein anderer Dienst machen will. Weil keiner Lust hat, sich mit den Leuten abzugeben. Das kann doch nicht das richtige Konzept sein.

Die Kollegen, die an der Basis im Streifendienst arbeiten, sind die ungeschütztesten und gleichzeitig diejenigen, deren Ausbildung am wenigsten qualifiziert ist. Ich habe das ja am eigenen Leib gespürt.

Du wirst auf die Menschheit losgelassen, und wenn du dann noch das Pech hast – so wie ich –, auf Kollegen zu treffen, die dich zwar anleiten, aber nicht im Sinne des Erfinders, dann hast du wirklich Pech gehabt. Der Streifendienst ist wirklich eine schwierige Sache, weil dort das meiste Konfliktpotential ist, da mußt du schon mit umgehen können. Das ist nicht so einfach.

Robert, ich danke Ihnen für das Gespräch.

«Ich habe ausgesagt, weil ich solche Mißstände nicht hinnehmen wollte»

Jochen, 35, Polizeiobermeister

1979 habe ich bei der Polizei angefangen. Damals wurde relativ streng auf Formalitäten geachtet, den Haarschnit und so weiter. Danach war ich ein Jahr bei der Bereitschaftspolizei, wo während des Dienstes auch eine strenge Kontrolle vorherrschte. Außerhalb des Dienstes, während der Freizeit, war allerdings nur Zusammenhängen und Alkoholgenuß angesagt. Wir konnten nur am Wochenende nach Hause, und wenn man in irgendeiner Form aufgefallen war, also nicht ganz so beliebt war, war man ganz schnell auch zum Wochenenddienst eingeteilt.

Wie konnte man sich beliebt machen oder umgekehrt?
Einfach, indem man in irgendeiner Form aus der Reihe gesprungen war, wenn die Uniform nicht richtig saß oder die Haare ein paar mal als zu lang moniert wurden – dann war man relativ schnell dabei. Oder auch, wenn man mit den Ausbildern aneinandergeraten war, zum Beispiel ein Widerwort gegeben hatte, dann gab's Wochenenddienst. Gegen Ende des Lehrgangs hatte ich nach einer Abschlußfeier Streß mit einem Ausbilder. Ich hab den auf der Feierlichkeit etwas rumgeschubst, weil der vor versammelter Mannschaft den Molly mit mir machen wollte, und da durfte ich in den letzten Wochen noch Wochenenddienst machen.

Danach war ich ein halbes Jahr in einer Großstadt und hab quasi Objektschutz gemacht. Im Anschluß daran bin ich in die Einsatzhundertschaft gekommen. Hauptsächlich sind wir verbraten worden; so haben wir es immer genannt. Wir wurden in den Schutzbereichen eingesetzt, die uns gar nicht haben wollten. Dann wurden uns die Verwarngeldblöcke von den Kollegen mitgegeben, die in letzter Zeit nichts gemacht hatten, und dann haben wir für die Verwarngelder abgezockt, auf dem Radarblocker. Da haben wir uns absolut unwohl gefühlt.

Es war trotzdem in der Anfangszeit erst mal eine große Erleichterung gegenüber der Zeit in der Bereitschaftspolizei, weil die Formalkontrollen nicht mehr da waren und die Großstadt, in die ich kam, doch als ziemlich lockere Behörde galt. Da durfte die Uniform schon mal ein bißchen legerer sitzen. Mit dem Haarschnitt wurde das auch nicht ganz so streng genommen wie in der Ausbildung. Der Druck war also weg, und das hat man erst mal als große Freiheit angesehen. So sind wir dann halt durch die Schutzbereiche gewandert. Am Wochenende hatten wir Fußballeinsätze oder solche Sachen wie Kalkar. Als ganz junge Kollegen sind wir auch als Eingriffstrupp eingesetzt worden. Man gab uns Eishockey-ähnliche Monturen, die unter die Einsatzanzüge kamen – und dann waren wir natürlich wer. Wir ganz Jungen sind dann da eingesetzt worden, wo in bestimmten Bereichen Störerangriffe in größerer Formation erwartet wurden. Wir bildeten dann eine Absperrkette. Einmal nachts wurden wir zum Beispiel irgendwo auf dem Land eingesetzt. Wir wußten gar nicht, wo wir waren. So wurden wir vorbereitet. Als wir dann ein bißchen geschlafen hatten, hieß es am Tag danach: «Ihr seid heute die Eingriffstruppe», und dann hat man die ganz wichtigen Plastikschützer an uns ausgegeben. Wäre es in dem Bereich, wo wir standen, zum Einsatz gekommen, wären wir wirklich die Eingriffskräfte gewesen – aus heutiger Sicht Kanonenfutter, weil wir in gar keiner Form vorbereitet wurden. Wir wären nach vorne gestürzt. Der Angriff erfolgte Gott sei Dank auf der anderen Seite. Wir konnten das von ferne beobachten. Später kam erst die Erfahrung.

Das erste Mal richtig wahrgenommen, daß wir gar nicht informiert wurden, habe ich bei einem Einsatz in der Altstadt von Y. Dort sollten wir nach Information des Zugführers die Lesung eines Autors schützen, der angeblich über Rechtsradikale, das heißt: gegen sie geschrieben hätte. Dann kamen wir dorthin und mußten die Absperrung machen. Und es stellte sich heraus, daß es genau umgekehrt war: daß da praktisch Linke – in Anführungsstrichen – in der Altstadt standen und diese Veranstaltung eines extrem Rechten verhindern wollten.

Wir schützten also den Weg für ältere Leute in langen Ledermänteln auf SA-Basis, mit Söhnchen dabei. Da fühlten wir uns, ich und die Kollegen, die etwas kritischer waren, total verarscht.

Dieses eine Jahr in der Einsatzhundertschaft, wenn ich das heute so betrachte, war insgesamt eigentlich ziemlich ereignisreich. Da spielte sich dann auch noch die Altstadtgeschichte ab – da war ich dann leider auch dabei, war als ganz junger Kollege, als Polizeihauptwachtmeister eingesetzt, als Fußstreife.

Da sprang ein Dienstgruppenleiter rum, der später nur aufgrund der Zeugenaussagen seiner Kollegen entlassen wurde. Weil die «Penner», die waren ein Jahr später als Zeugen kaum noch auffindbar, und die Aussagen waren auch nicht mehr so verwertbar. Also der Dienstgruppenleiter kam an meinem ersten Tag angesprungen und begrüßte uns als Kommissar mit Handschlag, das gab's ja überhaupt nicht: «Mein Name ist ...» Daß uns ein Dienstgruppenleiter mit seinem Vornamen begrüßte, das konnte man fast gar nicht begreifen. In der Ausbildung hieß es immer nur «Sie». Der Dienstgruppenleiter zog dann direkt 'ne Patrone aus der Tasche und sagte: «Das hier ist eine 9-mm-Patrone. Das könnt ihr vielleicht jetzt nicht verstehen, aber man muß bei der Polizei gegen die vorgehen.» Der zeigte also einen richtigen Haß auf die Penner, und ich dachte: wie komisch. Er unterschied dann zwischen Rechtsmittelbelehrung ersten, zweiten und dritten Grades. Da hatte ich noch nie was von gehört im Unterricht. «Und wenn die so nicht abhauen», sagte er, «dann müssen wir was unternehmen.»

Wir saßen also da an diesem ersten Tag, und plötzlich ging die Tür auf, und da wurden fünf, sechs Penner reingetrieben. Wir saßen ganz normal im Aufenthaltsraum, bissen in einen Apfel, tranken Lift und dachten: Was passiert denn da? Dann wurden die Penner da aufgebaut, mußten also antreten, und dann hat der mit denen den Molly gemacht, vor den Kollegen. Hat sozusagen persönlich selbst die Parade abgenommen, und wenn da einer ein Wort des Widerspruchs sagte – paff, gab's erst mal 'ne Backpfeife, also vollkommen ohne Grund ...

Das geschah vor euch jungen Kollegen, die noch gar keine Erfahrung hatten …?

Gar keine. Ich dachte: Ist das jetzt die Polizei? Ich wußte nicht: Kann man da jetzt was machen oder nicht? Dann rief der uns noch: «Kommt gucken hier.» Da hatte ein «Penner» in die Zelle uriniert, auf die Steinpritsche. Die Decke war weg, und er hat den gezwungen, das aufzulecken. Das war also 'ne Pfütze, und vermutlich war das Urin. Der wurde dazu mit Schlägen oder was gezwungen – das war Wahnsinn, da kann ich mich noch super dran erinnern.

Ja, wie ist das Ganze dann weitergelaufen … Ich bin dann mit einem Kollegen von der Wache Fußstreife gegangen, und der sagte dann zu mir: «Hör mal, damit habe ich gar nichts zu tun.» Der hatte sich auch aktiv nicht daran beteiligt. Das war ein junger Kollege, ein Polizeimeister, aber für mich damals war er schon wer. Der hatte schon zwei Jahre oder so was erlebt. Aus damaliger Sicht war das unheimlich viel. Der sagte: «Hör mal, da kannste nichts machen, da kannste nicht gegen aufbegehren, das ist nun mal der Dienstgruppenleiter», und ließ dann durchblicken, daß man schon mit einem früheren Dienstgruppenleiter gesprochen hatte, daß da eventuell was gemacht werden müßte.

Das ging da den ganzen Tag: Penner rein, Penner raus, mit dem Gruppentransporter wurden die vorgefahren, kurz reingetrieben, aus der Altstadt aufgesammelt. Der Hintergrund war wohl gewesen, daß sich die Altstadtgemeinschaft über die Penner beschwert hatte, die da rumhingen. Druck wurde vom Geschäftszimmer weitergegeben, und dann trafen die auf einen Dienstgruppenleiter, der sich wohl bei einem Penner mit Tbc angesteckt hatte. Der war dann natürlich voll drauf und hat dann auch dementsprechend Gas gegeben. Und offiziell gesehen, waren die Penner dann weg aus der Altstadt. Das hatte sich rumgesprochen. Nachher waren die ganz einfach nicht mehr zu sehen. Das vorgegebene Ziel wurde erreicht, und da hat sich keiner in den höheren Etagen Gedanken gemacht.

Wir haben uns dann nachher unserem Gruppenführer anvertraut, nach dem Motto: «Ist das normal bei der Polizei?» oder so. Da sagte der: «Der …! Das Arschloch!» Der hatte auch schon davon gehört und hat das dann – das muß man wohl sagen, wenn das auch sonst so ein Schleimer war – weitergegeben an den Zugführer. Und wie ich später erfahren habe, liefen dann wohl parallel dazu von den Sozialarbeitern aus dem Pennerasyl Berichte, und dann wurde ermittelt. Danach wurde ganz vorsichtig angefragt, ob wir bereit wären, auszusagen, was wir gesehen hätten. Aus meiner Gruppe waren vier Leute betroffen, die ja gesagt haben. Ich auch, weil ich mich damit beschäftigt habe. Dann fing das schon an mit dem Vorverfahren: Gegenüberstellung bei der Staatsanwaltschaft im Polizeipräsidium mit 'nem Staatsanwalt. Wir kamen in einen großen Raum, und es gab eine offene Gegenüberstellung. Also nicht durch ein Fensterchen oder so, sondern man mußte praktisch der ganzen Dienstgruppe gegenübertreten, war praktisch schon der Verräter oder so, mußte dann die Gruppe durchgucken und sagen, wen man wiedererkannt hat mit welchen Aktivitäten. Ich hab halt nur den Dienstgruppenleiter wiedererkannt, und dann hat man mich dementsprechend ausgefragt. In der Verhandlung sind dann einige Kollegen umgekippt, die gesagt haben: «Ja, das konnte ich nicht sehen, da war vom Parka die Mütze davor», und so. Bei der Verhandlung habe ich dann erst erfahren, daß auch gegen mich ein Verfahren wegen unterlassener Hilfeleistung eingeleitet worden war.

Sie hätten also am ersten Tag auf der Wache direkt gegen den Dienstgruppenleiter vorgehen müssen?

Ganz klar, ich hätte sofort einschreiten müssen. Ich nehme an, da war aber ein Deal mit der Staatsanwaltschaft gemacht worden. Aber ich habe das erst bei der Zeugenvernehmung erfahren, als bei der Belehrung gesagt wurde: «Sie wissen ja, das Strafverfahren gegen Sie ist im übrigen eingestellt worden.» So lief das Ganze dann.

Wir waren also nur ein Jahr in der Einsatzhundertschaft. Das war natürlich ruckzuck vorbei. Dann hieß es: «Sucht euch einen Schutzbereich aus.» Man selber hatte noch ein bißchen Angst, man wußte, man war noch nicht richtig im Dienst. Denn das richtige Einsatzgeschehen waren für uns halt auch die Fahrten im Streifenwagen und der normale Wechseldienst. Diese Kollegen malochten richtig. Wenn wir da waren, haben wir das ja auch gesehen. Wir waren aber praktisch außen vor, rechneten unsere Verwarngelder ab, und die mußten Unfälle schreiben, Berichte richtig formulieren. Ich habe mir dann einen Schutzbereich ausgesucht, wo es für mich eine optimale Mischung gab: Da war nicht ganz die Hölle los, aber es war eben was los. Kein Schickimicki und ordentliche Bürger, sondern eher das handfeste Volk, das lag mir mehr.

Da fing es auch direkt wieder an, auch da liefen diverse Strafverfahren gegen Kollegen. Das waren wohl auch die Auswirkungen von der Altstadtwache. Auch wenn alles rechtmäßig war, wurde erst mal ein Strafverfahren «Körperverletzung im Amt» eingeleitet. Da stand ich dann auch in der Reihe mit dem Schildchen, weil ich gerade in der betreffenden Dienstgruppe war. Ich hatte zwar mit dem Geschehen nichts zu tun, weil ich noch nicht dagewesen war, aber das war egal.

Ich hatte damals das ganz starke Bedürfnis, darzustellen, daß ich ausgesagt hatte, weil ich solche Mißstände nicht hinnehmen wollte. Es muß ganz klar unterschieden werden zwischen rechtswidriger Folter und der normalen Einsatzmaßnahme, die der Kollege durchsetzt und die dann auch mal eskalieren kann. Da bin ich auch ganz stark auf Verständnis gestoßen. Da war ein Schutzbereichsleiter, der sehr bürgerfreundlich war, fast schon zu bürgerfreundlich. Der unterschied zwischen Bürgern und Beamten, und ein Bürger war mehr als ein Beamter; das hab ich auch nicht immer als korrekt empfunden. Aber insgesamt war der gerecht und hat mich auch unterstützt. Ich hab dann die Erfahrung gemacht: Wenn man seine Angelegenheit offen und ehrlich vertritt, dann kommt man damit auch klar.

Wissen Sie noch, warum Sie zur Polizei gegangen sind?
Ich war auf der Höheren Handelsschule und hatte danach überhaupt keine Perspektive. Ich hatte keine Ahnung, was ich machen sollte. Ich wußte nur eins: Ich wollte nicht zur Bundeswehr und wollte jetzt möglichst schnell Geld verdienen und möglichst auch noch einen Führerschein umsonst. Mein Vater hatte mal gesagt, er wäre gerne zur Polizei gegangen, sei aber nicht genommen worden, weil er zu klein war. Ich dachte: Das wäre doch was, wenn du das schaffst. 1979 konnte gesiebt werden, da gab es nicht für jeden eine Lehrstelle.

Wie waren denn die ersten Erfahrungen mit dem Bürger nach der Ausbildung?
Man war richtig erstaunt, wenn man Widerworte kriegte. Wenn man mit dem Auto bei schönem Wetter und offenem Fenster durch die

Gegend fuhr und abfällige Bemerkungen über die Polizei hörte – damit hatte man einfach nicht gerechnet. In der Einsatzhundertschaft war man relativ weit weg vom Bürger, man kam raus, war aber nie so richtig der zuständige Sachbearbeiter. Das kam erst später im Schutzbereich, und da hatte es ja schon die Vorfälle gegeben, von denen ich vorhin erzählt habe.

Sie hatten ja wohl einen ziemlich harten Einstieg?
In dem Schutzbereich später, in einem sozial schwächeren Gebiet, lief damals alles ganz anders ab. Da wurde noch nicht jede Maßnahme so genau überprüft, weil jeder ohnehin Bescheid weiß, jeder Rechtsschutz hat. Das war damals noch nicht so. Da fuhren wir im Nachtdienst in den Problembereich, und dann wurde erst mal gemacht. Zum Beispiel nach anonymen Anrufen. Später stellte sich aufgrund der Fangschaltung oft heraus, daß da jemand aus der Telefonzelle angerufen hatte, der wohl mal wieder die Schmiere sehen wollte. Und dann guckten die Leute aus dem Fenster heraus und grinsten. Manchmal sind wir dann später nachts ums Karree gefahren und haben Verfolgungsfahrt gespielt: Zivilwagen vorweg, Streifenwagen mit Blaulicht und Martinshorn hinterher, um die Leute mal zu wecken, natürlich vor den passenden Buden, wenn wir dachten: Die waren das.

Bei anderen Gelegenheiten hieß es auch: «Wollen wir reingehen?» Und dann: «Jaaaah», dann zack, Tür ein. Die Türen waren schon so oft eingetreten worden – das war dann kein Problem mehr. Das ging nicht nach einer konkreten Rechnung, sondern nach dem Daumen. Gedanken hat man sich schon irgendwie gemacht: Kann man das jetzt oder nicht. Ob man sich dementsprechend dann verkaufen kann. Da kennt man dann immer ein paar Leute, die nachher gesagt haben: Das war so. – Dann rein. Es gab aber auch Kollegen, die gesagt haben: «So geht das einfach nicht. Was wäre denn, wenn bei dir einer so vor der Tür steht, und dann einfach mal so rein, und hallo?» Ältere Kollegen, mit denen ich auch heute noch Kontakt habe, die sich schon ein bißchen abgeschliffen hatten und auch Bescheid wußten, welche Strafverfahren Kollegen in welchen Fällen drohen können, was man darf, was moralisch zu vertreten ist, und die solche Werte dann auch vermittelt haben.

Waren Sie anfangs sehr unsicher, oder haben Sie in diesem auch problematischen Bezirk sofort agiert?

Man mußte agieren. Wenn man im Nachtdienst in bestimmten Straßen fuhr, und der Einsatz hieß Ruhestörung, dann war von Anfang an klar, daß da nicht nur ein Streifenwagen hinfuhr. Einer kriegte den Einsatz, und alle, die frei waren, fuhren in die Richtung. Da war vollkommen klar, daß wir uns kloppen würden. Da gab es Leute, denen es scheißegal war, ob sie eine Nacht in der Ausnüchterungszelle sitzen. Das kannte ich vorher auch gar nicht: Leute, die schon riesig gesessen hatten, und wenn du sagtest: «Du kommst heute nacht mit», dann sagten die: «Dat ist mir doch egal, ich hab vier Jahre gesessen, wat willste, mach die Felge.» Ja, da kam man am Anfang überhaupt nicht mit klar, und mit Widerstand hatte man nicht gerechnet. Auch was in Filmen wie «Tatort» so vermittelt wird: Mal eben Arm auf den Rükken und dann die Acht (Handschellen), und die lassen sich das alles prima gefallen. Aber in der Realität ist das nicht so. Da muß man auch manchmal richtig draufholzen. Im Laufe der Zeit versucht man natürlich, das Ganze erst mal durch Reden zu vermeiden, ganz klar.

Was bedeutet im Laufe der Zeit?

Man versucht, selber ans Wort zu kommen. Als jüngerer Kollege ist man dabei, und der Streifenführer redet. Ist der jetzt unfähig, dann muß man seine Maßnahme trotzdem mittragen. Ist er fähig – ok. Man ist ja mit vielen Kollegen gefahren, und da lernt man die verschiedenen Möglichkeiten kennen, wie man vorgehen kann und wie man am besten fährt.

Sie würden also heute sagen, daß nicht jeder Widerstand, der sich ergeben hat, hätte sein müssen?

Das auf jeden Fall. Aber in dem Fall, den ich vorhin erzählt hab, war ganz klar, da hätte man mit Engelszungen reden können – die zeigen heute abend der Polizei, wo es langgeht. Letztendlich wurde immer soviel Polizei rangefahren, daß sie dann doch verloren haben. In solchen Fällen war nichts zu machen: bei Leuten, denen alles egal ist, die für kein Argument zugänglich sind. In anderen Fällen, zum Beispiel, wenn eine Frau geschlagen wurde, kam man schon mal als Robin Hood da an und hatte direkt im Hinterstübchen: «Moment mal, da muß jetzt ausgleichende Gerechtigkeit her, der kriegt jetzt auch noch 'ne kleine Packung von uns.» Bis dann rauskam, daß man immer wieder dahin mußte, daß sich das nachher wieder einrenkte, daß man eventuell selbst dazu beitragen konnte, die Situation also entschärfen konnte und ein Verhältnis zum Gegenüber aufbauen konnte. Man hat im Laufe der Zeit gelernt, mehr auf den Menschen einzugehen und versuchte, das Problem über Verhandlungen zu lösen, um es für beide Seiten aus der Welt zu schaffen.

Diese Vorgehensweise haben Sie nicht unbedingt durch Ihre ersten Erfahrungen mit kompetenten Begleitern gelernt?

Es kam darauf an, mit wem man fuhr. Da gab es die Althergebrachten mit der Auffassung ähnlich der meiner Ausbilder: Wie wir in der Ausbildung springen mußten, so muß der Bürger springen, wenn wir kommen. Und dann gab's eben die guten Bärenführer, die genau wußten, wie es abläuft, die menschlich gut klarkamen. Bei der Polizei gibt es genau so viele verschiedene Charaktere wie anderswo auch. Da gibt's auch den Gutmütigen, der an das Wohl des Gegenübers denkt.

Haben Sie Ihre Berufsentscheidung irgendwann in Frage gestellt?

Eigentlich passiert mir das dann, wenn ich Sachen erlebe, wo ich nicht hinterstehen kann. ‹Castor› zum Beispiel. Wäre so ein Scheiß-Aufbereitungslager oder Endlager oder Zwischenlager bei mir in der Nähe, würde ich auch dagegen protestieren, würde ich auch auf die Straße gehen, würde ich es nicht vor meiner Haustür haben wollen. Ist doch vollkommen klar, daß die Leute dagegen sind. Erwiesenermaßen kann es Gesundheitsschädigungen zur Folge haben. Weswegen sollte ich das akzeptieren, wenn ich da wohne. Natürlich: Dagegen protestieren ist ok., bei Gewalt – zum Beispiel Schienen ansägen –, da hört's dann wieder für mich auf. Aber ich bin da schon hin- und hergerissen. Oder der Einsatz wegen dieses rechten Buchautors: Da wäre ich am liebsten weggerannt. Statt dessen wurden Backpfeifen verteilt an Leute, deren Auffassung ich gut verstehen konnte.

Oder eine Festnahme, an die ich mich erinnere: Da war eine Frau, die eine Geldstrafe zu zahlen hatte. Da waren auch zwei Kinder. Die Frau war alleinerziehend und hatte einige Betrügereien gemacht und konnte die Geldstrafe nicht zahlen. Man merkte: Die konnte wirklich nicht zahlen. Wir hatten sie aber angetroffen, das war blöd gelaufen. Wir wollten erst gar nicht rein. Ich schelle, sie macht auf, also: Person angetroffen. Nachfrage beim Staatsanwalt, ob nicht auf die Festnahme wegen der besonderen Umstände verzichtet werden kann. Der Staatsanwalt sagt uns «nee, wird festgenommen, Kinder sind im Heim unterzubringen». So was ist absolut zum Kotzen, da könnte man aufhören. Wir haben überlegt, ob wir das aus der Kegelkasse bezahlen, aber das war natürlich zuviel: 2000 Mark. Das sind Sachen, da steht man nicht dahinter.

Insgesamt gesehen hat mir der Beruf ja doch Spaß gemacht. Man konnte was erleben und merkte nachher, daß man auch etwas bewirken kann, natürlich nur im kleinen Bereich, aber man konnte etwas bewirken. Durch den Schichtdienst hat man natürlich die Kumpels von früher verloren.

Gibt es noch andere Auswirkungen auf das Privatleben?

Mit dem Schichtdienst bin ich relativ gut klargekommen, man hat das nur manchmal körperlich gespürt. Mit meiner Frau bin ich allerdings bestens klargekommen. Wir konnten uns die Zeit gut einteilen. Wir haben uns damals direkt selbständig gemacht mit einem Sportstudio, als die Sache mit der Altstadtwache war. Da habe ich mir überlegt, daß ich von der Polizei unabhängig werden will. Meine Freizeit ist also eh minimal: das Studio als genehmigte Nebentätigkeit, dann der Beruf, ein bißchen Freizeit – der Rest ist Schlafen. Wir haben ein Kind von eineinhalb Jahren, da habe ich schon mal überlegt, ob ich das Studio drangebe, um mehr Zeit dafür zu haben. Jetzt mache ich halt weniger. Wir haben einen Partner in das Studio hineingenommen, und meine Frau bleibt mit dem Kind zu Hause.

Freunde habe ich höchstens zwei, und das sind Kollegen.

Was nehmen Sie aus dem Beruf mit nach Hause?

Ich nehme unheimlich viel mit nach Hause. Mich belastet das zum Beispiel, wenn ich jemanden verletzt habe. Die Art bei der Polizei damit umzugehen, hat sich aber für mich als die beste Art entwickelt, damit klarzukommen: die Sache ins Lächerliche zu ziehen und über wirklich schlimme Sachen böse und anstößige Bemerkungen zu machen. Jeder Normale, der das hören würde, würde sagen: «Was ist das denn für ein Arschloch.» Aber das ist halt meine Art, die Distanz zu wahren, ganz klar. Aber ich habe oft schlecht geschlafen. Insbesondere nach Widerständen. Ich hatte auch Strafverfahren gegen mich laufen gehabt: Körperverletzung im Amte, Nötigung im Amte, allerdings bei Sachen, an denen nichts dran war. Man wurde beschuldigt, aber es war eigentlich nichts. Nur, man merkte dann: Es ist eigentlich egal, ob ein Vorwurf berechtigt oder unberechtigt ist – es läuft für einen dasselbe ab.

Einmal hab ich einen total schwer verletzt. Da habe ich ganz schlecht geschlafen. Ich fand selbst, daß es überzogen war, aber es war mehr oder weniger ein Unfall. Derjenige war schon siebenmal vorbestraft wegen Widerstand. Vom typischen Verhalten her war klar, der geht auf uns los. Tatsächlich, wir kamen in die Bude rein, da wollte er erst mal einen Hund auf uns hetzen. Durch Labern haben wir es geschafft, daß die Mutter den Köter herausgezerrt hat, und dann waren wir allein mit dem im Raum. Er war schon angetrunken und sagte: «Kommt her, Bullen, ich mach euch nieder.» Dem wollte ich dann den Schneid abkaufen und bin auf den los. Er lag auf dem Boden, und weil ich den Eindruck hatte, er wolle gegen meine Genitalien hauen, wollte ich vor den Oberkörper treten, damit er direkt rumfliegt, ich seine Hände auf dem Rücken habe, ihm aufs Kreuz springen und ihn festlegen kann. Ich habe aber am Oberkörper vorbeigetreten und treffe voll das Gesicht. Das nächste, was ich sehe: Die Lippe klafft, und das Blut spritzt raus. Da mußten wir den ins Krankenhaus fahren, und der hat eine bleibende Narbe. Ich meine, der ist nie wieder polizeilich aufgetreten danach, aber das hat mich sehr belastet. Da habe ich ein Jahr später immer noch daran gedacht. Nicht, daß der mich anzeigen könnte, das Ding wäre eh abgeschmiert worden. Siebenmal vorbestraft wegen Widerstand und dann das Verhalten, was tatsächlich auch vorlag. Der Einsatzgrund war, daß die Mutter vorher verprügelt worden war, aber das hat mich belastet, das nehme ich mit nach Hause.

Oder wenn ein Kind an einem Unfall beteiligt ist, vom Bus angefahren. Oder: Es gab einmal einen tödlichen Unfall zu Weihnachten, wo einem Motorradfahrer an einer Leitplanke der Kopf aufgeschlitzt wurde. Dann muß man mit der Schwester die Identifizierung in der Uniklinik vornehmen und trifft auf so einen gefühllosen Pförtner. Die

Schwester ist ja ganz fertig, und dann wirft der den Schlüssel rüber und sagt: «Geht mal gucken – muß das denn heute sein.» Und dann zieht man die Leiche zu Weihnachten aus dem Dings, und anschließend findet das Essen mit den Kollegen statt – das ist schon merkwürdig.

Welche Einsätze sind für Sie problematisch?

Jeder Einsatz kann problematisch werden. Das kann ein Familienstreit sein: Wenn bestimmte Stichworte fallen – das ist auch ein Nachteil bei der Polizei –, dann läuft ein bestimmter Film ab, das hält man nicht mehr auf. Ein Beispiel, das mir einmal passiert ist: Da hat sich der Familienvater mit dem kleinen Kind im Badezimmer eingeschlossen und droht: Wenn ihr jetzt reinkommt, dann schneide ich ihm die Kehle durch. Wir standen davor und konnten jetzt sagen: Das ist ein Familienstreit, der hat gesoffen, wir überreden den Mann, rauszukommen. Wir könnten auch nach Schema vorgehen und sagen, der hat sich eines Menschen bemächtigt: Geiselnahme. Wenn das Stichwort einmal von der Leitstelle erfaßt worden ist, dann läuft das unter Geiselnahme.

Wir haben das Teil dann folgendermaßen geregelt, weil uns die Frau auf Knien gebeten hat, den Mann mal für längere Zeit praktisch wegzuschaffen. Wir hatten noch folgende Alternativen, nachdem er aus dem Bad herausgekommen war: Wir hätten den Mann da lassen können und sagen, die Lage ist entschärft. Wir hätten sagen können: Ausnüchterungszelle. Und es gab noch eine Möglichkeit: Der Dienstgruppenleiter hat gesagt «Komm, machen wir PsychKG», also erst mal für einen oder zwei Tage in die Ballerburg einweisen. Aber das konnte er sich direkt abschminken, weil der aus dem Badezimmer rauskam und den Vernünftigen mimte. Es stellte sich heraus, daß der Mann reichlich Erfahrung mit der Polizei hatte und genau wußte: Wenn ich weiter auf abgedreht mache, dann ist's vorbei, dann sitze ich in der Ballerburg. Ich habe dann gesagt: «Festnahme auf Grund von Geiselnahme.» So haben wir das Teil dann auch durchgezogen, und der ist abgegangen, der ist nicht mehr rausgekommen. Drei Jahre war der weg. Der hatte nämlich vorher schon einmal Raub mit Todesfolge, und mit der Vorstrafe war der dann fällig. Hätten wir nur die PG-Anzeige (PsychKG) geschrieben, wär der am nächsten Tag wieder draußen gewesen, dann wär nichts passiert – Familienstreit.

Am nächsten Tag mußte ein Fernschreiben abgesetzt werden: Geiselnahme. Dann kam vom Innenministerium der Rundumschlag. Die lesen in der Zeitung von Geiselnahme: keine Verhandlungsgruppe und und und – das geht ganz einfach nicht. Da haben die nur so ein Papier auf dem Schreibtisch und die Zeitungsmeldung – das geht nicht. Also kamen die Nachfragen vom Ministerium an den Dienstgruppenleiter. Da mußte viel geschrieben werden. Der Dienstgruppenleiter eine Stellungnahme, der Schutzbereichsleiter eine Stellungnahme. Nachher gab es eine dicke Akte, und dann war alles wieder ok. So läuft das bei der Polizei ab. Und die Entwicklung geht dahin, daß keiner mehr Verantwortung auf seinen Schultern tragen will. Weil jeder genau weiß: Jede Eingriffsmaßnahme kann ein Rechtsanwalt oder sogar ich selber entweder als rechtswidrig oder als rechtmäßig darstellen. Ich könnte jeden Widerstand, glaub ich, schon allein von der Begründung her niedermachen oder nicht. Es gibt ganz wenige Kollegen bei der Polizei – die Entwicklung ist klar zu sehen –, die Verantwortung tragen können, die sagen können: «Jetzt treff ich hier diese Maßnahme.» Das gibt's kaum noch. Sondern: Wenn die passenden Stichworte fallen, geht alles zur Seite, die und die werden benachrichtigt, die kommen, Verantwortung weg, der Schwarze Peter wird weitergereicht. Das ist das Prinzip, was zur Zeit bei der Polizei vorherrscht.

Sie glauben also, daß heute Polizisten weniger Verantwortung übernehmen als früher?
Als früher nicht, sondern als sein müßte.

Sie bemängeln fehlende Selbständigkeit?
Es gibt selbständige Kollegen. Aber gerade widersprechen und eigene Wege gehen ist überhaupt nicht gefragt. Offiziell heißt es zwar so, aber intern sieht das anders aus. Es gibt zuviel Autoritäten in der Hierarchie, die das nicht anerkennen.

Beispiel: Wir hatten einen Verdacht: eine Autobombe vor einem Werk. Wir haben also die betreffende Straße abgesperrt. Ich bin Einsatzführer vor Ort, treffe dort die Entscheidungen, habe den Sicherheitsbeauftragten der Firma bei mir, gebe alle Anweisungen: Sperre, keiner kommt mehr durch. Da kommt plötzlich vom Leiter EV (Einsatz und Verwendung) die Anweisung, wir sollen Busse durchfahren lassen. Da habe ich gesagt: «Das läuft nicht, ich lasse hier überhaupt keinen durch.» Nach einer halben Stunde wurde der Halter des PKW ermittelt, und alles hatte sich erledigt. Auf der Wache kam es dann zur Auseinandersetzung mit diesem Leiter EV, der sagte, ich hätte seine Anordnungen nicht ausgeführt. Ich habe dann gesagt, wenn ich einen durchlasse, dann muß ich alle durchlassen. Und wenn der Bus da durchfährt, und die Bombe explodiert, dann sind 50 platt. Der Leiter sagte dann, er hätte mit dem Sicherheitsbeauftragten gesprochen, und dann habe ich gesagt: «Nein, der stand neben mir.» Ich habe ihn praktisch vor der versammelten Mannschaft blamiert. Das hat der nie vergessen. Er hat dann versucht, meine Beurteilung runterzusetzen. Dagegen habe ich aber geklagt und habe es auch geschafft.

Könnten Sie aus Ihrer Sicht einmal verschiedene Kategorien von Bürgern bilden?

Der größte Teil ist der, mit dem ich nichts zu tun habe: der anständige Bürger, der arbeiten geht, Recht und Gesetz achtet, bzw. das, was er dafür hält, und eigentlich erwartet, daß er dementsprechend auch behandelt wird. Mit denen hat man kaum zu tun oder wenn, dann unproblematisch. Dann gibt's die, die nur Rechte haben, aber keine Pflichten, die die Polizei als Institution überhaupt nicht anerkennen, sondern in einer Vollkaskogesellschaft leben und Schutz für alles haben. Die lassen sich von niemand etwas gefallen, die sind maßgebend. Was gibt es noch? – Die Jasager, die Anscheißer ohne eigene Meinung, die sich einfach nur bei der Polizei anbiedern wollen, die gibt's natürlich auch noch. Aber die breiteste Menge sind halt die, die mit der Polizei nichts zu tun hat. Man neigt dazu, die Verhaltensweisen von Bürgern, mit denen man zu tun hat, auf die anderen zu übertragen, aber das stimmt natürlich nicht. Wenn ich mir die Einlieferungsbücher ansehe, dann tauchen immer nur die gleichen Namen auf, immer wieder die gleichen Gesichter.

Sie sagen also, der Mensch neigt zu Übertragungen vom einzelnen auf größere Teile der Bevölkerung?

Ja, klar. Was zum Beispiel in Hamburg mit den Schwarzen passiert ist, kann man original so sehen. Da sind ja tatsächlich braune Vögel dabei, die mit Rauschgift rumgehen, und es ist unheimlich schwer, das nachzuweisen. Die haben Rauschgift im Mund, und man muß erst würgen, bevor das rauskommt. Dann sieht man: Die werden wieder freigelassen, sind am nächsten Tag wieder draußen und haben bei der nächsten Festnahme große Klappe gegenüber der Polizei. Ich kann mir vorstellen, daß dann gesagt wird: «Alle, die aus Ghana kommen, sind so und so.» Wenn eine Führungskraft dabei ist, die so ist, mit einer starken Persönlichkeit, dann überträgt sich das. Dann steuert der: «Los, würgt die.»

Wenn Sie jetzt Ihre Kollegen auch einmal in Ihre Kategorienbildung einbeziehen würden, welche Gruppen mit welchen Einstellungen würden Sie bilden?

Da gibt's so viele verschiedene Typen. Ich würde sagen, der gängige Typ ist derjenige, der eben nicht gerne Verantwortung trägt, sondern lieber einen hat, der die Verantwortung übernimmt und nach dessen Direktive er marschiert, nach einfachen Lösungen marschiert. Das ist ein ganz großer Teil.

Welche Einstellung mögen Ihre Kollegen zu den Bürgern haben?

Man neigt schon dazu, das politische Gegenüber mit dem Bevölkerungsschnitt gleichzusetzen. Wir hatten in unserem Bezirk mal eine Diskussion darüber. «Was meinste, wieviel Prozent ‹Asis› (Asoziale) im Schutzbereich wohnen?» Ich bin immer von 5 Prozent ausgegangen, und die Schätzungen von Kollegen gingen bis zu 90 Prozent. Immer wenn wir Ärger mit einem hatten, hieß es wieder: «Siehste, die Sinti und die Roma – da haste schon wieder einen beim Klauen erwischt, wieviel Prozent haben wir denn jetzt?» Dann bin ich auch teilweise hochgegangen auf 15 Prozent. Man neigt ja auch zur Vereinfachung, um das Ganze irgendwo einzuordnen.

Zur Zeit sind ja Hypothesen über weitverbreitete rassistische Vorurteile von Polizisten im Gespräch …

Ich glaube, die sind gar nicht so weit verbreitet, wie jetzt gedacht wird. Ich schätze, daß viele Kollegen immer nur an das polizeiliche Gegenüber denken und dann pauschalisieren. Generell ausländerfeindlich – das gibt's nicht. Ich habe immer wieder auf der Wache erlebt: Wenn ein geschädigter Ausländer kam, wurde sich genauso darum gekümmert. Oder wenn ein Ausländer eine Nachfrage hatte, wurde der genauso freundlich bedient wie jeder andere auch. Man steht aber vor dem Problem, daß diese Denkabläufe ausgenutzt werden. Als ich in einem Sintilager einschritt, ist mir auch schon passiert, daß sie sagten: «Was willst du hier? Immer nur gegen Sinti und Roma, macht was gegen die Rechten.» Fährt man beim Deutschen den Einsatz, sagt der: «Paßt mal auf Freunde: Ausländerkriminalität, Asylanten, die nehmen sich hier alles. Seht doch mal zu, daß ihr euch darum kümmert.» Die Zuweisungen gehen immer von der eigenen Gruppe weg. Man wird auch fuchsig, wenn man das andauernd hört beim Einschreiten. Ich seh mich nun mal wirklich nicht als Rassistenschwein.

Können Sie sich dennoch vorstellen, daß es Kollegen gibt, die zwar nicht «Rassistenschweine» sind, aber doch rassistische Vorstellungen haben?

Das ergibt sich nicht generell, sondern die meinen, diese bestimmte Gruppe ist polizeiliches Gegenüber. Das beschränkt sich auf bestimmte Gruppen, und daß sich auf die der Zorn richtet, das passiert.

Sie haben zu Beginn Ihrer Laufbahn bei der Polizei eine Erfahrung mit massiven Übergriffen gemacht. Haben Sie später noch einmal empfunden: hier ist jemand oder hier bin ich zu weit gegangen?

Ich hab nur erlebt, daß ein Widerstand eskaliert ist, so wie der eine Fall, den ich eben geschildert hab. Das war dem ganzen Einsatz, den ich damals gefahren hab, nicht angemessen, den so schwer zu verletzen. Das hab ich immer wieder mal gesehen, das kann man auch nicht immer gut dosieren. So was Gezieltes wie in der Altstadt hab ich nie wieder bei der Polizei erlebt, werde ich auch nicht mehr erleben. Ich würde so was auf jeden Fall verhindern, so was wird in meiner Gegenwart nicht mehr passieren. Da kenne ich viele Kollegen, die so was nicht mehr zulassen würden. Das Schlimmste, was einem passieren kann, ist, wenn man selber Einsatzbearbeiter ist, es ist Widerstand geleistet worden, ein Kollege wurde schwer verletzt – kann ja auch vorkommen –, und der Täter ist dann auf der Wache, und die Kollegen haben noch einen tierischen Haß. Wenn der dann noch Widerworte gibt, die große Fresse zieht, ist mancher Kollege so aufgeladen, daß er sich eventuell zu 'ner Backpfeife hinreißen läßt. Dann muß man aber schon dazwischen sein, das geht ganz einfach nicht. Bei uns auf der Wache gab es nachher eine Art Ehrenkodex in der Gruppe, daß der Widerstand vor Ort gebrochen wird. Da konnte es ruhig brutal zugehen, was geeignet war, den Widerstand zu brechen, das wurde gemacht. Aber auf der Wache, oder wenn die Person sicher war, wurde nicht mehr geschlagen oder sonst irgendwas gemacht. Das habe ich auch nie wieder erlebt. Ich weiß aber, daß so was denkbar ist, wenn man tierisch aufgeladen ist. Ich weiß, daß solche Entwicklungen möglich sind. Je nach Konstellation in einer Wache kann das passieren.

Sich bei Widerstand durchzusetzen ist auch immer so 'ne Sache. Schöne Gewalt wurde immer bei der Polizei propagiert auf den IF-Seminaren (Integrierte Fortbildung), schöne Gewalt. Unter Umständen ist schöne Gewalt schädlicher für die Person als 'ne ordentliche Backpfeife oder ein gerader Fauststoß auf den Oberkörper, der ihr mal einen Moment lang die Luft nimmt. Wenn ich den Arm hochdrehe mit dem Arm-Dreh-Beuge-Griff und ziehe den richtig hoch, dann reißt eventuell die Schultermanschette, dann hat der Betreffende zehn Jahre lang Spaß damit. Das Gewebe vernarbt, wenn der das nicht behandeln läßt, der muß dann operiert werden ... So 'ne Beule kann nach zwei Wochen weg sein. Nach außen hin heißt es: «Ja, die Polizei hat den mit 'nem Griff abgeführt, die war nicht so aggressiv.» Oder im anderen Fall: «Die Polizei hat den brutal niedergeschlagen.» Da muß man schon ein bißchen gucken.

Sie haben an anderer Stelle mal gesagt, es gibt Kollegen, mit denen es Ihnen peinlich ist zu fahren. Wie würden Sie einen solchen Kollegen beschreiben?

Da gibt's mehrere Arten Kollegen. Kleinigkeitskrämer zum Beispiel, die genau wissen, wie hoch ein Kennzeichen zu hängen hat oder nicht sagen: «Machen Sie bitte die Birne wieder in Ordnung», sondern sich aufbauen und den Bürger aus dem geringsten Anlaß niedermachen, ihn in einer Art und Weise ansprechen, die überhaupt nicht angemessen ist, anstatt ganz normal mit den Leuten zu reden. Da schämt man sich, wenn man weiß: O Gott, wenn der jetzt den Bürger anspricht, der labert einen Blödsinn daher, der kann sich nicht verkaufen, das kann schlimm sein. Ich hab zwar nie gesagt «mit dem Kollegen fahr ich nicht», weil so was unfair ist. Und man kann ja doch Einfluß ausüben, aber manchmal sind die Interessenlagen weit auseinander. Es gibt welche, die wollen unbedingt Anzeigen reinbringen. Die verstehen Polizeiarbeit als Leistungsnachweis. Alles muß in Schriftform nachweisbar sein, da müssen fünf Anzeigen her, Verwarngelder, und dann hat man gearbeitet. Es gibt auch noch Dienstgruppenleiter, die zählbare Erfolge sehen wollen, da hab ich persönlich schon Ärger mit einem gehabt. Wenn ich einen gesehen habe, der wie eine Wildsau gefahren ist, dann habe ich den angehalten. Und wenn ich meinte, der hat das jetzt kapiert, dann ist der so gefahren. Das war dann für den eventuell lehrreicher. Ich glaube nicht, daß es unbedingt erforderlich ist, abzuzocken oder einen Bürger anzuhalten und zu suchen, bis man was gefunden hat.

Würden Sie sich als typischen Polizisten bezeichnen?
Nein, ich bin kein typischer Polizist, das wollte ich auch nie sein. Die wenigsten wollen typische Polizisten sein, sind es aber dann.

Sie haben vorhin gesagt, das Erlebnis in der Altstadt habe Sie beschäftigt. Wissen Sie noch, welche Gedanken oder Gefühle in dieser Situation damals abgelaufen sind?
Erst mal war ich wie ein Kinozuschauer. Ich seh das heute noch vor mir. Das läuft wie ein Film ab, obwohl die Wache schon gar nicht mehr existiert. Ich sehe noch die Räumlichkeiten vor mir, ich weiß noch genau, wie das alles gewesen ist. Ich konnte es einfach nicht glauben. Ich konnte nicht glauben, was da abgeht. Ich konnte das ja gar nicht einordnen.

Haben Sie Angst gehabt?
Nee.

Oder waren Sie eher wie gelähmt?

Absolut, irgendwie ohnmächtig. Ich wäre gar nicht auf den Gedanken gekommen, da einzuschreiten. Ich wäre damals nicht auf den Gedanken gekommen zu sagen: «Hör mal, jetzt ist aber gut, der hat genug.» Ich glaube, der hätte mich aus der Wache geworfen, zum damaligen Zeitpunkt. Also, das war schon ein wahnsinniges Erlebnis, hat mich wirklich lange beschäftigt, das hat mich ganz stark beeinflußt. Letztlich auch bei der Entscheidung, die Selbständigkeit zu suchen, um ein Standbein außerhalb der Polizei zu haben.

Welche Maßnahmen könnten aus Ihrer Sicht zur Verbesserung der polizeilichen Arbeit führen?

Eigentlich müßte die Ausbildung – auch an der Fachhochschule – in Richtung mehr Eigenverantwortlichkeit verbessert werden. Es muß klargemacht werden, daß jeder mal eine Entscheidung treffen muß, die Kritik bringen kann, und daß man nicht einfach ausweichen kann.

Wie könnte das bewerkstelligt werden?

Tja, wie könnte man …? Also, zunächst einmal zur Hierarchie: Es sollte wohl noch ein Hierarchiegefüge geben, aber nicht in der Form, daß alles auf eine Spitze zuläuft, sondern daß jeder auch die Möglichkeit hat, sich selber zu entwickeln. Eine Dienstaufsicht muß natürlich da sein, aber ich stelle mir schon als ideal vor, daß die Kollegen mehr beteiligt werden, daß mir gesagt wird: Was ist der Sinn der Maßnahme, was soll damit erreicht werden, warum machen wir das Ganze. Das bleibt meistens vollkommen undurchsichtig. Das kooperative Führungssystem müßte auch umgesetzt werden, damit der einzelne mehr Gewicht bekommt und auch merkt, daß er geschätzt wird. Aber im tatsächlichen Umgang miteinander muß ich immer wieder merken: Es wird einfach abgeschmettert, schlecht behandelt, angeordnet nach dem Motto: «Wenn nicht freiwillig, dann eben anders.» Feindbild Nummer eins ist für mich die Verwaltung. Denen muß man ständig auf die Füße treten und schreiben, damit denen klar wird, daß ein Beamter auch Rechte hat und daß sie nicht einfach machen können, was sie wollen. Neuorganisation: da lache ich mich tot. Da sind die gleichen Leute, wenn es hochkommt, in einem anderen Büro, da steht oft nur ein anderes Schildchen dran. Das ist ganz einfach lächerlich, das hat nichts bewirkt.

Wie würden Sie den gesellschaftlichen Auftrag der Polizei definieren? Welche Aufgaben sollten vordringlich wahrgenommen werden?
Normalerweise, für mich, der Dienst am Bürger. Nur: Die Prioritäten sind oft andere. Wenn zum Beispiel Kohl kommt oder ein anderer hoher Politiker, werden einfach Kräfte aus dem Schutzbereich abgezogen, bis da dann nur noch ein Streifenwagen rumgurkt. Passiert dann ein Unfall, ist der ganze Schutzbereich mit 90000 Bewohnern schutzlos, damit ein Gesicht dingfest gemacht wird. Damit man, wenn dem was passiert, sagen kann: «Moment mal, wir haben doch alles abgezogen, soviel Schmiere war dagewesen.» Das Wichtigste, daß die Bevölkerung das Ganze trägt und sieht, die Polizei arbeitet – das interessiert überhaupt keinen. Die zentrale Arbeit wäre für mich in Zusammenarbeit mit dem Bürger zu schaffen. Nur eine Polizei, die vom Bürger akzeptiert wird, kriegt Hinweise und kann richtig arbeiten. Was sollen zum Beispiel diese ganzen Objektschutz-Sachen, die die Polizei sich aufdrücken läßt.

Sie schlagen also eine Reduktion des Objektschutzes vor?
Sowieso. Auch eine stärkere Einbindung von Privatveranstaltern, siehe die Fußballeinsätze. Die Ansätze sind erkennbar, aber das geht mir alles nicht schnell genug. Zur Zeit ist es bei der Polizei für die Kollegen eher angezeigt, sich aus dem Wechseldienst zurückzuziehen. Dann hat man irgendwas geschafft, wird besser akzeptiert, ist weiter weg vom Bürger, vom Einsatzgeschehen, muß weniger hart malochen. Unten sind die, die alles machen. Und ich sage extra unten: Die werden gar nicht so richtig ernstgenommen, das sind ja ganz häufig die jungen Kollegen.

Glauben Sie, daß Sie diese Meinung mit den meisten Kollegen teilen?
Diejenigen, die im Wechseldienst sind, sehen das genauso. Sie sehen, daß mehr Polizei bei der eigentlichen Polizei – wir sagen immer RIPO = richtige Polizei – vertreten sein müßte, anstatt sich in Etappen zurückfallen zu lassen. Das passiert überall, zum Beispiel auch durch das Abseilen zur Kriminalpolizei, da heißt es: «Ich hab keinen Bock mehr auf Bürger, will mein eigenes Büro und einen schön geregelten Dienst.»

Normalerweise müßte das Material im Überfluß an der Basis sein.

Was aber ist der Fall? Die Kollegen müssen rumrennen und sich die Streifenwagen zusammensuchen. Das geht so weit, daß leitende Beamte Fahrzeuge abziehen, damit sie repräsentativ zu einer Besprechung fahren können, weil es unter deren Würde ist, einen Gruppentransporter zu nehmen, der gerade frei wäre. Da wird eben ein Einsatzfahrzeug aufgelöst, fertig. Und diese Einstellung ist gang und gäbe. Anstatt unsere Arbeit aufzuwerten im Blickfeld der Bevölkerung …

Dann könnte die Arbeit vielleicht mehr Spaß machen?

Ja, allein schon, wenn mehr Anerkennung da wäre oder rauskäme, wie wichtig der Job ist – das wäre für mich die Basis überhaupt. Jedes K (Kriminalkommissariat) mit Ausnahme der absoluten Fachkommissariate wie der Mordkommission, die super ausgerüstet sind, wäre absolut blind ohne den Streifendienst. In den verschiedenen Ks wird doch schon gar nicht mehr ermittelt ohne uns. Das fällt dann so unter den Tisch, dann bleibt das nur noch Verwaltung. Deswegen ist das äußerst wichtig, daß die Kollegen an der Basis sind.

Jochen, ich danke Ihnen für das Gespräch.

«Man wird unwahrscheinlich stark geprägt»

Dirk, 34, Polizeiobermeister

Angefangen habe ich 1978 mit der zweieinhalbjährigen Grundausbildung. Ich war damals 17 Jahre alt. Danach habe ich in einer größeren Stadt zwei Jahre Streifendienst gemacht. Bei der Fußstreife oder wenn man als zweiter Mann auf dem Wagen mitfährt, fängt die eigentliche Ausbildung erst an. Aber ich war auch bei Großeinsätzen, Standkontrollen, LKW-Kontrollen und so weiter.

Nach den zwei Jahren bin ich in eine relativ ländliche Dienststelle umgesetzt worden. 35 000–40 000 Einwohner. Da gab es schon Unterschiede. In der größeren Stadt merkte man schon ein bißchen das Großstadtflair, vor allem in der Innenstadt. Im ländlichen Bezirk spielte sich in der Woche so gut wie gar nichts ab: reine Verkehrsprobleme tagsüber, Familienstreitigkeiten, mal eine Schlägerei – das war's letztendlich. Am Wochenende wurd's dann ein bißchen dicker, da knubbelte sich das schon. Da hatte man einige Brennpunkte, zum Beispiel an einem See. Dort hab ich dann auch erst mal die Tätigkeit als Streifenbeamter – also als zweiter Mann – wahrgenommen, bin auch dann teilweise in die Rolle des Streifenführers gerutscht, mußte also verantwortungsvolle Aufgaben übernehmen. Nach einiger Zeit hab ich mich dann als Kradfahrer gemeldet. Dafür braucht man schon eine gewisse Qualifikation: eigenständiges Arbeiten, selbständig auftreten können. Situationen ohne fremde Hilfe meistern können. Nach einem Jahr hab ich mich für einen Einsatztrupp «Kriminalität» beworben. Kriminalität an Kraftfahrzeugen und so weiter und so fort. Nach diesem Jahr bin ich wieder bis 1991 in den Streifendienst zurückgegangen.

Der ländliche Bezirk war relativ ruhig, was Gewaltkriminalität angeht. Es gab zwar soziale Brennpunkte, aber das hielt sich in Grenzen.

In der größeren Stadt hatten wir ganze Stadtteile, wo nur Sozialwohnungen waren; da stand das Gewaltsame mehr im Vordergrund.

Wissen Sie noch, wie Sie auf die Idee gekommen sind, Polizist zu werden?

Ja (er lacht), ich weiß es noch wie heute. Es näherte sich das neunte Schuljahr, und die Entscheidung stand an: «Was soll man jetzt mal machen, was soll man werden.» Mein Vater kommt aus dem Handwerk und sagte: «Fliesenleger, da kannste eigentlich nichts falsch machen, das ist ein Beruf, da haste was, der wird immer gebraucht, und du hast Arbeit.» Ich wollte aber partout nicht Handwerker werden. Ich hatte aber keine Vorstellungen. Da kam ein Freund von mir und sagte: «Ich fang bei der Polizei an, super, hohes Anfangsgehalt», über 1000 Mark netto gab's damals. Und ich dachte so: Polizei, hm, verdienste gut, versuchste mal. Man sieht die Polizei als Jugendlicher ja ganz anders.

Wie waren Ihre Vorstellungen von Polizei?

Polizei war für mich immer ... die sind was, die stellen war dar. Macht, Respekt, die standen anerkennungsmäßig immer im Mittelpunkt. Das wär schon was. Man sah die von außen relativ respektvoll als Autorität, so hab ich sie damals wenigstens gesehen. Ich hab mich dann einfach beworben und bin auch nach dem Aufnahmetest genommen worden.

Welche Stärken und Schwächen hat die Ausbildung im Rückblick für Sie gehabt?

Von meinem heutigen Standpunkt aus denke ich, daß der größte Teil aus theoretischem Fachunterricht bestand. Wir haben uns Fachwissen angeeignet und hatten pro Tag ungefähr drei Stunden Unterricht in allgemeinbildenden Fächern wie Deutsch, Englisch, Mathematik. Die waren damals in meinen Augen völlig überflüssig. Da konnte ich mich nicht mit anfreunden. Die juristischen Fächer waren natürlich interessant, aber mir fehlte der Praxisbezug: wie man das umsetzen kann, welche Möglichkeiten man hat. Das fehlte irgendwo, das hätte ich mir gewünscht. Wir haben natürlich auch praktische Übungen in einer Lehrwache gemacht, aber die Art der praktischen Übungen war auch nicht immer so, wie ich sie mir vorgestellt hatte, da kam eigentlich gar keine Praxis zustande.

Zum zweiten wurde Wert auf Sport gelegt, das kam mir zugute, weil ich das immer gerne gemacht habe.

Bemängelt habe ich damals auch ein bißchen diese Militärstruktur, die zu meiner Zeit sicherlich noch ausgeprägter war als heute. Ich hab das Intellektuelle da vermißt. Da waren keine Denker. Da ging alles nach einem streng hierarchischen System, und wer gegen irgendwas verstoßen hatte, der kriegte eine drüber und mußte sich dann wieder einordnen. Das Schlimme war, man konnte viele Vorgänge gar nicht verstehen: weshalb die so ablaufen. Die Transparenz war nicht so, wie sie eigentlich sein sollte. Da wurde einfach gesagt: Tu mal das und tu mal das, und man wußte gar nicht, wofür oder weshalb man das macht.

In dem Jahr Bereitschaftspolizei wurden mehr praktische Einsätze gefahren. Ich war unter anderem eine Woche in Brokdorf und eine Woche in Kalkar eingesetzt und noch anderswo. Ich hatte das Glück, in der Fahrerklasse zu sein, das heißt, wir haben die Einsatzfahrzeuge gefahren, die großen Gruppenkraftwagen, Küchenkraftwagen und so weiter und waren eigentlich an jedem Einsatz beteiligt. Nur die Einsatzkräfte wechselten. Schlimm war während der Ausbildung auch das Abgetrenntsein von der Familie. Man mußte die ganze Woche als Jugendlicher dort bleiben, war einkaserniert. Das war für mich eine Qual, aus dem Frendeskreis raus zu sein, bestimmte Tätigkeiten zu Hause aufgeben zu müssen. Ich hab zum Beispiel Sport in einer Mannschaft gemacht, da bin ich gar nicht mehr zu gekommen, das mußte ich zwei Jahre völlig einstellen. Man ist mit völlig neuen Personen zusammen, baut sich einen neuen Kreis auf, der aber nach den zwei Jahren auch wieder auseinanderging. Zu den Leuten hat man zwar noch heute Kontakt, aber die sieht man nur in der Berufsfamilie. Wenn ich mal irgendwo in der Behörde zu tun habe. «Ach hallo, weißt du noch damals, wie geht's dir», eben so.

Wie waren denn Ihre ersten Erfahrungen im Einzeldienst mit dem Bürger auf der Straße?

Der erste Kontakt war relativ scheu. Man hatte schon gehörigen Respekt, jemanden anzusprechen, weil das doch schon so eine Sache ist:

«Macht man das falsch, oder wie sieht der mich überhaupt?» Ich war damals relativ jung. 20 Jahre alt, als ich in die Behörde kam. Ich hatte Respekt davor, mit dem Bürger was zu machen. Da kam es auch darauf an, wie mein Ausbilder im Einzeldienst so reagierte. Daran orientierte man sich letztendlich. Lernen am Bild, am Modell, was zeigt der mir. Das war dann ein Obermeister, der hatte drei Pickel auf der Schulter. Man denkt ja so in festen Strukturen, das kann man sich gar nicht vorstellen. Drei Pickel war irgendwie – da ging nichts drüber, das waren Götter irgendwo. Mit der Zeit bekommt man dann ein Sicherheitsgefühl im Umgang mit dem Bürger. Je mehr man macht, desto schneller passiert das in der Regel auch. Einfache Verkehrskontrollen, die waren am ersten, zweiten, dritten Abend spannend, und dann flachte das ab und wurde zum alltäglichen Geschäft. Einen Bürger wegen einer Anzeige ansprechen, da gab's ja auch schon mal konträre Gespräche – das flachte dann auch so mit der Zeit ab, das hatte man dann so drauf. Bei der Wirtshausschlägerei ging man anfangs mit einem sehr hohen Adrenalinspiegel in die Sache rein. Nachher hatte man so ein eigenes System raus – man hat ja nicht nur einen Ausbilder, sondern mehrere. Die ganze Fähigkeit beruhte letztendlich nur auf Erfahrungswissen oder Praxiswissen.

An welchen Modellen haben Sie sich orientiert?
Am Anfang konnte ich mich gar nicht orientieren, weil ich nicht wußte, was richtig ist. Anfangs war es so: Wenn drei Kollegen im Hintergrund gesagt haben: «Super», dann war das richtig.

Zum Beispiel eine Wirtshausschlägerei, man kommt da rein, man hat jetzt einen Kollegen, der eine relativ niedrige Schwelle hat, was die eigene Gewaltanwendung anbelangt. Der fackelt also nicht lange, sondern wenn da die ersten Ansätze von Widerstand entstehen, dann wird draufgehauen. Wenn man dann nachher bei der Nachbesprechung auf der Wache hört: «Au super, dem haste wieder eine gegeben, der hat's verdient», und alle stehen drumrum und klatschen Beifall, macht man sich natürlich Gedanken und sagt sich: Das war also super, das könnte man demnächst auch machen. Wenn's dann wirklich losgeht, und man ist einmal in diesem Prozeß drin, dann haut man da auch schon einmal zu. Letztendlich will man dann auch diesen Erfolg. Ich konnte damals nicht differenzieren: War das gut, oder war das schlecht.

Kommt da nicht auch Angst auf, wenn Sie in eine Kneipe reinkommen, und da stehen fünf Personen, und Sie sind nur zu zweit?
Angst will ich nicht sagen, aber ein ungutes Gefühl ist da schon, obwohl ich mir einbilde, ich kann Menschen gut einschätzen. Man kann sehen: Hier wird's wirklich gefährlich, oder das sind alles nur Redner, da braucht man nur einen lustigen Spruch abzulassen, und dann sind die ruhig.

Was machen Sie, wenn es gefährlich aussieht?
Das kann man immer nur situativ beurteilen. Wir hatten ja damals kein integriertes Training, wie es das heute gibt. Da lernt man, vorher Absprachen zu machen und dann da reinzugehen. Wir sind dahin gefahren, und je nachdem, wer mitgefahren ist, machte man auch Absprachen, aber in einer ganz anderen Richtung. In der Art: «Heute probier ich mal mein neues Reizstoffsprühgerät aus» oder: «Mal gucken, was mein Rechtsberater Schwarz (Schlagstock) heute sagt», oder da wurden Witze gemacht. Alles wurde situativ entschieden. Der Streifenführer hatte in der Regel das Wort, und der entschied, was abläuft. Der lenkte das ganze Ding dann entweder in Richtung konfliktfreie Lösungssuche oder Rückzug oder: Wir gehen da richtig rein in den Konflikt und müssen mit einem Widerstand rechnen.

Wovon hing eine solche Entscheidung ab?
Von der Persönlichkeit. Wenn ich einen Beamten habe, der gerne redet und das im Gespräch lösen will – den kann man besser einschätzen. Da weiß ich genau, da kann ich mich orientieren, unterstützend wirken und so weiter. Wenn ich einen Kollegen hab, wo ich nicht genau weiß, was der macht, ist's schon schwierig, mich zu orientieren. Ich muß dann immer in Lauerposition stehen und warte darauf, was der macht. Dann seh ich, aha, es gibt einen Widerstand, und dann muß ich ja mit drauf. Ich bin letztlich immer Gefangener seiner Aktion.

Das ist ein problematisches Feld, die Schutzpolizei in der Gruppe. Das ist eine Familie für sich. Ich habe nie so ein schwieriges Betätigungsfeld erlebt wie in der Dienstgruppe. Es kommt natürlich auf die Dienstgruppe an: welche Beamten da sind. Ich habe sehr unterschiedliche Dienstgruppen erlebt. Wenn ich drei oder vier Ruhepole habe, vernünftige Leute – das macht sehr viel aus. Wenn ich drei oder vier Hektiker habe, die eine Unruhe da reinbringen, das wirkt sich natürlich auch auf die Gruppe aus, da kann man sich gar nicht von lossprechen. Da habe ich letztlich die meisten Probleme in meiner Dienstzeit gehabt: mit anderen Kollegen, die Meinungen vertreten, die ich nicht vertrete. Da gab's schon Punkte, wo ich dachte: «Das guck ich mir nicht länger an.» Es war dann auch die letzte Lösung für mich, in den gehobenen Dienst zu kommen.

Welche Auswirkungen hat der Beruf auf das Privatleben?
Man nimmt doch sehr viel aus dem Beruf mit ins Privatleben. Das ist nicht nur der berufliche Blick. Anfangs hab ich, wenn ich an der Ampel gestanden habe, darauf geachtet: «Fährt der bei Rot oder nicht» – rein interessehalber. Die Leute zeigt man nicht an. Es gibt natürlich Kollegen, die das tun; ich hab das im Verkehrsbereich nicht gemacht. Man hat aber diesen Blick, den man im Dienst auch hat, und ertappt sich dabei, wenn man mit anderen Menschen spricht, daß man die mit den dienstlichen Fragetechniken ausfragt, diesen Wissenshunger hat und überall hintergucken will. Ich glaube, das ist eine Krankheit, die man nur schwer abstellen kann. Es ist immer auch eine Befriedigung dahinter, wenn ich mehr erfahre als andere, einen Wissensvorsprung habe. Wenn man dann auch privat nur Kontakt mit Polizeibeamten hat, dann wird's wohl ganz schlimm. Dann wirkt sich das auch aufs Familienleben aus, dieses Rechthaberische, Recht durchsetzen wollen: «Du machst das und das.»

Welche Ursachen vermuten Sie hinter Übergriffen von Polizeibeamten?
Gehen wir einmal einen Schritt zurück: Die Polizei hat das Gewaltmonopol innerhalb des Staates, und davon wird ja auch Gebrauch gemacht, wenn es erforderlich ist. Die Polizei ist also mit Gewalt vertraut, mit einfacher körperlicher Gewalt wie Schlagen, Halten, das ist also nichts Neues. Teilweise auch der Einsatz des Schlagstockes bis hin zur Schußwaffe. Das ist einfach ein gelerntes Verhalten der Polizei. Ich glaube, wenn man die Möglichkeit hat, und es besteht ein Ansatz, daß man Gewalt anwenden könnte, dann wird's auch gemacht innerhalb der Polizei. Allerdings hab ich festgestellt, daß das typenab-

hängig ist. Es gab bei uns immer einen, der war der Schläger auf der Wache. Oder es gab einen, der – wenn der Widerstand kam – sich einschloß und betete. Die gab's natürlich auch.

Ich weiß nicht, was diese Leute letztendlich dazu bewegt. «Übergriffe» ist ja ein weiter Begriff, das heißt ja eigentlich: unrechtmäßige Maßnahme, also mehr, als erlaubt ist. Ich habe die Erfahrung gemacht, viele, die selber zu Hause geschlagen worden sind, die machen das genauso: «Früher hab ich eine vor die Ohren gekriegt von meinem Vater, und das hat ja genutzt, das sieht man ja.» Also braucht der das auch mal. Aber man spricht ja letztendlich nicht über die Ursachen. Wenn man das nachher aufarbeitet im Gespräch, dann sagt man ja nicht: «Ich hab den deswegen geschlagen!!» Sondern es geht ja nur darum: «Der hat's verdient.» Es passiert ja in diesen gruppendynamischen Prozessen, daß Übergriffe geschehen. Wenn man alleine ist oder zu zweit, passiert das weniger. Da hat man mehr Kontrolle, hat man mehr Einfluß. Wenn ich als einzelner gegen eine Gruppe rede und sag: «Hört mal, das ist aber nicht richtig, Jungs», dann sagen die: «Geh mal solange raus.»

Also dieses gruppendynamische Verhalten ist schon – denke ich – Ursache, vielleicht auch die eigenen Anlagen, die man mitbringt, was Gewalt anbelangt.

Trifft es dann häufiger Minderheiten, Asylbewerber, Nichtseßhafte oder eher Kriminelle?

Ich denke schon, daß es das Naturell des Menschen ist, daß er da eher mal hinlangt, wo der wenigste Widerstand herkommt. Wenn ich einen gebildeten Rechtsanwalt auf der Straße hab, dann würde ich keinen Gedanken daran verschwenden, dem Prügel anzudrohen. Wenn ich jetzt aber die Gruppe von Stadtstreichern hab, die ihre ganzen Flaschen auf dem Omnibusbahnhof hinschmeißen und die Anwohner belästigen, schreite ich anders ein. Dann sagt man: «Hört mal Jungs, noch einmal, dann gibt's aber was.» Letztendlich begibt man sich aber nur auf die sprachliche Ebene runter. Und die sind eben – sag ich mal übertrieben – einfach strukturiert. Man spricht mit diesen Menschen eben einfach, und ich glaube, je einfacher man sich so gibt, desto einfacher ist es auch, Gewalt anzuwenden bei solchen Personen. Geringe Gegenwehr, gesellschaftliche Stellung spielt da sicher eine

Rolle – «ein Stadtstreicher, was will der denn schon machen, dem glaubt ja eh keiner». Der Asylant kann sich nicht artikulieren, der braucht einen Übersetzer, der Stadtstreicher ist eh immer angetrunken. Ich glaube, es trifft nicht immer den Kriminellen, um auf die Frage einzugehen. Es trifft schon eher diese Gruppe. Wenn man mal den polizeilichen Alltag sieht: Man hat schon häufiger mit diesen Stadtstreichern zu tun, weil man auf der Straße arbeitet. Man hat nicht mit dem Rechtsanwalt im Büro zu tun. Den Asylanten begegne ich auch auf der Straße.

Ist es nur die Häufigkeit der Kontakte, oder glauben Sie, daß auch rassistisches Gedankengut im Hintergrund steht, wenn Sie Ihre Kollegen betrachten – also die Betrachtung des anderen als minderwertig?
Die Minderwertigkeitstheorie erfordert ja eigentlich eine ideologische Überzeugung. Ich glaube eher, daß Aspekte von diesem Ausländerfeind mit einfließen. Nach der kriminologischen Theorie zeichnet sich der Ausländerfeind dadurch aus, daß er eine negative Einstellung gegenüber Ausländern hat, aufgrund persönlicher Erfahrungen oder Verteilungskampf, Wohnung, Arbeit. Ich glaube, das ist einfach eine schwache Gruppe, die Ausländer.

Jetzt muß ich aber auch sagen, durch die Ausbildung an der Fachhochschule hat sich mein Wissen enorm erweitert. Jetzt versteh ich Zusammenhänge, im soziologischen, kriminologischen und psychologischen Bereich – das hat man ja vorher alles gar nicht auf der Polizeischule gelernt. Da gab's nur Schwarz und Weiß. Und jetzt lernt man mal aus dem Bereich der Jugenddelinquenz überhaupt erst Ursachen von Jugendkriminalität kennen. Das seh ich nun alles mit ganz anderen Augen. Das gab's früher im Streifendienst gar nicht, da wurde nur gesehen: «Aha, der gehört darüber, der könnte Tatverdächtiger sein.» Das seh ich auch als Manko: daß die Leute, die im Streifendienst tätig sind und direkt an der Front sind, die dementsprechende Ausbildung nicht erhalten, sondern Deutsch und Englisch. Da muß eine ganz andere Einstellung in die Polizei rein. Das militärische Denken muß raus, dieses Destruktive. Nur: Das ist halt ziemlich schwierig, da sind überall verkrustete Strukturen.

Was läuft in Ihnen ab, wenn Sie neben einem Kollegen stehen, der einen Übergriff begeht? Haben Sie schon mal gedacht: Das ist jetzt nicht in Ordnung?

Man verläßt sich da aufs persönliche Gerechtigkeitsgefühl. Ich bin schon mal hingegangen und hab gesagt: «Komm, laß den mal in Ruhe, guck ihn dir doch mal an», wenn Kollegen die Grenze nicht mehr fanden. Manchmal denkt man auch: «Super, kannste noch einen draufhauen, das seh ich genauso.»

Aber Sie sind schon einmal dazwischengegangen?

Was heißt dazwischengegangen. Aber ich hab gesagt: «Laß den doch mal in Ruhe, guck dir den doch mal an, der ist ja völlig besoffen, der merkt doch gar nicht's mehr.» Wenn man merkt: Das ist jetzt wirklich sinnlos, oder das widerstrebt einem selbst im Inneren, dann hab ich das auch gesagt. Das war nicht oft, aber das ist schon mal vorgekommen.

Gibt es Möglichkeiten der Entlastung oder der Klärung oder der Verarbeitung solcher Prozesse im Dienst?

Vielen bei der Polizei fehlt es an den intellektuellen Grundvoraussetzungen, offen zu sprechen. Dieses Klima allein erinnert mich immer an früher, an die Biertheke. Wer am meisten Bier trinken konnte, war der Stärkste. Wer den dicksten Bauch hatte, der stand vorne in der ersten Reihe. So hab ich das immer empfunden. Der Begriff Stärke spielt da für mich eine völlig falsche Rolle. Das persönliche Sprechen miteinander wird sehr wenig gemacht, ich weiß nicht, woran das liegt. Da ist ein ganz anderes Klima als zum Beispiel in meinem Bekanntenkreis. Oft hab ich gedacht, wenn ich nach Hause kam: «Gott sei Dank, jetzt bin ich hier.» Weil man über alles sprechen konnte, da wurde alles ganz anders behandelt. Der Gesprächsstoff der Dienstgruppe ist ziemlich auf den Dienst begrenzt. Bei der Polizei wird auch viel mit Klischees gearbeitet, das ist so. Die ganze Struktur muß geändert werden, wenn man da was ändern will.

Der emotionale Aspekt ist eigentlich immer da. Das hab ich immer kritisiert, daß viel emotional angegangen wird bei der Polizei, fast alles. Wenn ich jemanden anspreche und sage: «Jetzt ist das Dienstfrei gestrichen», dann geht es nicht um den sachlichen Aspekt, sondern es wird rumgeschrien: «Du bist ja bekloppt, du kannst mich mal.» Das wird von vielen rein auf der emotionalen Ebene ausgetragen. Manchmal sagte jemand: «Hör mal, schlägst du deine Frau auch so.» Da kamen schon mal Bemerkungen, aber daß das innerhalb der Gruppe richtig ausdiskutiert wurde, nie, nie.

In einer Dienstbesprechung zum Beispiel?
Nie.

Ein halbes Jahr später werden manchmal im nachhinein Geschichten aufgerollt: «Weißt du noch damals, der Widerstand?» Erst einmal wird das Positive hervorgehoben. «Da haben wir ja richtig zugeschlagen, weißt du noch, wie du dem Sowieso eine gegeben hast?» Und dann kommen vielleicht manchmal ein paar kritische Stimmen. «Ja, wenn du da zu fest zugeschlagen hättest, dann wär vielleicht was anderes passiert.» Das wird aber alles nicht so ganz kritisch gesehen. Von Dienstgruppenleitern auch nicht, da hab ich mir eigentlich mehr von versprochen.

Im Grunde genommen stehen Polizeibeamte kollektiv oft mit einem Bein in der Straftat. Wie ist das denn auszuhalten?
Das ist ja nicht so, daß wir durch die Gegend fahren und uns Leute aussuchen, um die zu verprügeln. Das richtet sich einfach nach den Einsätzen. Wir werden mit dem Einsatz konfrontiert, und dann entwickelt sich so ein Vorgang. Das passiert auch nicht jeden Tag. Das muß man sich ganz anders vorstellen. Das passiert vielleicht einmal im halben Jahr, und dann hat jeder natürlich auch seine Gedanken im Kopf. Besonders der, der schon mal bei Gericht in solchen Sachen unangenehme Fragen beantworten mußte. Man macht sich dann beim nächstenmal konkrete Gedanken darüber. Ich rede jetzt nicht von wirklichen Übergriffen, wie sie in Hamburg passiert sind, wo Wehrlose zusammengeschlagen wurden: das hab ich nicht erlebt. Die Sachen, die ich meine, liegen so im Graubereich. Zum Beispiel, wenn einer mitkommen soll, sich ein bißchen wehrt, und der Kollege gibt dem ’ne Backpfeife. Ich kann jetzt nur für mich sprechen: Ein Unrechtsbewußtsein hat man da eigentlich nicht, wenn man die Sache härter angeht, als es erlaubt ist. Da meint man: «Ich handle doch im Recht, ich bin Polizei, und was willste überhaupt. Du kannst dich ja beim Dienstvorgesetzten beschweren.»

Hat der Bürger, der sich beschwert, immer unrecht?

Das sind ja gerade diese Graubereiche. Es gibt da eine gewisse Rechtsunsicherheit. Man weiß nicht: Durfte man dem jetzt 'ne Ohrfeige geben oder nicht?

Und das verursacht Konflikte?

Ja, du weißt zum Beispiel beim Anzeigenschreiben nicht: Durfte ich dem jetzt eine runterhauen oder nicht? Schreibt man das nicht rein? Oder schreibt man: «Ich wollte ihm ins Jackett greifen, und dabei ist er mir entgegengekommen?» Das sind Formulierungen, aus denen man etwas herauslesen kann. Solche Sachverhalte machen – was heißt Konflikte – ja: ein schlechtes Gewissen. Die Tat eigentlich nicht, aber nachher …

Die Angst vor Konsequenzen?

Ja auch: Körperverletzung im Amt – was folgt daraus? Das ist auch so eine Rechtsunsicherheit. Man weiß gar nichts über diese Disziplinarmaßnahmen.

Polizisten werden ja aus der allgemeinen Strafgesetzgebung herausgenommen. Bei Vorliegen einer Körperverletzung im Amt gibt es keine Möglichkeit der außergerichtlichen Bereinigung. Was halten Sie von einer solchen Möglichkeit wie Schiedsmann, Entschuldigung etcetera?

Das ist natürlich ein Problem. Das setzt ja voraus, daß die Polizei falsches Verhalten erkennt und zugibt. Und dann steht die Frage im Raum: Kommt es denn zu einer Einigung, und was ist, wenn es nicht zu einer Einigung kommt? Ein Beamter auf Widerruf wird dann rausgeschmissen, bei Körperverletzungsdelikten. So, was nu?

Aber ab 27 sind Sie doch schon Beamter auf Lebenszeit?

Wer ist denn 27 und noch im Wechseldienst? Der Durchschnitt ist doch wesentlich jünger. So, dann bin ich ungeeignet, dann habe ich mich als ungeeignet in der Probezeit erwiesen, das heißt, gegen mich ist ein Entlassungsverfahren einzuleiten. Ob es letztendlich zur Entlassung kommt, ist eine andere Frage, aber erst mal steht das Verfahren im Raum. Beförderungsstopp, womöglich kombiniert mit einer anderen Maßnahme, Umsetzung in eine andere Behörde – da entsteht natürlich ein Bild bei den Kollegen: «Guck mal, der ist strafversetzt.» Ich glaube, da steht zuviel auf dem Spiel für den Beamten.

Mit anderen Worten, es muß weiter gelogen werden?
Jeder weiß, daß man einen Sachverhalt so oder so beschreiben kann. Lügen – das ist so eine Grauzonenoperation. Es ist schwierig, in dem Bereich zu agieren. Es ist ja auch eine Begründungssache. Der eine kann's halt gut, der andere nicht so gut, kennt vielleicht auch bestimmte Vorschriften nicht, und daran orientiert sich das auch ein bißchen. Derjenige, der gutes Fachwissen hat, kann sich sicherlich mehr erlauben, als der, der es nicht hat.

Welche Verbesserungsvorschläge könnten Sie – aus Ihrer Sicht – für die Polizeiarbeit machen?
Ich habe eine Erfahrung gemacht, die für mich sehr wichtig war. Bei der Polizei ist es mitentscheidend, wer mich ausbildet, wenn ich in den Einzeldienst komme. Wenn man auf jemanden trifft, der es draufhat, der wirklich alles vernünftig macht, so wie wir uns einen Beamten vorstellen, dann wird man auch so geprägt. Das ist nun mal so bei der Polizei, da wird man unwahrscheinlich stark geprägt. Diese Einführungsphase ist also verdammt wichtig. Ich bin zum Beispiel als erstes auf eine Dienstgruppe gekommen, in der völlige Destruktivität herrschte. Da wurde Karten gespielt. «Rausfahren? Ach Scheiße.» Da wurde nur gemeckert, und drei Monate später war ich genauso, ohne daß ich wußte, worum es geht. Bei Widerständen wurde draufgeschlagen, ohne daß ich wußte, worum es geht; das interessierte doch keinen.

Wenn heute Kollegen kommen, die von mir angelernt werden, dann sag ich denen: «Wenn du das machst, dann kannst du deinen Rock direkt ausziehen», knallhart. Die werden vernünftig angeleitet, und dann merkt man auch nach einiger Zeit, daß die sich ganz anders entwickeln als diejenigen, die das Pech hatten, an eine Niete zu geraten. Das ist für mich ein wesentlicher Aspekt.

Der zweite ist eine bessere Ausbildung. Schon in den ersten zweieinhalb Jahren sollte Verhaltenstraining eingebleut werden. So was muß direkt sitzen, man muß das direkt parat haben, wenn man in den Einzeldienst kommt. Mehr praktische Ausbildung innerhalb der Polizei.

Aber keine jungen Beamten bei Demonstrationen verheizen, weil das für mich keine praktische Ausbildung ist. Und: die Ausbildung der Vorgesetzten verbessern, daß sie mehr entwickeln, die Gruppe besser steuern können.

Was halten Sie von Supervision in belasteten Großstadtrevieren?
Ich habe die Feststellung gemacht: Wenn man mit einem Thema intensiver beschäftigt wird, macht man sich mehr Gedanken darüber. Man schreckt auch davor zurück, irgend etwas zu begehen, wenn man sich intensiver auskennt. Wenn man Nachbesprechungen und Vorbesprechungen macht, da verhalten sich mit Sicherheit einige Beamte anders. Wenn man über die Sachen spricht, erarbeitet man vielleicht auch Lösungsmöglichkeiten.

Das ist ja das Problematische, daß bei der Polizei keine Lösungsmöglichkeiten erarbeitet werden. Bei uns werden nur Entscheidungen getroffen, ja oder nein, schwarz oder weiß. Wenn man mal etwas problematisieren möchte, hört man meistens: «Das kannste zu Hause mit deiner Frau diskutieren.»

Ein weiterer Verbesserungspunkt wäre die qualifiziertere Ausbildung derjenigen, die Telefonanrufe entgegennehmen. «Ja, Schlägerei, wir kommen.» – «Fahrt mal raus und nehmt mal den dicken Knüppel mit.» So lief das in der Regel immer. Anstatt: «Wer ist daran beteiligt, wie ist das denn passiert? Aha. Polterabend, ah so, der Bräutigam hat einen ehemaligen Freund der Braut wiedergetroffen.» – Solche Beamten hatten wir auch, die das alles genau eruiert haben und durchgaben. Dann kamen wir dort an, konnten den ehemaligen Freund ansprechen: «Hör mal, was machste denn hier Palaver.» Und so geht man das Problem dann an. Wenn ich aber dahin komme und sage: «Wer will ein paar vors Gesicht haben, du da oder du?», wie das häufig abläuft, dann kann ich mir den Rest schon ausmalen.

Ich hab mich immer geärgert, wenn ich zuwenig Informationen bekommen habe: «Fahr mal hin, Familienstreit.» Ich sage: «Was ist denn da los?» Er sagt: «Die schlagen sich.» Ich sage: «Wer denn, wie viele?» – «Ja, weiß ich nicht.» – «Ja, wie heißen die denn?» – «Schmitz, glaub ich, oder so ähnlich.» Also innerlich bin ich da immer zerplatzt. Ich glaube, daß sich was bei den Kollegen verändern würde, wenn mehr Informationen da wären. Nachbesprechungen finden in der

Dienststelle kaum statt, und wenn, dann nur in der Form, daß eigene Erlebnisse prahlerisch dargestellt werden. Analysiert wird da nichts.

Dirk, ich danke Ihnen für das Gespräch.

«Auf allen Ebenen mangelt es an Transparenz»

Haike, 26, Polizeiobermeisterin

Nach dem Fachabitur habe ich die Ausbildung für den mittleren Dienst absolviert. Danach war ich eineinhalb Jahre in einer Einsatzhundertschaft, und anschließend wurde ich zum Objektschutz in eine Großstadt versetzt.

Die Bereitschaftspolizei lag weit ab vom Schuß und wurde selten für Einsätze herangezogen. Wir waren zur Wiedervereinigung in Berlin, das war aber auch alles. Dort haben wir nur 12 Stunden herumgestanden und sind dann anschließend schlafen gegangen. Zum Einsatz sind wir nicht gekommen. Am nächsten Tag ging es genauso weiter.

Wie lange waren Sie beim Objektschutz tätig?

Zum Glück nur acht Monate. Wenn ich dort länger gewesen wäre, hätte ich gekündigt. Da war es nämlich extrem langweilig. Wir sind acht Stunden pro Tag mit dem Auto durch die Gegend gefahren und haben uns Botschaften angesehen. Man sollte die sichern, aber das bringt ja nicht viel, wenn man einmal pro Stunde vorbeifährt. Das kann sich wohl jeder Terrorist ausrechnen, wann die Polizei da vorbeifährt. Es erschien mir unsinnig und obendrein eben total langweilig.

Danach bin ich zum Glück in eine Großstadtwache versetzt worden. Ich war immer in der gleichen Dienstgruppe, die einen sehr guten Zusammenhalt hatte. Zu meiner Zeit gab es zunächst viele ältere Kollegen, die aber nach einem halben bis einem Jahr weggingen. Dann sind jüngere Leute nachgerückt, mit denen bin ich auch ganz gut ausgekommen. Ich habe auch jetzt noch Kontakt zu meiner alten Dienstgruppe.

Wissen Sie noch, warum Sie zur Polizei gingen?

Nach der Fachhochschulreife hatte ich eigentlich nicht vor, Polizistin zu werden. Ich wollte ursprünglich Architektur studieren. Dann hat sich alles aber etwas anders ergeben. Ich habe schon zwei Brüder bei der Polizei und wollte einen sicheren Job haben, weil mein Vater zu dieser Zeit krank war. Es war abzusehen, daß er stirbt, und ich wollte halt versorgt sein, wie man so schön sagt. Ich hatte nicht vor, dauerhaft bei der Polizei zu bleiben, bin aber hängengeblieben, weil es mir gut gefallen hat.

Wenn Sie an Ihre Ausbildung zurückdenken – was waren ihre Stärken und was ihre Schwächen?

Die Kasernierung habe ich als positiv empfunden, weil dadurch der Gemeinschaftssinn gefördert wurde. Für Leute, die von weiter her kamen und nach Hause wollten, war es mit Sicherheit nicht so gut. Wir haben auch nach dem Dienst viel zusammen unternommen.

Die Ausbildung selbst hat mir wenig bis gar nichts gebracht, zumindest im Hinblick auf den späteren Dienst. Es wurde viel Theorie vermittelt, mit der ich aber im Endeffekt nichts anfangen konnte. Gut, das war eine Einführung, so daß man ungefähr einordnen konnte, welche Strafzeit für welches Delikt der eine oder der andere bekommen würde, aber eine solche Beurteilung wird in der Realität von mir eigentlich nicht erwartet. Von mir verlangt doch keiner, daß ich wie der Richter Bescheid darüber weiß, wieviel Jahre Knast der Delinquent für seine Tat erhält. Es hat also an Praxisrelevanz gefehlt.

Das einzige, was wir an praktischen Übungen gemacht haben – vielleicht hat sich das mittlerweile geändert – war das Marschieren durch die Bereitschaftspolizei (BPA). Das fand ich immer ziemlich albern, und den anderen ging es wohl ebenso.

Wann haben Sie mit der Ausbildung begonnen?

Ich habe 1988 mit 20 Jahren angefangen. Zu meiner Zeit war es so, daß Frauen erst mit 18 anfangen konnten. Ich war eine der jüngsten. Die meisten hatten schon eine Ausbildung hinter sich, oder hatten schon angefangen zu studieren und das Studium abgebrochen. Von 20 Kollegen in der Klasse waren vier Frauen, das war auch der

Durchschnitt. Von den insgesamt 90 Anfängern waren 13 Frauen. Mittlerweile sind es etwa circa 40 Prozent.

Wie ist der Umgang mit Frauen in der Polizei?
Normal, eigentlich. Ich hab keine ... also ich habe auch negative Erfahrungen gemacht, aber die waren nicht speziell frauenfeindlich, das hätte Männern auch passieren können. Ich habe mich nicht benachteiligt gefühlt oder bevorzugt.

Aber das gab es auch. Zum Beispiel hatten wir beim Sport andere Voraussetzungen als die Männer, obwohl wir die Voraussetzungen der Männer auch irgendwo erfüllen könnten. Die Voraussetzungen der Frauen waren wirklich so niedrig gesteckt, die mußte jeder erreichen, selbst wenn er vorher noch nie etwas mit Sport zu tun hatte. Das war natürlich auch nicht gerecht.

Was zur Zeit mit diesem Frauenförderungsgesetz stattfindet, finde ich auch nicht so gut. In jeder Stellenausschreibung steht: Frauen sind bevorzugt einzustellen. Ich weiß nicht, irgendwo sollte es nach Qualifikation gehen und nicht nach Geschlecht. Ich glaube nicht, daß den Frauen damit ein Gefallen getan wird.

Die Frage ist ja, ob die Frauen unbedingt unqualifizierter sind. Das kann im Umkehrschluß nicht unbedingt gesagt werden, oder ...?
Auf keinen Fall, das wollte ich damit nicht sagen. Aber ich finde, es ist den Männern gegenüber nicht gerecht, wenn zum Beispiel bei der Beförderungswelle die Frauen schon Obermeister geworden sind und Männer mit den gleichen Voraussetzungen, oder Männer die sogar schon länger Meister waren, nicht befördert wurden bei gleicher Qualifikation.

Es heißt aber im Gesetz doch ausdrücklich: bei gleicher Qualifikation.
Bei gleicher Qualifikation sollte man aus anderen Erwägungen befördern, nicht weil es eine Frau ist. Damit tut man den Frauen keinen Gefallen.

Bei den letzten Beförderungen hatte ich den eindeutigen Eindruck, daß Frauen bevorzugt wurden. Ich habe auch mit Leuten gesprochen, die dran gewesen wären mit der Beförderung, die auch mit Sicherheit keine schlechtere Qualifikation hatten.

Da waren vielleicht einige dabei, die nur den Mund aufreißen, ohne die Qualifikation zu haben und sich deswegen benachteiligt fühlen, aber es waren auch mit Sicherheit Kollegen dabei, die nicht drangekommen sind, weil die Stellen halt an die Frauen vergeben wurden.

Ist dieses ‹dran sein› sinnvoll, das doch wohl bedeutet, Positionen werden ‹ersessen›?
Mit Sicherheit ist das nicht sinnvoll, aber zur Zeit ist es nun mal so. Das könnte man mit Sicherheit ändern. Es müßte schon irgendwo nach Leistung gehen; ich sehe auch Kollegen, die sitzen auf der Wache nur herum, tun gar nichts, weil sie keine Lust mehr haben, innerlich schon gekündigt haben, und die werden trotzdem befördert, ohne Leistung zu erbringen.

Welches waren die ersten Erfahrungen, die Sie mit Bürgern gemacht haben?
Zunächst war es extrem ungewohnt, Leute zu maßregeln. Weil man das einfach nicht kennt und vorher nie gemacht hat. Aber das hast du schnell im Griff. Die Ausbildung müßte allerdings praxisbezogener sein. Du bist dir quasi selber überlassen. Gerade in der Großstadt ist es so, daß nur junge Kollegen da sind. Ich hatte zwar das Glück, noch ein paar ältere zu erleben, die mich angelernt haben, aber nach einem halben Jahr mußte ich auch schon mit Kollegen rausfahren, die gerade neu gekommen waren. Ich weiß nicht, ob ich zu diesem Zeitpunkt selber schon so weit war, daß ich irgendwelche Leute anlernen konnte. Ich war lediglich ein halbes Jahr im Einzeldienst.

Es hat wohl irgendwie geklappt. In einem halben Jahr hast du, wenn man nicht gerade auf dem Land ist, schon Erfahrungen gesammelt. Ich glaube nicht, daß ich etwas Falsches vermittelt habe, es hat sich jedenfalls keiner beschwert.

Können Sie sich noch an einige Situationen aus den ersten Tagen Einzeldienst erinnern?
Am ersten Tag hat mich der Dienstgruppenleiter den Kollegen vorgestellt. Das war eigentlich mehr so'n alter Haudegen. Danach hat er kurz erzählt, was abläuft, sozusagen eine grobe Einweisung gegeben, und dann bin ich mit ihm rausgefahren. Beim ersten Einsatz kamen

wir zu einer geistig verwirrten Frau, die hat in einer Kneipe mit dem Messer um sich gestochen. Ich wußte gar nicht, was ich machen sollte. Er ging in die Gaststätte hinein, und ich bin einfach hinter ihm hergegangen. Er hat die Frau dann irgendwie zu Boden gebracht und ihr das Messer abgenommen.

Da wollte ich ihr die Handschellen anlegen. Der Kollege hatte allerdings den gleichen Gedanken, zog seine Handschellen aus dem Gürtel heraus und mir genau vors Auge. Da hatte ich direkt beim ersten Einsatz ein blaues Auge, und das auch noch von einem Kollegen.

Ich hatte einen Spätdienst und danach direkt Nachtdienst am Wochenende. Bei dem Spätdienst war dieser Einsatz das einzige, was passiert ist. Wenn man dem Dienstgruppenleiter (DGL) zugeordnet ist, fährt man nicht so oft raus, weil der noch andere Funktionen hat.

Im Nachtdienst bin ich zunächst hinter den älteren Kollegen hergelaufen und habe genau das gleiche gemacht wie die auch. Das war eigentlich mehr ein Nachahmen, bis man selber seinen Weg findet, mit Leuten umzugehen. Das ist eigentlich recht schnell eingetreten, beziehungsweise mußte auch so passieren.

Haben sich Ihre Vorstellungen vom Polizeiberuf mit den Praxiserfahrungen verändert?

Konkrete Vorstellungen hatte ich ja eigentlich nicht, und als ich dann in die Großstadt gekommen bin, dachte ich, das ist das Ideal. So gut hat mir das gefallen. Es war sehr abwechslungsreich, man konnte wirklich hingehen, und kein Tag war wie der andere. So wie es immer so schön in den Werbebroschüren steht. Wenn das so weitergegangen wäre wie vorher, dann hätte ich mir noch was anderes überlegt. Das war mir in der Tat zu langweilig. Ich würde mich auch nicht wohl fühlen, wenn man mich aufs Land versetzen würde.

Die praktische Unterstützung von den Kollegen im Einzeldienst war schon gut, allerdings erst zu dem Zeitpunkt, als ich selber dazugehörte. Während der Ausbildung war das kollegiale Verhältnis nicht sehr gut. Wir fuhren Unterstützung und wurden keineswegs als Kollegen angesehen.

Vor allen Dingen war das Verhältnis zwischen den Kollegen vom Einzeldienst und dem Objektschutz nicht so toll. Der Objektschutz wird halt nicht ernstgenommen, genauso wie eben die Ausbildungshundertschaften. Es gibt einige wenige Leute, die gerne dabeibleiben, man hat halt immer pünktlich Feierabend, Überstunden gibt es nicht, wenn du freimachen willst, ist das kein Problem. Zu meiner Zeit waren einige Leute schon mehrere Jahre beim Objektschutz. Die hätten rausgekonnt, klar, aber das wollten sie nicht. Viele Leute entwickeln eine Angst vor dem Einzeldienst, wenn sie länger dabei sind. Wenn du mit 30 Jahren in den Einzeldienst kommst, und die anderen sind alle ca. 20, 22 Jahre alt – das ist vielleicht auch nicht einfach.

Gab es Dienstgruppen, in denen Sie sich nicht wohl gefühlt haben?
Beim Objektschutz hatten wir einen unangenehmen Dienstgruppenleiter. Die hatten ja auch nichts zu tun, kamen meistens frisch von der Fachhochschule und mußten erst einmal in den Objektschutz. Denen ging es also genau wie uns. Mit diesem DGL bin ich nicht klargekommen, der hat einige Male zu mir gesagt, ich hätte unter Adolf Hitler beim Projekt Lebensborn mitmachen können mit meinen blonden Haaren.

Das fand ich schon ziemlich extrem. Solche Sprüche kriegt man dann halt nur rein. Das war nicht so gut, da wollte ich dann auch weg. Aber nicht nur seinetwegen, sondern, weil der Dienst schlecht war, so langweilig. Der Dienst war schlecht genug – und er dann noch zusätzlich als Krönung.

Was glauben Sie, wollte er Sie damit ärgern oder ‹anmachen›?
Ich denke, eher ärgern. Ich weiß auch nicht, was er sich dabei gedacht hat. Genauso war es auf Feten. Ich war die einzige Frau, und wenn er nach Hause gegangen ist, hat er mich gefragt, ob ich nicht auch nach Hause gehen wollte. Ich wäre doch jetzt die einzige Frau und mit den ganzen Männern alleine.

Ich weiß nicht, was er sich dabei gedacht hat. Ich bin dann auch schnell da weggekommen und habe nichts mehr mit ihm zu tun gehabt. Er ist in eine andere Großstadt gegangen, da werde ich nie hinkommen.

Welche Auswirkungen hat der Beruf auf Ihr Privatleben?
Erst mal habe ich den Vorteil, daß mein Freund auch bei der Polizei ist. Wir können über ziemlich vieles reden. Deshalb kann ich das meist

auch gut verarbeiten. Der Freundeskreis schränkt sich auf jeden Fall ein.

Weitere Auswirkungen in diesem Beruf sind gewisse Gefahren. Ich hatte zum Beispiel einen Einsatz, bei dem ich mit einem Geschädigten nach einer schweren Körperverletzung zu tun hatte. Der Mann war mit einem Messer in den Bauch gestochen worden und blutete auch aus Mund und Nasenlöchern ziemlich schlimm und wild. Ich wollte ihn aus einer Kellerdiskothek die Treppe hochziehen. Er schien sich noch weiter mit den Türstehern prügeln zu wollen, und da habe ich aus lauter Not mit dem Funkgerät auf ihn eingehauen, damit er mit nach oben geht, obwohl er schon vorher das Opfer war. Als ich mit ihm vor der Diskothek angelangt war, hat er mich ganz aufgeregt angeschnauft und dabei über und über mit Blut bespritzt, das mir unter anderem auch ins Auge gelangte.

Der Polizeiarzt machte später eine Blutprobe bei einigen Beteiligten und sagte mir, daß durch die Berührung von Blut mit Tränenflüssigkeit auch Aids übertragen werden könnte. Die Wahrscheinlichkeit sei zwar gering, aber er würde mir raten, einen Aidstest zu machen.

Der Geschädigte war ein Farbiger und auch als Betäubungsmittelkonsument bekannt. Da lag die Möglichkeit nahe, daß er Aids hat. Der erste Test wird direkt am Tag danach gemacht, der nächste drei Tage später und nach einem Jahr der dritte, durch den du erfährst, ob es zu der Krankheit gekommen ist.

Der Geschädigte kam einige Zeit später auf die Wache, um sich nach seiner Anzeige zu erkundigen. Ich habe ihn dann zur Seite genommen und erzählt, daß ich von ihm ziemlich viel Blut ins Auge bekommen hätte, und daß dadurch die Möglichkeit der Krankheitsübertragung bestünde. Als ich ihn dann vorsichtig gefragt habe, ob er denn vielleicht Aids hätte, hat er nur gesagt, ich solle doch einen Test machen und ihm Bescheid sagen, dann wüßte er auch, ob er es hat.

Das war schon ziemlich deprimierend, und das ist mir auch sehr nahegegangen. Vor allen Dingen habe ich während des Jahres, in dem ich nicht wußte: habe ich Aids oder nicht, trotz der geringen Wahrscheinlichkeit immer wieder überlegt, ob ich das zum Beispiel meinem Zahnarzt sagen muß, weil der keine Handschuhe benutzt. Und das hatte natürlich auch im Privatleben gewisse Auswirkungen, zumal mir im Dienst die Unterstützung gefehlt hatte.

Der Dienstgruppenleiter hat sich sehr gut verhalten. Er rief die Sanitätsstelle an und erkundigte sich, wie das mit dem Aidstest abläuft, wie die Verfahrensweise ist, wie oft ich dahin muß und so weiter. Auf der Sanitätsstelle allerdings bin ich behandelt worden, als ob ich schon Aids hätte.

Von einem höheren Vorgesetzten aus dem Schutzbereich wurde mir vorgeschlagen, ich solle doch einen Bericht für die Zeitung schreiben. Da hätte ich auch gleich schreiben können, ich habe Aids.

Auf der Sanitätsstelle mußte ich jedesmal nach dem Test anrufen, um das Ergebnis zu erfahren. Beim letztenmal, also nach diesem Jahr, hat der Beamte am Telefon zu mir gesagt: «Ich kenn dich zwar nicht, aber du kannst weitermachen, du hast kein Aids», oder so.

Das war eine Sanitätsstelle der Polizei?
Ja, da sind nur Polizisten. Ich hätte mir schon gewünscht, daß mich irgendeiner mal aufgeklärt oder informiert hätte.

Wie sind die Kollegen damit umgegangen?
Gar nicht, wir haben darüber gesprochen, aber im Umgang hat sich nichts verändert.

Gab es daneben Einsätze, die Sie als besonders problematisch empfunden haben?
Hauptsächlich Einsätze, bei denen es sich um Schlägereien handelt. Die Schlägereien sind zwar immer schon vorbei, wenn man kommt. Aber dann liegen da irgendwelche jungen Leute herum, und teilweise sind die brutal zusammengeschlagen worden. Einmal hatten wir einen Einsatz, da hat jemand einem Mann mit einem Bierglas das Auge rausgehauen. Das Schlimme daran ist eigentlich: man sieht die Menschen, weiß genau, die wollten einen schönen Abend verleben, waren vielleicht auch nicht ganz unschuldig an der Schlägerei – aber manche Konsequenzen sind lebenslang. Dieser Mann wird auf dem Auge wohl blind bleiben.

Die Täter fängt man dann nicht. In der Großstadt, im Kneipenviertel ist es ja kein Problem, sich in den Menschenmengen zu verstecken.

Einmal hatten wir einen Fall, da sind fünf oder sechs Jugendliche mit Nikolausmützen quer durch die Stadt gegangen und haben zusammengehauen, was denen vor die Füße gekommen ist. Die haben wir auch nicht erwischt. Das ist deprimierend. Der Alarm kommt oft erst dann, wenn die Leute rumliegen. Wir kamen eigentlich immer zu dem Zeitpunkt, wenn der Krankenwagen gerufen werden mußte und nur noch die Anzeigen zu schreiben waren.

Wenn Sie einmal Kategorien bilden sollten – welche Bürger mit welchen Einstellungen zur Polizei gibt es?

Das kann man so nicht einteilen. Das sind ja meistens Einzelpersonen. Aber wenn wir mal unten anfangen bei den Obdachlosen, da habe ich immer das Gefühl, daß die einen ganz guten Eindruck von der Polizei haben. Obwohl es früher in manchen Städten zu Aktionen gegen Obdachlose gekommen ist. Zu meiner Zeit und in unserer Stadt war das nicht so. Die sind sogar schon mal reingekommen und haben einen Kaffee bekommen.

Die betrunkenen Jugendlichen sehen uns eher negativ, glaub ich. Obwohl wir denen eigentlich nichts getan haben. Gerade bei jungen Leuten aus dem Osten ist mir aufgefallen, die haben dann immer gleich so ... Es gab halt auch oft Streitigkeiten zwischen Ausländern und deutschen Jugendlichen, eben ostdeutschen, und da ist mir verstärkt aufgefallen, daß jede Partei die gleichen Argumente benutzt hat.

Wenn sich unsere Maßnahmen gegen die Ostdeutschen richteten, sagten die immer: «Das macht ihr nur, weil wir aus dem Osten sind.» Und die Ausländer sagten: «Das macht ihr nur, weil wir Ausländer sind.» Da hieß es manchmal: «Ihr seid alle rechts.» Und wenn es andersherum ging: «Ihr seid doch alle links.» Es war teilweise etwas seltsam.

Die Leute, die bei Verkehrskontrollen angehalten wurden, waren wohl ziemlich neutral. Es hat ihnen zwar nicht gepaßt, wenn sie ein Verwarngeld bezahlen mußten, aber in den seltensten Fällen gab es Geschimpfe oder Gemeckere. Manchmal waren welche dabei, die meinten, sie könnten das StGB und das Polizeigesetz auswendig und wir müßten die Mütze aufsetzen, wenn wir mit ihnen sprechen, aber da hat es insgesamt doch wenig Reibereien gegeben.

Teilweise gab es Situationen, in denen die «klassische» Hausfrau angehalten wurde, die dann anfing zu zittern und sehr nervös war. Es ist schon seltsam, wenn man selber der Auslöser für Nervosität ist. Die meisten Normalbürger haben aber wohl ein mulmiges Gefühl.

Manche Kollegen sind auch sehr belehrend. Wir hatten zwei Kolleginnen, die später gekommen waren als ich. Die waren sehr unsicher und wollten ihre Unsicherheit wohl dadurch kompensieren, daß sie die Bürger angemotzt haben. Das war wirklich schon nicht mehr schön, eher oberlehrerhaft. Es war aber auch schwierig, ihnen das zu sagen, weil sie das auch nicht einsahen. Die beiden waren sehr unbeliebt, das lag nicht daran, daß sie Frauen waren, sondern an ihrem Verhalten. Das wäre bei Männern auch so gewesen.

Wie ist es also umgekehrt: Welche Einstellungen von Polizisten gegenüber dem Bürger gibt es?

Bestimmten Gruppen gegenüber gibt es negative Einstellungen und auch Vorurteile. Man geht an Leute, die entsprechend gekleidet sind, auch anders ran. Da würde ich mich nicht ausschließen. Ich habe mich mal dabei ertappt, wie ich total betrunkene Jugendliche in der Altstadt ‹angemacht› habe, teilweise grundlos, nur deswegen, weil sie mich genervt haben. Außerdem meinen manche Betrunkenen oft, sie müßten einen anfassen, das kann ich überhaupt nicht leiden, da habe ich mich auch schon dabei ertappt, daß ich aggressiv reagiert habe. Wenn Kollegen längere Zeit da sind und nur mit diesen Leuten zu tun haben, überträgt sich da einiges auf den ganzen Dienst. Wenn Leute widersprechen, fühlen die sich in ihrer Machtstellung sehr schnell angegriffen und reagieren dann entsprechend, es kommt dann auch zu Überreaktionen. Normalen Bürgern gegenüber war das Verhalten normal.

Hamburg, Berlin – Übergriffe von Polizeibeamten: was sind Ihrer Meinung oder Erfahrung nach die Ursachen für solche Geschehnisse?

Wenn man nur mit den sozialen Randgruppen zu tun hat, entwickelt man vielleicht nicht unbedingt einen Haß, aber auf jeden Fall Vorurteile und stuft die Menschen entsprechend ein. Wenn jetzt einer kommt, der ein bißchen autonom aussieht, schwarz gekleidet ist und so, wird er von vielen Kollegen oft auch dementsprechend behandelt und abgekanzelt. Nur so kann ich mir das eigentlich erklären.

Bei uns hat es solche heftigen Übergriffe eigentlich nicht gegeben.

Es ist schon vorgekommen, daß einem die Hand ausgerutscht ist, oder jemand extra hinten in die Zelle reingegangen ist und ihm eine gezimmert hat, aber …

Heißt das, nach einem abgeschlossenen Vorfall?

Ja, aber abgeschlossen ist der Vorfall ja noch nicht, wenn der Delinquent noch hinten drinsitzt, aber, das habe ich schon erlebt. Vor allem, wenn sich die Kollegen in ihrer eigenen Machtstellung oder Persönlichkeit angegriffen gefühlt haben; ich meine, das ist ja nicht rechtmäßig, wenn man jemandem aufgrund einer persönlichen Beleidigung eine tafelt.

Mir ist das noch nicht passiert. Es ist nicht meine Art, den Leuten eine zu tafeln, deswegen habe ich das auch nicht so verinnerlicht, daß ich mich auf diese Art und Weise wehren muß. Ich finde, das ist kein Mittel.

Wenn Sie sehen, daß ein Kollege überreagiert, was läuft dann in Ihnen ab?

Man stellt sich schon die Frage: Sagst du dem Kollegen das jetzt, daß seine Handlungsweise nicht richtig ist, oder machst du eben nichts und machst dich selber mitschuldig. Bei uns war es so, daß es wohl ein oder zwei Kollegen gab, die das ganz gerne gemacht haben. Völlig unrechtmäßig war es meistens nicht, weil die Leute auch irgendwo Widerstand geleistet haben, aber manchmal: Wenn die schon in der Zelle waren, ist es nicht nötig, da reinzugehen und demjenigen eine zu tafeln. Das ist auch vorgekommen, meistens hat man woanders hingesehen.

Hat Ihnen das Konflikte bereitet?

Ja, sicherlich! Eigentlich will man dem Kollegen das dann sagen, aber andererseits will man auch nicht als Sozialtussi dastehen.

Ist das die Angst vor dem Gruppendruck?

Die Angst vor dem Gruppendruck ist sicherlich vorhanden. Ich bin schon einmal zu einem Kollegen gegangen und habe gesagt: «Das mußte jetzt aber nicht sein.» «Ich würde das nie offiziell tun, wenn es nicht so extrem wäre, wie es zum Beispiel aus Hamburg bekannt geworden ist. In Hamburg war es wohl eine ganze Wache, die das gemacht hat. Bei denen war der Gruppendruck wohl ungeheuer, und wo will man dann auch hingehen.

Wenn ich mir jetzt vorstelle, wir hätten Nachtschicht, und es würden alle so reagieren und alle würden irgendwelche Leute zusammenschlagen und das grundlos, da würde ich wahrscheinlich auch nichts sagen. Da könnte man ja auch nicht zum Dienstgruppenleiter gehen, weil er dann auch mitmacht.

Entweder macht er mit, oder er muß sofort Anzeige erstatten, und dann wären Sie diejenige, die das in die Wege geleitet hätte?

Bei uns war das so: Wenn ich beispielsweise zum DGL gegangen wäre, hätte der was unternommen, aber wahrscheinlich keine Anzeige geschrieben. Es sei denn, es wäre ein extremer Übergriff gewesen, aber das gab es nie.

Es ist schon vorgekommen, daß Kollegen überreagiert haben. Aber ich sag mal, das hört sich jetzt blöd an: Irgendwo hatten die Leute das dann auch verdient. Die Überreaktion nicht, aber die Einleitung. Solche grundlosen Übergriffe gab es bei uns nicht, was auch daran liegt, daß hauptsächlich junge Kollegen da waren, und ich denke, daß die noch irgendwo unbedarft sind. Dann haue ich nicht grundlos eine rein. Das passiert, glaube ich, wenn man schon länger nur mit diesen sozialen Randgruppen zu tun hatte. Dann ist man schon eher dazu geneigt.

Gibt es Ihres Wissens Möglichkeiten der Entlastung, Klärung oder Verarbeitung solcher Vorfälle im Dienst?

Gibt es nicht, nein. Ich habe erlebt, daß wir uns nach jeder Schicht im Aufenthaltsraum hingesetzt und erzählt haben, was passiert ist. Dabei wurde ein Bierchen getrunken, es wurde über die außergewöhnlichen Situationen geredet. Das war schon eine Entlastung, man konnte nach Hause gehen und hatte sich vorher ausgequatscht und schleppte das nicht mehr mit sich rum. Aber ansonsten hat da nichts stattgefunden. Je nachdem, wie eine Dienstgruppe miteinander auskommt, wurde das in der Gruppe besprochen.

Dienstbesprechungen fanden einmal im Monat statt, aber da wurden Themen vermittelt wie: neue Zufluchtsstätte für mißhandelte Mädchen, eine neue Anzeigenbearbeitung etcetera.

Es wurde nicht über Extremsituationen gesprochen.

Ich kenne aus dem Krankenhaus so etwas wie eine Übergabe. Da bespricht die eine Schicht mit der nächsten, was zuvor geschehen ist.

Ja, das gibt's. Nach Dienstende besprechen die beiden DGL die Übergabe, aber das ist es dann auch. Und wenn eine Dienstbesprechung vor dem Dienst stattfindet, innerhalb der Dienstgruppe, dann werden die Fernschreiben vorgelesen. Darin steht vielleicht, was in der Nacht zu tun ist.

Ich habe noch nie erlebt, daß über Ausschreitungen gesprochen wurde. Die Dienstgruppen sind sehr selbständig. Ich glaube nicht, daß unser DGL dem nächsten DGL erzählen würde: Da ist einer ausgerastet, oder der konnte seinen Streß nicht bewältigen. Nur im Anschluß an den Dienst wird inoffiziell darüber gesprochen, warum einer so reagiert haben mag. Die meisten kriegen das ja gar nicht mit. Wenn einer nach hinten geht und die Zellentüre aufmacht, dann weiß man schon, welcher Kollege das ist. Die meisten entgehen dem Konflikt, indem sie sagen: Ich habe nichts gesehen. Ich habe es wirklich nicht gesehen. Ich bin dann eben nach vorne gegangen.

Aber es ist bekannt, was der macht?

Ja, sicher. Es ist ja auch nicht zu verbergen in der Dienstgruppe. Man weiß, wer was macht oder wer schnell dazu neigt, mal jemandem eine zu tafeln, auch wenn es nicht erforderlich ist.

Man weiß es, aber man sieht es nicht?

Ja, wir hatten zum Beispiel Fälle: Da sitzen Menschen in der Zelle und rennen ständig mit dem Kopf vor die Zellentür, hauen mit den Schuhen davor oder klingeln andauernd. Das nervt natürlich. Da ist es schon mal vorgekommen, daß einer nach hinten gegangen ist und dem eine gezimmert hat, und dann war derjenige ruhig. Das ist eigentlich nicht in Ordnung.

Begünstigt der Beruf durch das Handeln in Extrembereichen eine Abstumpfung der Gefühle?

Mit Sicherheit. Bevor ich bei der Polizei angefangen habe, auch noch während der Ausbildung, hätte ich mir über Verletzte und Blut wahrscheinlich bedeutend mehr Gedanken gemacht. Wenn da heute jemand liegt, der wie wild blutet, dann kenne ich das alles schon.

Welche Maßnahmen könnten aus Ihrer Sicht die Arbeitsverhältnisse bei der Polizei verbessern?

Der Grundstein wird eigentlich in der Ausbildung gelegt. Zu meiner Zeit wurde er noch nicht angemessen gelegt, mehr Praxisnähe ist dringend erforderlich. Die älteren Kollegen sollten vielleicht psychologisch beraten werden, da ich glaube, daß es hauptsächlich die älteren sind, die grundlose Übergriffe tätigen. Teilweise können die mit ihren Aggressionen nicht umgehen und lassen sie dann beim Bürger raus.

Außerdem wird man in der Einsatzhundertschaft verbraten. Wir sind zwar zu Einsätzen gefahren, aber nie zum Einsatz gekommen. Wir haben rumgesessen, Karten gespielt und zugesehen, daß die Zeit verstreicht. Das kann doch nicht Sinn und Zweck sein. Beim Objektschutz ist es eigentlich genau das gleiche. Ich kann noch einsehen, daß Objektschutz gemacht werden muß, aber dann möchte ich auch Hintergrundinformationen haben. Du erfährst zum Beispiel lediglich: «Einmal pro Stunde fahrt ihr am türkischen Konsulat vorbei.» Ich hätte ganz gerne im Rahmen des Dienstunterrichtes Hintergründe erfahren. Warum du da vorbeifährst, warum die Menschen gefährdet sind.

Wenn man mehr Informationen erhalten hätte, wäre man vielleicht auch mit einem anderen Bewußtsein vorbeigefahren und hätte das nachvollziehen können. So war das nicht der Fall! Auf allen Ebenen mangelt es an Transparenz. Auch im Einzeldienst. Innerhalb der Dienstgruppe eigentlich nicht, aber von oben kommt nichts.

Auch die Informationen aus der Leitstelle waren nicht immer gut. Teilweise kam über Funk: «Fahrt mal da und da hin.» Auf Nachfrage über den Anlaß wurde gesagt: «Das kommt später.» Dann waren wir an der Stelle und wußten immer noch nicht, was los ist: Schlägerei oder Einbruch oder was sonst. Da haben wir im Auto gesessen und konnten nicht aussteigen, weil wir nicht wußten, was zu verfolgen war. Die Ausbildung der Leute in den Leitstellen und der Funker auf der Wache wäre wichtig.

Man sollte aber auch den Bürger aufklären, ihm vermitteln, was er zu sagen hat, wenn er bei der Polizei anruft. Oft muß man denen wirklich alles aus der Nase ziehen.

Was denken Sie: Worin besteht der gesellschaftliche Auftrag der Polizei?

Die klassischen Aufgaben sind Gefahrenabwehr und Strafverfolgung. Ich denke, daß die sich irgendwo auch im Sicherheitsgefühl des Bürgers niederschlagen.

Wodurch könnte das Sicherheitsgefühl des Bürgers erhöht werden?

Wenn der Bürger die Polizei öfter sieht – auch in Form von Fußstreifen –, dann wird schon eine Steigerung des Sicherheitsgefühls erzielt. Außerdem sollten die Dienstgruppen verstärkt werden, damit man schneller zum Einsatzort gelangt. Wir hatten Einsätze, da konnte einfach keiner hinfahren, weil alle Wagen besetzt waren. Das trägt sicherlich nicht dazu bei, das Sicherheitsgefühl der Bürger zu verstärken.

Bei Verkehrsunfällen ohne Personenschaden sollte man die Bürger dazu bewegen, alles selber zu regeln. Die Polizei macht auch nichts anderes als Personalien austauschen, das können die auch selber.

Glauben Sie, daß Ihre Kollegen diese sogenannte bürgernahe Polizei befürworten würden?

Teils, teils. Ich würde sagen, es gibt Kollegen, die es befürworten würden, nur aus einem Einsatzgrund rauszufahren. Das ist ja das Bequemste. Den Rest der Zeit – wenn man sie denn hat – kann man sitzen, Kaffee trinken, Karten spielen, fernsehen ...

Es hat bei uns auch Leerlaufphasen gegeben, und ich würde mal sagen: Gut zur Hälfte gab es Kollegen, die von sich aus rausgefahren sind und sich was gesucht haben. Manchmal einfach nur mit Leuten gequatscht haben. Hauptsächlich übrigens mit Obdachlosen, denn andere Leute scheinen nicht das Bedürfnis zu haben, sich mit der Polizei zu unterhalten. Grundlos nimmt man die Polizei in der Regel nicht in Anspruch.

Haben Sie den Eindruck, die Polizei müßte eigentlich mehr sozialarbeiterische Aufgaben übernehmen, weil die Menschen zunehmend weniger fähig scheinen, Konflikte zu lösen?

In der Stadt ist das sicherlich so nicht möglich.

Wäre das überhaupt wünschenswert?

Teilweise ist es schon so. Wenn wir zu Familienstreitigkeiten gerufen werden, dann wird geredet. Du unterhältst dich mit dem Ehemann und mit der Ehefrau. Entweder sie vertragen sich wieder, oder es muß eine andere Lösung gefunden werden.

Zum Beispiel die Frau ins Frauenhaus fahren, was eigentlich nicht Aufgabe der Polizei ist. Manchmal wird der randalierende Ehemann mitgenommen, bis er sich wieder beruhigt hat. Das ist meiner Meinung nach sinnvoller, als Autos anzuhalten.

Es wäre ein guter Aspekt, wenn die Polizei diese Aufgaben auch wahrnehmen würde. Aus zeitlichen Gründen ist es halt nicht immer möglich. Es ist aber doch befriedigender, bei einer Familienstreitigkeit schlichten zu können, als Verwarngeld zu kassieren oder pusten zu lassen. Vielfach wird es von den höheren Vorgesetzten als toll angesehen, wenn man möglichst viele Verwarngelder macht.

Manchmal wurde gesagt: «Du hast deinen Verwarngeldblock schon seit einem Jahr, du mußt ihn mal langsam leer machen.» Dann ist man rausgefahren und hat irgendwelchen Leuten zwar mit Grund Verwarngelder abgenommen, weil sie an einem Stoppschild eben nicht angehalten haben. Normalerweise hätte man das aber nicht gemacht. Das finde ich unsinnig.

Haike, ich danke Ihnen für das Gespräch.

«Es weht einem manchmal ein Haß entgegen ...»

Sascha, 33, Polizeiobermeister

Meine Entscheidung, zur Polizei zu gehen, hat sich mehr oder weniger aus einem Zufall ergeben. Einer meiner Freunde hatte in der letzten Klasse der Realschule einen Einstellungsberater von der Polizei zu sich eingeladen. Da platzte ich in dieses Gespräch herein und habe mir das alles angehört. Jetzt war ich meinerseits nicht wahnsinnig motiviert, das Gymnasium zu beenden und habe deshalb zwei, drei Monate später einen Auswahltest gemacht. Von 45 Leuten war ich dann einer der wenigen, die bestanden haben. Da dachte ich mir, das muß eine gute Sache sein, fängst du einfach mal an.

Ich war 17 Jahre alt und habe nach der Ausbildung zum mittleren Dienst ein halbes Jahr bei der Bereitschaftspolizei gearbeitet, bevor ich glücklicherweise heimatnah in einen großen Landkreis versetzt wurde. Zunächst war ich ein halbes Jahr beim Verkehrsdienst und vornehmlich mit der Kontrolle von Schwerlastverkehr und Geschwindigkeitsüberwachung beschäftigt. Danach habe ich mich zum Objekt- und Personenschutz gemeldet, weil in einer Stadt damals zusätzliche Leute gesucht wurden, zum Schutz von Richtern, die dort wohnten. Meine Hauptaufgabe für die nächsten drei Monate war es nun, diese Häuser stündlich anzufahren.

Danach bin ich auf eine Wache versetzt worden und hab dort anderthalb Jahre gearbeitet, bevor mich da eine unangenehme Geschichte ereilte. Ich bin dann gegen meinen Willen in eine andere Wache versetzt worden, weil ein Strafverfahren gegen mich und andere Kollegen betrieben wurde.

Diese Strafversetzungen werden bei der Polizei gemacht, um die Leute aus dem Schußfeld herauszunehmen. Einige Kollegen sind suspendiert worden, weil die Vorwürfe sehr hart waren.

Jetzt war ich zweieinhalb Jahre in dieser anderen Wache, bevor mir die Führung entgegenkam und mich noch einmal versetzte. In der Zwischenzeit hatte sich die Sache mit dem Strafverfahren erledigt, das hat aber drei bis vier Jahre insgesamt gedauert. Es folgte noch eine vierte Wache.

Welche Vorstellungen hatten Sie vom Berufsbild, als Sie zur Polizei gingen?
Ich habe in meiner Vorstellung eine sehr starke soziale Komponente damit verknüpft, das heißt, da war der Wunsch, Menschen in Schwierigkeiten helfen zu können. Ich dachte, ich kann sehr viele gute Sachen machen, und nicht – wie es in der Wirklichkeit ist –, daß ständig irgendwelche Schwierigkeiten abgearbeitet werden, ohne sich letztendlich wirklich drum kümmern zu können.

Ich denke auch heute noch, daß es viele schöne Bereiche gibt innerhalb der Polizei. In ländlichen Bezirken ist der Dienst zum Beispiel schöner. Da wird man auch nicht so beobachtet, kann sich mehr Zeit lassen, da fragt die Leitstelle, die ja über die Einsätze wacht, nicht so schnell nach: «Wo bleibt ihr? Wo steht ihr? Hier sind schon wieder so und so viele andere Einsätze aufgelaufen!»

Es gibt große Unterschiede zwischen Klein- und Großstadtbereich. Im Nachtdienst macht sich das besonders bemerkbar. Die Arbeit in einer Großbehörde ist da ganz anders. Es gibt keine Ruhephasen, folglich müssen die schriftlichen Arbeiten im Anschluß an den Dienst gemacht werden.

Das ist natürlich ausgesprochen stressig, wenn man nach dem Nachtdienst um 7 Uhr morgens noch eine bis anderthalb Stunden schriftliche Arbeiten erledigen muß. Aber wichtige Sachen können nicht auf den nächsten Tag verschoben werden, weil unter Umständen Folgemaßnahmen von Kollegen gemacht werden müssen, die natürlich über das Geschehen in der Nacht informiert sein müssen.

Können Sie sich noch an Ihre ersten Erfahrungen mit den Bürgern erinnern? Wie waren sie?
Dadurch, daß ich im ländlichen Bereich nach der Ausbildung eingesetzt wurde, hatte ich das Glück, mit vielen älteren Kollegen fahren zu dürfen, die mich dann auch angelernt haben. Das passiert in den

Großbehörden nicht, weil dort wenig ältere Kollegen auf den Dienstgruppen sind.

Mein Horizont hat sich dadurch aber nicht unbedingt erweitert. Da gab es Richtlinien: «Das muß so und so gemacht werden.» Und: «Denk nicht weiter darüber nach, du kannst dich hier nicht als Sozialarbeiter engagieren. Das wird jetzt so gemacht, das war schon immer so.» Fertig, aus, Ende.

Oftmals gibt es Einsätze, wo Menschen sehr labil sind, psychisch sehr durcheinander. Da habe ich mir gelegentlich gewünscht, mich mit diesen Menschen noch ein oder zwei Stunden völlig losgelöst von den polizeilichen Problemen unterhalten zu können. Mir fallen sofort Einsätze ein, wo mein Kollege gesagt hatte: «So, jetzt müssen wir aber hier weg.» Er schob also dann einen Einsatz vor. Ich nahm das dann als bare Münze und sagte zu dem betroffenen Bürger, «wir haben jetzt keine Zeit, wir müssen noch woanders hin». Draußen im Wagen wurde mir dann gesagt, «da gibt es gar keinen anderen Einsatz zu erledigen». Dann wurde irgendeiner privaten Betätigung nachgegangen. Das hat mich natürlich geärgert, und ich habe das auch geäußert. Mit der Bemerkung, Weltverbesserer wären bei der Polizei falsch aufgehoben, wurde das abgetan.

Großartige Diskussionen gibt es im Streifenwagen auch gar nicht. Nur wenn Einsätze eklatant falsch laufen und es außerdem zu der Gefährdung eines Kollegen gekommen ist. Dann wird schon mal auf der Wache darüber gesprochen. Nicht aber, wenn der Bürger unangenehm durch den Polizeieinsatz betroffen wurde. Darüber macht sich keiner Gedanken.

Die soziale Komponente, die mir eigentlich für die Berufsentscheidung Polizei wichtig war, ist immer mehr in den Hintergrund geraten. Wahrscheinlich weil ich das übliche polizeiliche Handeln mehr und mehr verinnerlicht habe und andere Schwerpunkte gesetzt habe.

Wenn Sie sich an Ihre Ausbildung zurückerinnern – welche Stärken und Schwächen haben Sie wahrgenommen?

Ich habe meine Ausbildung vor 13 Jahren gemacht. Im Bereich Psychologie kann ich mich an gar keinen Unterricht erinnern. Ich denke, gerade diese Komponente ist wichtig. Zu lernen, Menschen ausreden zu lassen, sich in das Gegenüber hineindenken zu können.

Grundregeln des menschlichen Miteinanders kamen in der Ausbildung zum mittleren Dienst viel zu kurz.

Schießen und Sport wurde hervorragend trainiert. Später gab es aber kaum noch Gelegenheit, sich sportlich zu betätigen. Das wird ziemlich gekürzt. Mittlerweile können wir im Monat nur noch Überstunden mit Sport abgelten. Diese Regelung reduziert natürlich den Anreiz, Sport auszuüben, obwohl ein Polizeibeamter doch in der Lage sein sollte, einem Flüchtenden hinterherzulaufen.

Gefallen hat mir die juristische Ausbildung. Allerdings war sie nicht praxisnah. Ich habe mir immer gewünscht, bereits während der Ausbildung die Behörden unterstützen zu können. Man hätte doch als dritter Mann auf einem Wagen mitfahren können, um einen Einblick zu erhalten oder wenigstens einen Eindruck zu bekommen. Wir wurden nach der Ausbildung direkt ins kalte Wasser geworfen.

Gab es Erfahrungen oder Erlebnisse, die Sie dazu brachten, Ihre Berufsentscheidung in Frage zu stellen?

Die gab es eigentlich schon direkt nach der Ausbildung. Nun ist man in seinen Entscheidungen nicht immer so sicher, daß man gleich sagt, jetzt mache ich hier einen Schnitt und kündige den Beruf. Aber dieses Gefühl kam eigentlich immer wieder, und das zieht sich bis heute durch.

Wenn du solche Einsätze erlebst wie in Rostock, wo marodierende Leute durch die Stadt rennen, alles in Brand stecken, und die Polizei steht da und sieht zu und macht nichts. Auf der anderen Seite gibt es Demonstrationen, wo man im Grunde genommen gut mitfühlen kann und vielleicht sogar den Wunsch hätte, ebenfalls zu demonstrieren. In der Realität mußt du aber dagegen arbeiten, das fällt mir manchmal schwer. Früher wurden wir bei Demonstrationen angehalten, keine Gespräche mit dem Bürger zu führen. Da hat sich aber wohl etwas verändert. Heute wird das nicht mehr unbedingt unterdrückt.

Also gibt es immer wieder Zweifel?

Ja, Sie müssen sich vorstellen, nach zehn Jahren Wechseldienst fragt man sich auch, welche Perspektive man hat. Es gibt kaum Seminare, auf denen du dich fortbilden kannst. Dann fragst du dich schon gelegentlich: «Willst du bis zum 45. Lebensjahr auf dem Streifenwagen sitzen oder dem Automatenaufbrecher mit fast 50 Jahren immer noch ins Kreuz springen?» Das ist doch wohl nicht die Vorstellung, die viele Kollegen vom Beruf haben, ob Hauptschüler oder Abiturient.

Hinzu kommt auch vieles in der internen Struktur, was einfach nicht nachvollziehbar ist. Wir haben innerhalb der Polizei etliche Kollegen, die sich mit Abitur für den mittleren Dienst entschieden haben. Inzwischen gibt es die Direkteinsteiger, das heißt, Abiturienten haben sofort Zugang zum gehobenen Dienst. Jetzt taucht bei einigen wirklich das Gefühl auf, daß hinten und vorne alles an ihnen vorbeizieht. Es gibt sehr viele hochqualifizierte Kollegen im Wechseldienst, die mit immensem Engagement dabei sind, und das wird nicht honoriert. Die haben ein- oder zweimal den Auswahllehrgang für den gehobenen Dienst mitgemacht, nicht bestanden, weil sie vielleicht keine guten Klausurenschreiber sind, aber das macht doch nicht unbedingt den guten Polizeibeamten aus, daß er eine super Klausur schreiben kann. Das Auswahlverfahren ist nicht auf die eigentlichen Belange zugeschnitten. Dem Vorgesetzten sollten mehr Kompetenzen zugebilligt werden, damit ein guter Mann schneller befördert werden kann.

Welche Aspekte des Berufs haben Sie als besonders problematisch empfunden?

Problematisch sind Einsätze, wenn man um die eigene Haut Angst hat. Wenn du Firmen besuchst, nachdem Alarm ausgelöst wurde, oder Häuser, wo Menschen nach der Heimkehr Geräusche gehört haben. Dann fragst du dich, ob der potentielle Einbrecher noch hinter der nächsten Ecke ist und durchsuchst zwar mit vorgehaltener Waffe, aber doch voller Angst. Man muß damit rechnen, daß jederzeit einer hinter der Tür erscheint und sich – was weiß ich – mit dem Messer auf einen stürzt oder vielleicht sogar eine Schußwaffe hat. Das sind Augenblicke, wo man in höchster Anspannung ist.

Man hat natürlich auch mit vielen psychisch gestörten Menschen zu tun. Da gibt es in jeder Stadt mehr als genug. Die kennt man nach einer gewissen Zeit und weiß, daß der Einsatz sehr viel Zeit in Anspruch nimmt. Auch das mag manchmal unangenehm sein – ebenso Todesbenachrichtigungen. Wenn kein älterer Kollege da ist, oder kein Pfarrer zu erreichen ist, den wir hin und wieder in Anspruch genommen haben, mußten wir das selbst tun. Das ist ganz schön schwierig, an der Haustüre zu stehen und Eltern zu sagen, daß ihre Tochter tödlich verunfallt ist.

Es ist immer problematisch, in eine gespannte Atmosphäre hineinzukommen, ob es ein Familienstreit oder eine Kneipenschlägerei ist. Man weiß eben nie, inwieweit das eskalieren kann. Aber daran gewöhnt man sich relativ schnell. An die anderen Sachen – Verkehrsunfälle, Verletzte, Tote – habe ich mich nie gewöhnt.

Bei Streitigkeiten bekommt man mit der Zeit ein gesundes Gefühl dafür, die Leute von einem hohen Erregungsniveau herunterzuholen. Nach ein paar Sätzen hat man sie meistens wieder im Griff, und wenn nicht, muß eben kurzfristig der Rückzug angetreten und Verstärkung geholt werden. Aber zunächst versucht man, mit zwei Leuten zu schlichten.

In dem Bereich, wo ich gearbeitet habe, stand teilweise nur ein Streifenwagen zur Verfügung. Da tauchten natürlich Ängste auf, wenn du draußen das Gegröle schon gehört hast und genau wußtest, es kann schwierig werden. Wenn du nämlich Verstärkung brauchst: Selbst wenn die Leitstelle dich hört mit unserem Zwei-Meter-Funk, ist nicht immer gesagt, daß du wirklich direkt Verbindung zur Wache bekommst. Du weißt auch: Selbst wenn die Kollegen schnell fahren, brauchen sie immer eine Viertelstunde. In einer Viertelstunde kann sehr viel passieren.

Waren Sie einmal in einer sehr gefährlichen Situation?

Ich mußte nie richtig Angst um mein Leben haben. Natürlich gab es schon mal bei einem Gerangel ein paar blaue Flecken. Je länger man dabei ist, desto mehr relativiert man aber auch seine Jagdinstinkte, die man bei der Polizei in einem gewissen Umfang haben muß. Da sagst du dir aber: «Bevor ich ein Haar abkriege, soll der Täter doch lieber laufen gehen. Ich setze mein Leben nicht aufs Spiel, um irgendeinen Straftäter, der sowieso nach relativ kurzer Zeit wieder entlassen wird, in diesem Moment zu stellen.» Irgendwann wird er sowieso geschnappt, und von daher denke ich, wäre das falsch investiertes Engagement.

Es gibt Kollegen, die völlig ausrasten, wenn sich ein Einsatz auftut, wo jemand zu stellen ist. Wenn man im Streifenwagen hinter jemandem her fahren muß, dann meinen die, es ginge um Leben und Tod, und sie müßten den jetzt kriegen.

Dabei geht es um Leben und Tod, wenn du mit 130 km/h in der Stadt irgendwo abschmierst, da kann es nämlich schnell um dich geschehen sein. Da ist es nicht einfach, einen älteren Kollegen zu bremsen und zu sagen: «Ich hänge an meinem Leben. Bitte fahr langsamer.» Weil man natürlich auch befürchten muß, als Angsthase verschrien zu werden, wenn sich so etwas auf der Wache herumspricht.

Was würde daraus folgen?
Wenn jemand als ängstliche Natur verschrien ist, dann genießt er weniger gutes Ansehen. Das lassen die Kollegen ihn wahrscheinlich auch spüren. Es gab sozial sehr engagierte Kollegen, die dann als ‹Sozialarbeiter› verschrien waren. Mit denen wollte nicht mehr jeder fahren. Die wurden geschnitten.

Das Klima in einer Dienstgruppe, die ja Früh-, Spät- und Nachtdienst macht, ist ein ganz anderes, als in einem Kommissariat im Tagesdienst. Es ist viel eingeschworener, und wenn da «gemobbt» wird, dann ist das um ein Vielfaches schlimmer, als an einem Arbeitsplatz tagsüber.

Wie erklären Sie sich das?
Um verschiedene Einsätze anzugehen, ist es wichtig, daß man sich zusammentut und eine Front bildet gegen das polizeiliche Gegenüber. Wenn irgendwo Schlägereien sind, dann wird halt angepackt und versucht, den Einsatz zu bewältigen. Das schafft natürlich einen immensen Zusammenhalt. Wenn da einer nicht reinpaßt, dann will man den schnellstmöglich loswerden, und dann kann das ganz derbe Auseinandersetzungen geben.

Würden Sie heute sagen, daß diejenigen, die geschnitten wurden, Personen waren, auf die man sich nicht verlassen konnte, oder gab es andere Gründe, diese Person loswerden zu wollen?
Oftmals mag die Person wirklich nicht hundertprozentig für die Polizei geeignet gewesen sein, aber oftmals war es wohl so, daß man sich mit demjenigen hätte unterhalten müssen und ihn nicht von vor-

neherein hätte abstempeln dürfen. Dieses Vorverurteilen, dieses Abstempeln passiert häufig bei der Polizei.

Wenn man dann noch einen Chef hat, einen Dienstgruppenleiter, der sagt: «Mich geht das alles gar nichts an, die müssen selber sehen, daß sie klarkommen», dann ist das so. Obwohl es ihn natürlich definitiv viel angeht. Er sollte eigentlich den Überblick haben und Einfluß nehmen können.

Was glauben Sie: Welche Kategorien ließen sich hinsichtlich der Einstellungen von Polizisten gegenüber dem Bürger formulieren?
Es gibt Kollegen, die sehr ängstlich sind, die oftmals Sachen nicht unbedingt durchziehen, die eigentlich durchgezogen werden müßten. Zum Beispiel eine Ruhestörung: Wenn ich dort dreimal hinfahre und schon zweimal angekündigt habe, beim nächstenmal erstatten wir Anzeige und nehmen außerdem Ihre Stereoanlage mit. Dann kommt es vor, daß Kollegen beim drittenmal wieder vor der Tür stehen und sich immer noch nicht trauen, die Sache bis zum Ende durchzuziehen.

Was glauben Sie, wie diese Kollegen den Bürger wahrnehmen?
Teilweise geschieht das Nichthandeln aus Faulheit oder das Nichtsicherstellen der Stereoanlage aus der Angst heraus, einen Konflikt heraufzubeschwören. Wenn Gäste da sind, ist es natürlich immer schwer, mit Leuten zu sprechen. Oftmals bietet es sich nicht an, getrennt von den Gästen mit dem Gastgeber zu sprechen. Dann hören andere Menschen zu, und es bildet sich eventuell eine Riesenfront gegen zwei kleine Polizeibeamte.

Ich denke nicht, daß diese Kollegen den Bürger generell als Feind sehen, aber es ist schon so, daß man oft mit Leuten zu tun hat, die vom Niveau nicht allzu hoch anzusiedeln sind, von daher werden gelegentlich auch Leute, die gar nicht dieser Gruppe zuzuordnen sind, in diese Schublade gepackt und dann unter Umständen unnötig hart angegangen, obwohl sie gar nichts gesagt haben.

Es gibt ja auch den anderen Typ der Gruppe, den Kollegen «Haudrauf». Der nicht groß reflektiert, nicht darauf wartet, was gesagt und geredet wird, der sagt: «Entweder so, wie ich das will, oder wir kommen mit ganz vielen Leuten und werden alles in unsere Richtung hinbiegen.»

Es ist schon so, daß viele unangenehme Geschehnisse bewirken können, daß sich in einem ein Feindbild aufbaut. Was mir da einfällt, sind nicht einmal konkrete Einsätze, wo wir in der Kneipe standen und die ganzen Menschen gegen uns hatten. Was mir immer weh getan hat, ist, wenn man mit dem Streifenwagen durch die Fußgängerzone fährt, das Fenster geöffnet hat, und da schreit jemand hinter dir her: «Scheiß-Bulle», oder sonst was, obwohl kein Anlaß vorliegt. Es weht einem manchmal ein Haß entgegen, nur weil man diese Uniform anhat. Man wird als Individuum nicht wahrgenommen, sondern immer nur als Polizist, Polizei, rotes Tuch.

Welche Einstellungen des Bürgers zur Polizei gibt es?
Wenn man vielen Umfragen glauben mag, dann sind ja 80 bis 90 Prozent der Bürger pro Polizei eingestellt. Das liegt aber auch daran, daß diese Bürger nie was mit der Polizei zu tun haben. Wenn sie aber etwas mit der Polizei zu tun haben, dann kehren sie sich schnell ins Gegenteil. Es ist immer problematisch, wenn Bürger mit Polizei zu tun haben.

Gibt es denn keine Einsätze, wo Sie auch Hilfestellungen für Bürger leisten?
Doch, wenn es diese wenigen Einsätze nicht geben würde, wo man auch mal ein Dankeschön erhält, dem Menschen manchmal auch verbotswidrig helfen kann, dann wüßte man gar nicht mehr, wo die Motivation herzuschöpfen wäre für weitere 20 bis 30 Jahre Tätigkeit. Aber diese Einsätze sind sehr selten.

Begegnungen zwischen Polizei und zivilem Bürger sind also immer problematisch?
Sie sind überwiegend problematisch. Das hat verschiedene Ursachen. Das kann bei dem einfachen Arbeiter daran liegen, daß er alkoholisiert ist und sowieso im Hinterkopf ein Feindbild von der Polizei hat. Alkohol ist sowieso immer sehr problematisch. Wenn die Leute alkoholisiert sind, kann man halt nicht vernünftig mit denen reden. Es kann aber auch der Intellektuelle sein, der meint: «Von dem einfachen Polizeibeamten, der nur eine zweieinhalbjährige Ausbildung gemacht hat und rhetorisch nicht halb so fit ist wie ich, lass' ich mir

generell nichts sagen», und von daher nicht offen ist für eine Problemlösung.

Mag es auch manchmal am Verhalten einiger Kollegen liegen, die nicht besonders geschickt im Umgang mit dem Bürger sind?

Da gibt es sehr viele. Sagen Sie mir doch mal einen Beruf, wo man mit einer niedrigeren Schulbildung und einer kürzeren oder auch nur gleich langen Ausbildung in ähnlicher Weise anderen Leuten etwas zu sagen hat? Gibt es nicht!

Es gibt natürlich auch eine Versuchung, seine Macht zu mißbrauchen, aber in den Situationen wirst du von Beginn der Ausbildung dazu angehalten, eine Lösung zu finden. Die Lösung muß von der Polizei bestimmt werden. Von daher liegt es eben auch in der Verantwortung der Polizeibeamten.

Mein Eindruck ist, daß genau daraus auch viele Schwierigkeiten erwachsen. Einerseits kann der Polizist schon in sehr jungen Jahren relativ viel Macht ausüben, andererseits fühlt er sich oft durch mangelnde Transparenz in der Arbeit, in der Dienstgruppe sehr ohnmächtig.

Man fühlt sich häufig auch alleine gelassen. Hier in den Großstädten beobachte ich das manchmal mit sehr gemischten Gefühlen. Wenn ich da ein Pärchen sehe, eine weibliche Polizistin mit 20 Jahren, und er ist vielleicht 23 Jahre alt, und die müssen dann Einsätze bewältigen, dann kann ich mir das kaum vorstellen.

Keiner von ihnen hat Erfahrung, die läßt man einfach draußen fahren und läßt sie mit Sicherheit im Regen stehen. Es können sich immer mal Eskalationen ergeben. Das meiste in der Polizeiarbeit ist aber nur mit Erfahrung zu bewältigen. Oftmals wird allein aus dem Gefühl heraus entschieden, man kann gar nicht alles wissen. Reife und Erfahrung sind wichtig. Nicht allein die Erfahrung in der Polizeiarbeit, sondern auch die Lebenserfahrung.

Was vermuten Sie – welche Ursachen haben Übergriffe von Polizeibeamten, einzeln oder in der Gruppe?

Wir haben ja schon darüber gesprochen, daß es in einer solchen Dienstgruppe zu Strukturen kommen kann, die für Außenstehende überhaupt nicht nachvollziehbar sind. In dieser Struktur gibt es ein eigenes Gerechtigkeits- und Werteempfinden. Ich kann mir das so vorstellen, daß über die Erfahrung, daß dir verurteilte Straftäter, die schon 10- oder 15mal vor Gericht gestanden haben, fröhlich grüßend in der Fußgängerzone entgegenkommen, daß eben dadurch unheimliche Frustrationen entstehen können. Daraus können sich auch Übergriffe entwickeln.

Wo beginnt für Sie der Übergriff?
Für mich beginnt der Übergriff, wenn die Würde des Menschen durch polizeiliches Handeln verletzt wird.

Könnten Sie das an einem konkreten Beispiel beschreiben, definieren?
Es ist einfach so, daß Polizeibeamte bei «sozial schlichterem» Publikum schon mal eher zur Gewalt neigen als bei einem Publikum, von dem irgendwelche Repressalien zu befürchten sind. Das habe ich auch schon oftmals miterlebt: wo ein Konflikt hätte durch gutes Zureden gelöst werden können, aber dann viel zu schnell die Faust sprechen muß.

Was ist dann in Ihnen abgelaufen?
Man fühlt sich natürlich schlecht, wenn man dabei ist, aber man kann das auch nicht bremsen, weil in einem selbst auch diese Emotionen da sind und man es sehr oft selbst versucht hat, auch mit gutem Zureden. Man ist auch nicht immer gewillt die Leute im Einsatz eine halbe Stunde, eine Stunde über die Rechtslage aufzuklären und zu vermitteln, daß es keinen Sinn hat, sich gegen die polizeiliche Maßnahme zu sträuben. Dann wird eben kurz aufgeklärt: «Wenn das nicht so oder so klappt, dann machen wir es mit Gewalt. Sie können sich entscheiden.»

Es geht einem schlecht, wenn man nicht nachvollziehen kann, warum das unbedingt so laufen mußte. Weil Kollegen aus einer gewissen Faulheit heraus nicht alles versucht haben, viel zu schnell Gewalt angewendet haben, und wenn sie dann Gewalt anwenden, auch nicht sachgerecht. Dies resultiert aus unserer schlechten Ausbildung in Selbstverteidigung, die viel zu selten erfolgt, um Grundzüge verinnerlichen zu können.

Viele Kollegen meinen immer noch, ein Faustschlag ins Gesicht würde mehr bewirken als ein Ruhigstellen und Mitnehmen in Handschellen.

Geht es Ihnen schlecht, weil Sie Schuldgefühle haben, ist es die Angst vor dem Erwischtwerden, oder hat es eher eine moralische Komponente?

Mein Bestreben war eigentlich immer, das Bild von der Polizei in der Öffentlichkeit zu verbessern, und das wird durch solche Verhaltensweisen natürlich nicht verbessert. Man kann das nur durch viel Engagement und höfliches, korrektes Auftreten verbessern. Dazu müssen aber alle an einer Strippe ziehen, alle in der Dienstgruppe und auch generell.

Wenn ich durch die Stadt fahre und sehe unmöglich gekleidete oder unrasierte Polizeibeamte oder – ich bin beileibe nicht konservativ – Kollegen, die den längsten Ohrring haben und unheimlich lange Haare, da frage ich mich, wie der Bürger noch Respekt haben soll. Bürger sind ja teilweise auch sehr konservativ eingestellt.

Sie sind einmal gegen Ihren Willen von einer Wache zwangsweise versetzt worden, mögen Sie darüber etwas erzählen?

Das Strafverfahren ist damals gegen die ganze Wache eingeleitet worden. Ich habe gesagt, daß ich mich nicht an den angeklagten Vorfällen beteiligt habe und bleiben wolle. Es wurde dann von der Führung so dargestellt, daß die Versetzung nicht als Vorverurteilung zu werten sei, sondern als Maßnahme zu meinem eigenen Schutz. Außerdem wolle man uns aus dem Schußfeld der Presse herausnehmen. Sie brauchten natürlich auch ein gewisses Alibi nach dem Prinzip: «Die Polizeibeamten, die sich daneben benommen haben, haben wir umgesetzt, die sind aus dieser Stadt schon einmal weg.»

War diese Wache schlechter als die anderen, die Sie kennengelernt haben?

Ja, das war sie. Die Dienstgruppe war extrem schlecht. Ich war noch sehr jung. Es war das erste Jahr nach der Ausbildung. Man hat dort viele Sachen von älteren Kollegen übernommen und erst nach einer gewissen Zeit des Überblicks kritisch hinterfragt.

Sie haben auch keine Lösungsmöglichkeiten für sich gesehen?

Damals, mit Anfang 20, nicht. Heute muß ich ganz klar sagen, der Dienstgruppenleiter war absolut unfähig. Das würde mir heute nicht mehr passieren. Aber es gibt Naturelle, die einfach nicht einem anderen Menschen sagen können: «Da hast du was falsch gemacht, und das möchte ich doch bitte nicht mehr sehen.» Und so ein Naturell hatte unser Dienstgruppenleiter, der hat unangenehme Sachen verdrängt. Die Verantwortung eines Dienstgruppenleiters ist immens hoch. Als junger Polizist solche Erlebnisse zu haben erweist sich als ungeheuere Belastung.

Ich denke, die meisten Polizisten sind überfordert, nach der Ausbildung zwischen gut und böse unterscheiden zu können oder gar eine eigene Einstellung zum Thema Gewalt zu finden und zu Übergriffen.

Die Polizisten, die diese Gewalt und Übergriffe gemacht oder zumindest weitergegeben haben, waren auch nicht viel älter, etwa fünf oder sechs Jahre. Das waren auch Polizisten, die nicht aus Idealismus bei der Polizei waren. Da mußten die Einsätze möglichst schnell abgefrühstückt werden, und dann konnte man sich mehr oder weniger seinem eigenen Gedankengut widmen, Zeitschriften lesen, schreiben oder ähnliches. Es wurde viel privat gemacht, und es gab wenig dienstliches Engagement.

Wird nicht sehr schnell gesagt, daß die Menschen nicht motiviert waren? Vielleicht gibt es auch am Arbeitsbeginn dieser Menschen Erfahrungen, die von den Vorgesetzten nicht angemessen beachtet oder behandelt wurden.

Es ist aber auch schwierig für die Führung, mit diesen Leuten umzugehen. Wie will man auf die einwirken, mit was will man denen drohen? Ich habe Kollegen erlebt, die gesagt haben: «Ist mir doch alles egal, was die mir sagen, ich bin Beamter. Die können mich so schnell nicht loswerden, mir kann doch nichts passieren, ob ich befördert werde oder nicht – die paar Mark sind mir auch egal.»

Es wäre sicher sehr motivierend, wenn mal ein Staatsanwalt oder Richter mitfahren und auch ein Feedback geben würde, mit anderen Worten: sich die Entwicklung von Vorgängen auch mal anschauen würde. Aber man hat wirklich oft das Gefühl, ganz alleine zu sein.

Ebenfalls negative Auswirkungen entstehen aus Unsicherheit. Was mach ich, wenn ein Strafverfahren auf mich zukommt? Hab ich Rechtschutz? Gut, über die Gewerkschaft kann man sicherlich Rechtschutz kriegen, aber auch nur bei bestimmten Delikten. Wenn mir etwas Vorsätzliches vorgeworfen wird, dann ist es sowieso schwer, Rechtschutz zu erhalten. Da ist in der Behörde keiner, den du mal fragen kannst, wie du dich am besten verhältst, wenn ein Strafverfahren gegen dich läuft, keiner, dem du vertrauen kannst. Jeder Vorgesetzte sagt zwar: «Wenn Sie Probleme haben, können Sie zu mir kommen», aber das erste, was dir bei der Polizei beigebracht wird, ist folgendes: «Wenn du Probleme hast, vertraue nur auf dich und vertrau dich keinem Vorgesetzten an.»

Gibt es Möglichkeiten der Entlastung, Klärung, Verarbeitung von Übergriffen im Dienst?
Natürlich gibt es diese Möglichkeiten.

Wie sehen die aus?
Über Kommunikation im Anschluß an einen solchen Einsatz.

Haben Sie das in den verschiedenen Dienstgruppen, die Sie kennengelernt haben, erlebt?
Ich hab es dann erlebt, wenn es um die Gefährdung von Kollegen ging. Aber bei Übergriffen in der Form, daß man sagt: «Hör mal, da hättest du dir mehr Mühe geben müssen, da hättest du anders auftreten müssen» – das habe ich nie erlebt. Irgendwo ist man froh, daß die Sache dann einigermaßen gelaufen ist und schiebt sie dann auch schnell zur Seite.

Vor allen Dingen gehört auch eine ganze Portion Mut dazu, in einer Runde solch ein Problem anzusprechen. Und diesen Mut hat man in der Regel als junger Kollege nicht. Wenn man draußen mit diesem Kollegen fährt, der sich falsch verhalten hat, dann kann man mal darüber sprechen.

Wenn Sie der ältere sind?
Wenn ich der ältere war, dann ist das schon oft vorgekommen, aber in einem größeren Gremium zu sprechen, könnte bedeuten, daß man «ruckzuck» als Nestbeschmutzer verschrien wird oder als Anschwärzer.

Aber Sie würden doch in einem solchen Fall versuchen, den Vorfall in der Gruppe zu klären und nicht an die große Glocke zu hängen?
Ja, aber zur Gruppe zählt auch der Dienstgruppenleiter. Der weiß dann auch darum und schreibt auch die Beurteilungen. Jeder will natürlich verhindern, daß er Negativsachen von draußen mitkriegt. Von daher wird in der Gruppe über diese Schwierigkeiten selten gesprochen.

Welche Reaktionen erfahren Sie im Privatleben auf Ihren Beruf?
Das ist wie sicher in Ihrem Beruf auch. Jeder hat eine gewisse Vorstellung von einem Beruf, und Polizei ist bei den meisten Menschen nicht besonders gut angesehen. Daher habe ich das auch nicht immer direkt rausposaunt. Ich habe natürlich nichts erfunden, aber ich war nie stolz darauf, erzählen zu können, daß ich bei der Polizei bin.

Komischerweise ist heute, wo ein Wechsel zur Kripo bei mir ansteht, die Akzeptanz in der Bevölkerung eine ganz andere: «Ja, dann hast du es geschafft!» Obwohl die Tätigkeit im Grunde genommen genau die gleiche ist.

Eigentlich hat mir die Arbeit bei der uniformierten Polizei mehr Spaß gemacht. Ich weiß auch nicht, ob ich mich richtig entschieden habe. Aber der Bürger hat halt ein vorgefertigtes Bild, das oftmals aus Fernsehfilmen resultiert. Da werden die uniformierten Polizisten als Hilfsarbeiter benutzt, die den Kaffee holen dürfen. Diejenigen, die bei der Arbeit nachdenken, sind die Kriminalbeamten. Schutzpolizisten haben gar nichts drauf, die können allenfalls eine Blutprobe bei einem Betrunkenen entnehmen. – Das ist die Meinung in der Bevölkerung, auch heute noch.

Obwohl ich genau weiß, daß die Bevölkerung eine falsche Meinung über die Schutzpolizei hat, kann ich nicht sagen, daß mir das nicht wichtig ist. Es ist eben schön, wenn man draußen erzählt, ich bin jetzt bei der Kriminalpolizei und eine positive Resonanz erfährt. Jeder braucht ein paar Sachen, auf die er stolz sein kann. Der Beruf ist eine der wichtigsten und erzählt sehr viel von einem Menschen.

Welche Verbesserungsvorschläge in bezug auf die Verhältnisse bei der Polizei hätten Sie?

Grundsätzlich sollte man für alle Polizeibeamten, welchen Auftrag sie auch immer haben, Transparenz herstellen. Warum wird irgend etwas gemacht? Warum wird irgend etwas nicht gemacht? Da dürfen keine Informationen zurückgehalten werden. Es darf nicht einfach nur eine Meldung kommen: «Ihr müßt dort jetzt vermehrt Streife fahren.»

Außerdem ist die sachliche Ausstattung sehr schlecht. Schutzwesten, Sitze in Fahrzeugen, Taschenlampen – eklatant wichtig im Nachtdienst. Da haben wir Vorkriegsmodelle, da kannst du rot, grün, verschiedene Sachen anzeigen, aber diese Dinger taugen beileibe nicht als Taschenlampen. Also müssen sich die meisten Kollegen selbst Meglights zulegen. Es gibt auch keine Batterien dienstlich, gar nichts, alles muß selbst angeschafft werden, wenn man engagiert ist. Computer ohnehin.

Dann sollte man sich überlegen, unter dem Fürsorgeaspekt des Dienstherrn, ob es den Kollegen zuzumuten ist, nach dem Nachtdienst mehr als eine Stunde lang nach Hause zu fahren. Viele Kollegen müssen weit nach Hause fahren und haben von daher schon Frust. Das kann auch im gehobenen Dienst passieren, daß man jeden Tag zwei Stunden im Auto sitzt.

Die Frage ist, warum sich überhaupt so wenige Menschen bei der Polizei bewerben, die wirklich was auf dem Kasten haben. Der Beruf muß allgemein attraktiver werden, und nicht nur für Leute, die kurz vor der Rente stehen.

Man muß sich aber auch schneller von Leuten trennen können, die in diesem Beruf nicht ihre Leistungen bringen. Leistung wird überall von einem erwartet. Es ist im Bereich hoheitlicher Aufgaben natürlich schwer, einen Polizeibeamten rauszuschmeißen, der faktisch nur noch bei einem Sicherheitsdienst arbeiten kann, aber da müssen Lösungen gefunden werden, sich von diesen Leuten zu trennen. Man kann nicht alle Menschen, die im Wechseldienst nicht zu gebrauchen sind, in den Innendienst versetzen. So viele Posten gibt es nicht, daß sie nichts mehr kaputtmachen können. Es gibt sehr viele ‹Graupen› in unseren Reihen. Ob das mehr sind als in der freien Wirtschaft, weiß ich nicht.

Was sind Graupen?
Graupen sind Menschen, die ohne Engagement einfach ihre Zeit absitzen. Die den Glauben vollends verloren haben und das Bild der Polizei immer wieder schädigen. Weil denen alles egal ist.

Worin besteht Ihrer Ansicht nach der gesellschaftliche Auftrag der Polizei?
Man muß dafür sorgen, daß der Polizeibeamte wieder mehr Akzeptanz in der Gesellschaft erhält. Man muß wieder mehr auf die Straße gehen, ihm auch mehr Kompetenzen einräumen, wenn er draußen beleidigt und beschimpft wird. In einem solchen Fall muß der Beamte auch eine entsprechende Anzeige vorlegen können. Ich denke, daß man sich nicht alles bieten lassen muß.

Wenn es Polizeibeamten immer wieder passiert, daß sie beschimpft und bespuckt werden, dann schafft das auch Frustration. Diese weiche Welle gerade in NRW, das ist der verkehrte Weg.

Glauben Sie, daß andere Bundesländer ‹angemessener› damit umgehen?
Ich glaube, in Bayern ist das anders. Ich wünsche mir eine stärkere Polizei, die besser ausgestattet ist und effektiver arbeitet.

Meinen Sie das im Sinne einer besseren Ausrüstung?
Das hört sich nach Militär an – aber bessere Schießausbildung, bessere Ausbildung im Bereich der Selbstverteidigung ist ebenso vonnöten wie bessere Ausbildung im Bereich der Kommunikation, Psychologie. Da darf es auch an 500 Mark im Monat an Gehalt nicht fehlen. Ob das jetzt mittlerer oder gehobener Dienst ist, ist vollkommen gleichgültig. Und man sollte den Wechseldienst wirklich angemessen honorieren.

Es ist in den letzten Jahren immer wieder Rassismus oder rassistisches Gedankengut in der Polizei beschworen worden. Können Sie eine verstärkte Entwicklung rassistischer Gedanken in den letzten Jahren bestätigen?
Ich hab bei der Polizei kein rassistisches Gedankengut kennengelernt. Das Schubladendenken ist bei vielen Menschen in der Gesellschaft

vorhanden, natürlich auch bei der Polizei. Auch Polizeibeamte neigen dazu, Leute, mit denen sie häufig zu tun haben, in eine Schublade zu packen.

Wir haben eben immer nur mit zehn bis 15 Prozent der Bevölkerung zu tun. Die anderen 85 Prozent sieht der Polizist ja kaum und erhält von daher auch keine positive Rückmeldung.

Weil man auch sehr viel mit Ausländern zu tun hat, kann es natürlich zu Übergriffen bei Ausländern kommen, aber man kann jetzt nicht sagen, daß bestimmte Nationalitäten häufiger in Frage kommen.

Nicht?

Nein!

Ich höre immer wieder Ex-Jugoslawen, oder Ghanaer …

Natürlich ist innerhalb von Polizeikreisen bekannt, daß eine jede Nation auch eine bestimmte Kriminalität hervorbringt. So gibt es exjugoslawische Kinder und Jugendliche, die speziell für Hütchenspiele ausgebildet werden, oder Afrikaner sind vermehrt am Hauptbahnhof anzutreffen im Bereich des Drogenhandels. Daß die Kollegen aber deshalb vermehrt zu Übergriffen neigen und sich mehr rausnehmen als bei Deutschen, kann ich nicht sagen.

Die Polizei ist ein Riesenhaufen. Innerhalb dieser vielen Polizeibeamten wird es immer ein paar schwarze Schafe geben. Die auch mit solchen Schlagzeilen negativ auf sich aufmerksam machen.

Die Fragestellung ist aber doch, wo liegen die Weichenstellungen? Liegen Sie im Graubereich, wenn Sie als junger Mensch in eine Wache hineinkommen und keinen individuellen Schutz erhalten? Die Polizei hat doch das Gewaltmonopol. Gibt es eine Form der alltäglichen Gewalt?

Es passiert auf jeden Fall eher in Dienstgruppen, die eingeschworen sind. Wenn über einen langen Zeitraum hinweg immer die gleichen Menschen auf einer Dienstgruppe sind, die sich gegenseitig auch dann schützen, wenn etwas nicht so gesetzeskonform abläuft.

Es sind doch wohl eher die ‹schwachen› Menschen, die es trifft? Sie oder mich doch wahrscheinlich weniger?

Aber woran liegt das, daß wir nicht dazugehören?

Vielleicht daran, daß wir andere Lebens- und Startbedingungen hatten. Das muß nicht sein. Aber ich bin zum Beispiel nicht in einem sozialen Brennpunkt aufgewachsen. Auch da erfahre ich Normen und Werte, die ich weitergebe. Ich nehme auch von Ihnen an, daß Sie dort nicht groß geworden sind.

Aber können wir als Polizeibeamte in dem Augenblick, wo der Einsatz ist, etwas nachholen?

Nein.

Also müssen wir die Maßnahmen durchziehen, und wie? – Eben über die normale Konfliktlösung in diesen Kreisen, eben durch Gewalt. Wenn diese Menschen Konflikte haben, tauschen sie sich auch nicht aus, indem sie sich zusammensetzen in der fröhlichen Runde und diskutieren. Wenn da der eine dem anderen krummkommt, dann werden die Fäuste ausgetauscht.

Sie haben aber doch vorhin gesagt, es ginge schon manchmal anders, es komme auch auf den Kollegen an.

Von mir wird eine Menge erwartet, oftmals zuviel!

Gut, wie könnten Sie mehr geschützt werden?

Das geht durch eine bessere Ausbildung, und ich hätte auch nichts gegen Hospitanten aus der Bevölkerung. Das finde ich auch gut. Ich hätte nichts dagegen. Ich glaube, in Bonn hat es so etwas mal gegeben.

Aber dieser Versuch ist abgebrochen worden.

Aber warum! Weil dieser Mann keine Rückendeckung hatte. Ist das nachzuvollziehen?

Sascha, ich danke Ihnen für dieses Gespräch.

«Man muß schon mit Leib und Seele dabeisein»

Kuno Simon, 45, Polizeioberrat,
Leiter der Polizeiinspektion Düsseldorf-Mitte

Vor 27 Jahren bin ich zur Polizei gegangen, nachdem ich zuvor eine Lehre absolviert hatte. Nach der 1. Fachprüfung kam ich direkt in eine Großstadt und habe dort zunächst in einem zivilen Einsatztrupp gearbeitet. Dieser Einsatztrupp bestand aus einem kleinen Team, mindestens zwei, manchmal auch vier Männer – damals gab es noch keine Frauen in der Schutzpolizei –, die wechselweise rund um die Uhr arbeiteten. Unser Aufgabenfeld waren Delikte wie Einbruchsdiebstähle, Trunkenheitsdelikte, Straßenkriminalität, Rauschgiftstraftaten. Damals befaßten wir uns hauptsächlich mit Haschisch, und die gesamte Rauschgiftszene bewegte sich in der Altstadt. Immer wieder – wenn es sein mußte – versahen wir allerdings auch normalen Streifendienst in der Altstadtwache beziehungsweise später im gesamten Innenstadt-Komplex.

Nach der Ausbildung für den gehobenen Dienst bin ich als Kommissar zum Verkehrsdienst gegangen. Fünf bis sechs Jahre habe ich mich als Dienstgruppenleiter um alltägliche Verkehrsbelange, aber vor allem auch um die Personalführung gekümmert. Danach war ich ein Jahr beim Landeskriminalamt. Dort interessierte mich vor allem die Wirtschaftskriminalität, weil die Auseinandersetzung mit diesen Straftatbeständen damals gerade begann und ich in dieser Arbeit eine neue Herausforderung gesehen habe. In dieser Zeit fiel allerdings auch die Annahme meiner Bewerbung für den höheren Dienst. Nach zwei Jahren Studium habe ich bis heute elf Jahre im höheren Dienst verbracht. Zu den wesentlichen Stationen dieses beruflichen Abschnitts gehörte die Planung von Großeinsätzen, wie dem evangelischen Kirchentag und der Fußball-Europameisterschaft 1988. Das waren Großereignisse, bei denen relativ komplizierte Sachverhalte zu organisieren sind. Später habe ich im Süden Düsseldorfs einen Kollegen als Schutzbereichsleiter beerbt. Es gab zu dieser Zeit ein Tötungsdelikt in Düsseldorf-Garath, das von zwei Polizeibeamten begangen worden war. Innerhalb der Polizei waren Zwangsmaßnahmen erforderlich, und so bin ich mit der Leitung des Schutzbereiches beauftragt worden. Diese Aufgabe habe ich dreieinhalb Jahre wahrgenommen.

Zu Beginn meiner dortigen Tätigkeit war in der Arbeit fast ein Stillstand eingetreten. Der Vorfall war natürlich durch alle Medien gegangen, und jeder zeigte sich tief betroffen darüber, daß zwei Polizisten so abgesunken waren und eigentlich Raubmörder waren. Das Urteil lautete allerdings auf Totschlag. Rechtlich war dies wohl korrekt, aber im Grunde hat jeder rechtsgläubige Bürger, und auch meine Kollegen haben gesagt, das waren zwei Mörder.

Die Anwälte haben versucht, das Geschehen als innerstrukturelles Problem der Polizei darzustellen. Es kam der Begriff des «Kampftrinkens» auf, weil zumindest einer dieser beiden früheren Kollegen ein erhebliches Alkoholproblem hatte.

Ich kann wohl sagen, daß der Wiederaufbau dieser Dienststelle in der Tat dreieinhalb Jahre gedauert hat. Dann erst konnte wieder von normaler Arbeitsweise gesprochen werden. Da mußte aufgerichtet und aufgebaut werden. Eine solche kollektive Betroffenheit ist mir später nie wieder untergekommen.

Nach diesen dreieinhalb Jahren bin ich wieder ins Präsidium zurückgegangen. Ich war als Teamarbeiter bekannt, und es gab neue Anforderungen. Nach der Geiselnahme in Gladbeck wurde deutlich, daß eine konzeptionelle Entwicklung von Präventivmaßnahmen dringend erforderlich war. Gewalttätige Veranstaltungen mußten wirklich professioneller behandelt werden. In den nächsten vier Jahren ist dann unter meiner Leitung der erste ständige Stab in NRW entwickelt worden, der sich mit solchen Aufgaben befaßt hat.

Weitere anderthalb Jahre strategische Leitungsfunktionen in zwei Bereichen (Schutzpolizei und Kripo) folgten. Das war eine Zeit, in der ich fast an die Grenze meiner eigenen gesundheitlichen Belastungsfähigkeit gegangen bin, bis hin zu Schlafstörungen. Seit einem Jahr leite ich die Polizeiinspektion Düsseldorf-Mitte. Das war auch mein Ziel, weil das unsere größte und bedeutendste Polizeiinspektion mit annähernd 300 Mitarbeitern ist.

Sie haben also überwiegend strategisch gearbeitet?
Das will ich nicht sagen. Drei Jahre Arbeit im mittleren Dienst bestanden aus reiner Straßenarbeit, überhaupt nicht strategisch, sondern Arbeit an der Basis. Auch während der fünf Jahre im Verkehrsdienst hatte ich viel mit dem Bürger zu tun. Dort wurde auch schon Personalführung von mir erwartet. Ich hatte immerhin die Verantwortung für eine Dienstgruppe von 18 Personen und war noch sehr jung. Ob das richtig ist, mit 26, 27 soviel Verantwortung zu tragen, ist eine Frage. Das ist aber bei der Polizei eigentlich typisch gewesen, dabei ist das schon eine ganze Menge, so viel Mitarbeiter verantwortlich zu leiten. Von meinen gesamten 27 Dienstjahren habe ich insgesamt sechs bis sieben Jahre strategisch gearbeitet.

Was hat Sie motiviert, zur Polizei zu gehen?
Ich habe den Facharbeiterbrief erworben, nachdem ich die Volksschule verlassen habe. Danach gab es die Überlegung, eine Klima-Technikerausbildung zu absolvieren. Das hätte an meinen vorherigen Beruf angeknüpft. Allerdings stand auch die Bundeswehr an. Mein Vater war damals mit einem Kriminalbeamten befreundet. Dieser Polizist hatte ihm gesagt: «Du bist ja verrückt! Laß den Jungen zur Polizei gehen, dann geht er nicht so weit weg. Die Kaserne der Polizei ist in Münster, und du hast ihn unter Kontrolle.» Damals durfte man ersatzweise zur Polizei gehen. Ich habe mich daraufhin mit dem Mann unterhalten und mich dann beworben. Eine weitere Hilfestellung für meine Entscheidung war auch die Entlohnung. Es gab zwar nicht viel, aber mehr Geld als bei der Bundeswehr. Die Bundeswehr zahlte seinerzeit 60 Mark im Monat, und bei der Polizei bekam ich 400 Mark.

Ich hatte keine Scheu vor dem Beruf und bin eigentlich recht offen dahin gegangen. Als ich in der Polizeischule war, hat sich für mich viel erschlossen. Ich würde mich als lern- und wißbegierig bezeichnen. Für mich als erstes von sieben Kindern gab es den Druck, möglichst früh aus dem Elternhaus zu gehen und Entlastung für den Familienetat zu bringen. Es galt eben, für die Geschwister Mitverantwortung zu übernehmen. Dadurch bin ich aber in meinem persönlichen Hunger nach Ausbildung zurückgesetzt worden.

Bei der Polizei hatte ich dann die Gelegenheit, mich zu entwickeln. Zu Beginn habe ich gemerkt, wie wenig ich wußte, und bemerkte aber auch eine gewisse Veranlagung. Nach einem Jahr hatte ich wahnsinnig viel nachgeholt, gelernt und auch eine sehr gute Benotung erzielt.

Nach diesem ersten Jahr der theoretischen Ausbildung hatte ich mir gesagt: «Das mach ich weiter.» Ernste Schwierigkeiten gab es für mich allerdings mit den damaligen Ausbildern, mit ihrer Art der Zurechtweisung, dem «Anmachen», wie wir uns zu verhalten hätten. Beinahe wäre ich nach den ersten drei Tagen wieder weggegangen.

Welche Stärken und Schwächen hatte die Ausbildung aus Ihrer Sicht?
Ich habe die Grundausbildung vor 27 Jahren gemacht. Damals wurde zwar auf einer Lehrwache auch Verhalten geübt, in der Hauptsache wurde aber theoretisch gebüffelt. Die allgemeinbildenden Fächer wie Deutsch oder Geschichte haben mich sehr interessiert, da hat uns auch viel gefehlt. Als lehrreich und spannend habe ich auch die Ausbildung in den juristischen Fächern empfunden.

Schwächen sehe ich im damaligen Unterordnungsverhältnis während der Formalausbildung: Gewehr tragen, stramm stehen, von Vorgesetzten von der Seite angeschwatzt werden, also von Gruppenführern, nach dem Motto: «Die Haare sind nicht richtig, wie stehen Sie da», geschlossen zum Essen gehen.

Also Ansätze, die man eigentlich eher bei der Bundeswehr vermutet hätte. Nachdem ich schon eine abgeschlossene Lehre und auch meinen Facharbeiterbrief hatte – nach meinem Verständnis also ein wenig erwachsen war – haben mich diese Reglementierungen sehr gestört und fast in die Flucht geschlagen. Ich weiß nicht, ob das heute noch so ist. Ich war nie wieder an einer Ausbildungsstelle oder in der BPA, in der unsere jungen Kolleginnen und Kollegen mit ihrer Ausbildung beginnen. Wenn ich aber manchmal heute Kollegen zuhöre, die sagen: «Früher war alles viel ordentlicher», dann denke ich, es hat sich wohl erheblich etwas verändert – und gleichwohl mit den Abläufen der Zeit, mit den Veränderungen wahrscheinlich immer noch nicht ausreichend Schritt gehalten.

Es ist bei Großeinsätzen wohl tatsächlich eine eindeutige und klare

Berufssprache wichtig, damit Mißverständnisse ausgeschlossen werden. Gerade im geschlossenen Einsatz gibt es Problemstellungen, die im Alltag sonst nicht auftauchen. Dazu braucht es eines gewissen Standards.

Wie ich aber diesen Standard oder diese Eindeutigkeit erreiche, da mag es unterschiedliche Vorstellungen geben. Dazu gehört meiner Auffassung nach keinesfalls, daß man jemanden von der Seite «anmacht», sondern lediglich die *sachliche* theoretische Erarbeitung muß dem praktischen Tun vorausgehen.

Wie waren Ihre ersten Erfahrungen mit dem Bürger?
Die waren ganz unterschiedlicher Art. Zunächst empfand ich es als Trauma, den Marschbefehl nach Düsseldorf zu erhalten. Ich fuhr durch die Stadt und fand mich gar nicht zurecht. Beim erstenmal war ich bis Neuss durchgefahren und hatte das zunächst gar nicht gemerkt. Es gab auch wenig Hilfestellung. Meine Dienststelle war die Einsatzhundertschaft in der Tannenstraße, ein altes Kasernengelände aus dem Krieg. Die Zustände in diesem Haus entsprachen auch noch der damaligen Zeit, so habe ich das zumindest empfunden. Es gab die alten Hauptmeister aus der Kriegsgeneration, und eben uns jüngere aus der Nachkriegsgeneration.

Zuvor war ich ein Jahr in der Bereitschaftspolizei gewesen. Zu dieser Zeit gab es glücklicherweise keine gewalttätigen Auseinandersetzungen und folglich keine traumatischen Erlebnisse, die dann auch eigene Ängste mobilisiert hätten. Schwierig waren wiederum Auseinandersetzungen mit Vorgesetzten.

Ich erinnere mich an einen Einsatz, bei dem ich 19- oder 20jährig am Flughafen als Ordnungskraft eingesetzt wurde. Da kam ein älterer, ranghoher Hauptkommissar und sagte, ich solle eine Frau durchsuchen und abtasten. Das war schon sehr problematisch. Ich hatte gerade theoretisch gelernt, ich darf keine Frau durchsuchen oder abtasten, und da kommt jemand, der viel älter und länger dabei ist, ein «Bezirkshauptkommissar», und sagt: «Durchsuchen Sie die Frau.» Das ging natürlich nicht. Diese Diskrepanz zu ertragen, zwischen dem theoretischen Wissen einerseits und den rigiden Forderungen von Vorgesetzten andererseits und dabei dem gerade erlernten und erworbenen Grundsatz treu zu bleiben, das fiel schon schwer.

Ebenso schwer fiel es mir, einen Menschen gegen seinen Willen kontrollieren zu müssen oder auch nur gegen eine bestehende Unwilligkeit des Gegenübers auf Kontrolle zu bestehen. Ich meine damit die ersten Auseinandersetzungen, bei denen man als Repräsentant der Staatsmacht, der Ordnungsmacht betrachtet wird und Forderungen auch durchsetzen muß. Gerade wenn man sehr jung ist – und ich hatte lange Zeit das Problem, sehr viel jünger eingeschätzt zu werden, als ich tatsächlich war. Es gibt schon einen Unterschied zwischen dem Auftreten eines «mittelalten» und eines jungen Menschen, wenn Sie die Ordnungsmacht darstellen und sagen: «Ich möchte Ihren Ausweis sehen.» Selbst wenn Sie es höflich sagen, liegt in dieser Situation eine Konfrontation, die streßt.

Das waren Erlebnisse in der Bereitschaftspolizei, und danach kam ich – wie gesagt – nach Düsseldorf. Mit den älteren Kollegen gab es Erfahrungen mit all den Dingen, die immer gerne getan wurden. Zum Beispiel: «Jetzt üben wir mal Verkehrsregeln.» Dann wurde die Ampel abgeschaltet, und dann stehen Sie auf einmal da, Straßenbahnen und Autos kamen aus allen möglichen Richtungen, und es hieß: «Jetzt mach mal.» Das waren früher sehr beliebte Geschichten.

Die Älteren hatten die Einstellung: «Die Jungen müssen es irgendwann mal lernen, und schwimmen lernt man dadurch, daß man einen Tritt in den Hintern erhält. Dadurch werden sie sich freischwimmen.» Da wurde eben eine Gruppe auf Wagen aufgeladen, ein alter Hauptmeister von vielleicht 50 Jahren ließ die Ampel abschalten und dann hieß es: «Nun raus, regeln.»

Was damals in mir vorgegangen ist, weiß ich nicht mehr genau, aber ich denke, daß das einfach Streß gewesen sein muß. Allein die Tatsache, daß ich mitten auf der Straße stehen mußte. Man beobachtet und guckt, sieht die Autos, ist sich aber noch nicht sicher, ob die eigenen Handzeichen ganz eindeutig sind. Es hupt und quietscht, und zwei Straßenbahnen kommen aufeinander zu, die sich eventuell begegnen, und Sie stehen jetzt aber in der Mitte. Dann denken Sie nur, das kann ja nicht gutgehen, eine Bahn muß doch halten. Diese Situation. Was tut man jetzt eigentlich – da laufen Geschichten ab wie Wut auf denjenigen, der mich in die Situation gebracht hat, denn die hatte ich mir wirklich nicht ausgesucht. Heute kann ich natürlich auch befreit darüber lachen, daß ich das überstanden habe, gleichwohl vergesse ich bei diesem Lachen nie, daß ich es beschissen finde, so etwas mit jungen Menschen zu tun.

Gab es Erfahrungen und Erlebnisse, nach denen Sie Ihre Berufsentscheidung in Frage stellten?

Ja sicherlich, zwei, drei Mal. Das waren unterschiedliche Situationen.

Während der Zeit in der Einsatzhundertschaft mußten wir gelegentlich in einem Schutzbereich zur Verstärkung Dienst machen. Als ich einmal in einer Wache am Eisstadion unterstützen mußte, hatte ich ein Erlebnis, das mir bis heute vor Augen steht, das ich immer wieder erlebe, das Unreife zeigt, Überforderung einzelner Personen, auch meiner eigenen. So etwas würde mir heute bestimmt nicht mehr passieren.

Wir waren dort auf der Wache, nachts oder abends spät, auf jeden Fall im Dunkeln, ich glaube nach 22 Uhr – die Nachtschicht war das –, als jemand hereinkam: ein Mann mit einer Brille, ein Mann vielleicht von 30 Jahren. Ich war damals gerade 20 Jahre alt. Der Mann kam auf die Wache, um eine Anzeige zu erstatten. Er sagte, er sei im Park an der Brehmstraße überfallen worden. Der Beamte dieser Wache – er mag auch 30, 35 Jahre alt gewesen sein – ging diesen Mann sofort ganz rigide an und sagte: «Du schwule Sau, hau hier ab, du hast hier nichts zu suchen. Verschwinde, gehe sofort aus der Wache raus!» und schlug auch auf den Mann gleich ein. Die Brille fiel zu Boden, die relativ dick war, der Kollege zertrat sie und schmiß den Mann dann raus.

Was mich so betroffen gemacht hat und immer noch betrifft: Ich sah diesen Vorfall und war unfähig, irgend etwas zu tun. Heute wüßte ich, was ich zu tun hätte, bereits kurz danach wußte ich es, aber damals war ich unfähig. Ich konnte diesen Polizisten nicht stoppen. Das war vielleicht ein Meister oder Obermeister, für mich ein gestandener Polizist, der sich wie ein Schwein verhalten hat. Dieses Erlebnis hat dazu geführt, daß ich immer wieder gesagt habe: «Dort, wo dieser Kollege war, will ich nie arbeiten.» Es gibt in mir eine tiefe Abneigung gegen diesen Bereich, vermutlich völlig zu Unrecht auch anderen Kollegen gegenüber, aber ich muß bis heute dagegen ankämpfen. Ich spüre diese Abneigung und den Widerwillen immer noch, wenn ich etwas aus diesem Bereich erfahre. Ich habe damals einige Nächte lang nicht gut schlafen können.

Das hat nichts mit den Einsätzen zu tun, bei denen manchmal jemand hart angefaßt werden muß, um ihn mitzunehmen oder einzusperren. Bei diesem Geschehen handelte es sich um pure Willkür und Machtmißbrauch. Da kommt jemand zur Polizei, will eine Anzeige erstatten und wird völlig ohne Grund zusammengehauen, weil er dem Kollegen nicht paßt. Am schlimmsten habe ich damals empfunden, daß einem Menschen die Brille kaputtgemacht wurde und er rausgeschmissen wurde. Der konnte draußen doch nichts mehr sehen. Dieser Mann hat versucht zu erklären, daß er Opfer sei und wurde auf dieser Wache erneut zum Opfer.

Das war das erste Mal, daß ich meine Berufsentscheidung in Frage gestellt habe. So deutlich habe ich die Berufswahl später nicht mehr angezweifelt. Vielleicht habe ich mich dadurch anders mit meiner Arbeit auseinandergesetzt.

Der zweite Fall ereignete sich viel später. Ich war schon Kommissar und hatte eine Demonstration von Metallern begleitet, die sehr gut verlaufen war. Bei diesem Umzug durch die Stadt – einem Arbeitskampf – wurde ich von der Demonstration abgezogen, weil in einem besetzten Haus Kollegen bedroht wurden, die um Hilfe riefen. In einem Handstreich haben wir dieses militant verbarrikadierte Haus geräumt. Das Haus wurde dann einige Tage lang durch die Polizei gesichert, bis zu einer großen, angemeldeten Demonstration. Bei dieser Demonstration mußte ich mit dem Fahrzeug vorneweg fahren. Als wir immer näher an das tagelang geräumte und von uns gesicherte Haus herankamen, bemerkte ich, daß die Demonstranten unruhiger wurden. Plötzlich ging ein Sturm auf das Haus los, die Leute rannten wie wild darauf zu.

Ich sagte nur noch zu meinem Kollegen: «Fahre vor den Eingang, wir sichern ihn.» Da war nämlich nichts und niemand mehr. Während der gesamten Tage vorher hatte ein großer Polizeiwagen vor dem Haus gestanden, ein Mannschaftswagen. Jetzt war der plötzlich weg. Das habe ich überhaupt nicht verstanden.

Das Haus konnte aber wieder von den Demonstranten gestürmt werden. Kollegen haben uns unter Einsatz von Schlagstöcken aus dem Streifenwagen herausholen müssen. Wir wären sonst kurz und klein geschlagen worden. Hätte man uns nicht rausgeholt, wären uns mit Sicherheit Knochenbrüche nicht erspart geblieben – so verhaßt waren wir in dieser Situation.

Am meisten schockierte mich an diesem Tag eigentlich, daß durch Fehler von anderen – aber aus den eigenen Reihen – das Haus wieder besetzt werden konnte. Hinterher mußte es viel mühseliger wieder geräumt werden. Das konnte ich damals intellektuell gar nicht sofort verarbeiten. In der Nacht war ich ziemlich fertig und habe meine Berufswahl ganz erheblich – bis zum Gedanken an Kündigung – in Frage gestellt, obwohl ich damals schon Beamter auf Lebenszeit war. In dieser Nacht habe ich sogar geweint, weil ich das alles gar nicht wegstecken konnte.

Ich habe mich immer wieder gefragt: «Und wenn deine Kradfahrer nicht gewesen wären, die ihre Kräder weggeworfen und dich aus dem Wagen gerissen haben?» Das Auto war völlig demoliert, der Streifenwagen war total kaputt, den haben die klein gehauen bis zum Gehtnichtmehr. Ich habe mich immer wieder gefragt: «Was wäre dann mit dir persönlich geschehen?» Entsetzt hat mich aber auch die Tatsache, daß die Besetzer wieder im Haus waren.

Was hat Sie stärker belastet, die Angst aufgrund der persönlichen realen Bedrohung oder die Enttäuschung darüber, daß das Haus – aus welchen Gründen auch immer – nicht mehr vernünftig gesichert wurde?

Ich glaube, ich war enttäuscht über das Versagen meiner Vorgesetzten. Dadurch fühlte ich mich bloßgestellt beziehungsweise in eine schlechte Situation gebracht oder wie ein Depp benutzt. Sicherlich ist es ein Mischmasch, eine Kombination aus beiden Aspekten heraus gewesen. Es ist mir schon bewußt geworden, daß ich natürlich auch in einer Gefahrensituation war, und vielleicht hat es aber in einem noch viel tieferen Sinne tatsächlich mit Gewinnen und Verlieren zu tun. Es hat ja kein Mensch verstanden, was da passiert ist, keiner. Die Medien haben die Polizei am anderen Tag zerrissen. Dies alles kam zusammen, obwohl ich noch keine Presse gelesen hatte in der Nacht, als es mir so schlechtging.

Möglicherweise kam das durch die persönliche Bedrohung, aber wenn ich jetzt noch mal darüber nachdenke, so glaube ich, daß meine größte Enttäuschung auf dem unverständlichen Geschehen beruhte, so wie es sich mir damals darstellte.

Welche Auswirkungen hat der Beruf des Polizisten auf das Privatleben?
Ich denke, wenn ein Polizist sich entschlossen hat, Polizist zu bleiben, kann er den Beruf nicht mehr nur als Job betrachten. Ich kann auch noch nach 27 Jahren sagen, trotz dieser einschneidenden Erlebnisse, daß ich im Grunde meiner Herzens mit der Berufswahl zufrieden bin. Ich weiß nicht, ob ich nicht in einem anderen Metier, in dem ich ebenfalls mit Menschen zu tun gehabt hätte, auch so erfolgreich gewesen wäre. Aber unterm Strich stelle ich für mich eindeutig fest: Ich bin sehr gerne und mit Überzeugung Polizist und auch interessiert an Basisarbeit.

Ich glaube nicht, daß man als Polizist nur seinen Job ausüben kann und damit gut lebt. Man muß schon mit Leib und Seele dabeisein, im eigentlichen Sinne des Wortes ein Berufsethos haben und sagen: «Ich fühle mich in irgendeiner Form berufen, sonst kann ich kein guter Polizist sein.» Das ist auch nicht allein ein Studierberuf, sondern ein Lehrberuf, den man erleben, erlernen muß im Laufe seines Werdens. Das ist mein theoretischer Ansatz und meine Betrachtungsweise. Deswegen komm ich auch mit vielen Dingen klar und sage gern und stolz zu anderen, das ich Polizist bin.

Viele Ihrer Kollegen verschweigen den Beruf gerne ...
Ich kann das verstehen und möchte dazu einen Erklärungsansatz geben. Das fußt darauf, das man sofort im Mittelpunkt steht. Sie sind auf einer Party immer der Gegenstand des Interesses. Jeder hat irgendwo – und sei es im Verkehr – irgend etwas gesehen oder erlebt, was mit Polizei zu tun hat. Er möchte seine Meinung dazu mitteilen, und dann hat man kaum noch eine Ausweichmöglichkeit.

Wenn man privat auf einer Fete ist, möchte man eigentlich auch andere Menschen erleben und nicht über die Arbeit nachdenken und reden. Durch die anderen wird man aber immer wieder mit dem Beruf unmittelbar konfrontiert. Man soll Ratschläge geben, bewerten und so weiter. Alles das, was ich den ganzen Tag draußen tue, holt mich dadurch wieder ein. Wenn ich zum Beispiel beurteilen soll, ob ein Kollege falsch gehandelt hat, ist mir das eher unangenehm. Zum einen geht das kaum, und dies wiederum meinem Gesprächspartner klarzumachen, ohne daß er sich beleidigt zeigt, ist anstrengend und lästig. Deswegen habe ich früher öfter erzählt, ich sei Sportstudent.

Heute gehe ich viel souveräner damit um. Ich bin eben älter geworden und kann das auch einbringen. In meinem Bekannten- oder Freundeskreis werde ich auch schon mal ‹angegangen›, indem man über Polizei lästert, aber eigentlich erhalte ich auch ein gerüttelt Maß an Bewunderung. Vorwürfe und Klagen müssen auch entsprechend aufgenommen werden.

Nach meinem derzeitigen Eindruck scheint es viele Polizisten zu geben, die Schwierigkeiten haben, sich mit diesem Beruf zu identifizieren.

Ich wüßte aber dann nicht, wie ich meine Arbeit machen sollte. Jetzt habe ich aus meiner Position heraus auch eine große Verantwortung für andere. Ich kann diesen Menschen ihre Handlungsverantwortung nicht abnehmen, aber ich kann mich davon doch nicht so distanzieren, daß ich gar nicht sagen möchte: Ich bin auch Polizist. Wenn das so wäre, würde ich mich als einen der miesesten Vorgesetzten empfinden, die ich mir vorstellen kann. Ich kann doch nur Positives in diese Polizei hineinbringen, wenn ich nicht die Augen verschließe und auch für die schlechten Handlungen geradestehe. Auch als ich miterleben mußte, daß ein Mensch grundlos zusammengeschlagen wurde, was ein wirklich traumatisches Erlebnis war, fühlte ich mich verantwortlich. Ich werde doch nur dann etwas bewegen und ändern, wenn ich mich mit diesem Beruf identifiziere. Gerade dann kann ich dem Fehlverhalten von Polizisten auch sehr kritisch gegenüberstehen. Nach meinem Dafürhalten schließt das eine das andere gar nicht aus.

Wir sind aber von der Frage ausgegangen, ob dieser Beruf Auswirkungen auf das Privatleben hat. Ich höre immer wieder in Seminaren, in denen wir uns austauschen, daß die Rollenerwartungen, die das Publikum an uns heranträgt, nach Hause transportiert werden. Wir verhalten uns zu der Ehefrau oder dem Partner und auch den Kindern wie zu dem Bürger auf der Straße. Dabei müßte man natürlich umschalten können, weil das wirklich eine andere Form der Begegnung ist. Das ist ein großes Problem.

In meinem Privatleben treffe ich mich überwiegend mit Menschen, die nicht bei der Polizei arbeiten. Ich gehe mit Kollegen schon mal zu Betriebsfeiern, aber zur Zeit habe ich nur einen persönlichen Freund, der auch Polizist ist. Wir kennen uns seit dem Studium, er ist mein Nachbar, aber privat sprechen wir kaum über dienstliche Angelegenheiten. Darauf achtet schon seine Frau, eine sehr resolute Holländerin, die gegebenenfalls sagt: «Seid ihr denn noch auf der Dienststelle, oder wo bin ich jetzt hier.» Die bringt sich also mit ein und fordert, daß wir uns über andere Dinge unterhalten.

Welches sind nach Ihrer Erfahrung die besonders problematischen Aspekte des Berufes, wenn Sie an Ihre Einsätze denken?

Ich bin persönlich nie handgreiflich geworden. Es gibt keine Schlägereien, in die ich jemals privat verwickelt war. Aggressionen, die sich in gewaltvollen Auseinandersetzungen ihren Weg suchen, werden von mir im Grunde meines Herzens verabscheut.

Das mag für einen Polizisten widersinnig klingen, der bereit sein muß, Handschellen anzulegen und Arm-Dreh-Griffe zu tätigen. Ich mußte auch schon einmal in der Form Gewalt anwenden, daß ich einen Menschen mit einem gezielten Faustschlag außer Gefecht setzen mußte. Ich habe meines Wissens ein einziges Mal mit dem Schlagstock auf die Beine eines Menschen geschlagen, aber auch nur deswegen, weil dieser Mensch seine Beine nicht einzog und wir ihn nicht in den Bulli (VW-Bus) hineinbekamen. Ich habe nie auf einen Menschen geschossen, obwohl ich sehr oft die Waffe in der Hand hatte.

Ich hasse Gewalt. Ich habe Einsätze als extrem unangenehm empfunden, bei denen im Vorfeld Gewalt gegen Frauen und Kinder ausgeübt wurde. Da konnte meine Wut auch schon mal hochkochen. Warum das so ist, kann ich Ihnen nicht sagen, oder möchte vielleicht darüber auch nicht reden, aber da war eine besondere Abneigung. Wenn ich solche Einsätze bekommen habe, mußte ich mich selber herunterschrauben, weil ich gegen den Mann, der meistens alkoholisiert war, von der Grundstimmung her aggressiv wurde. Ich habe immer an mir gearbeitet, damit ich Gewalt nicht mit Gegengewalt beantwortete.

Unangenehm waren eigentlich grundsätzlich alle Einsätze, wenn Menschen verletzt worden waren: Familienstreitigkeiten, Schlägereien, aber auch Verkehrsunfälle. Wie die Verletzungen aussahen, ist im Grunde unerheblich.

Ich erinnere mich an einen Mann, der im Hofgarten überfallen und über längere Zeit immer wieder mit einem kleinen, langen Pickmesserchen angestochen worden war. Der zitterte wie Espenlaub und war wirklich psychisch total fertig, nicht mal körperlich. Die Wunden waren wahrscheinlich gut zu heilen. Wenn ich die Täter damals erwischt hätte …, also so etwas zu sehen, zu erleben, das Opfer in diesem Augenblick, der so ‹scharf dann rüberkommt›…

Ich glaube, ich habe seinerzeit sogar darüber nachgedacht: «Wenn du den Menschen jetzt sehen würdest, der das getan hat und der läuft weg, würdest du dann nicht schießen wollen?» Ich weiß nicht, wie diese Situation ausgegangen wäre, wenn das Gegenüber dann wirklich dagewesen wäre. Vielleicht haben wir Glück gehabt, daß die Täter weg waren, und wir sie erst später fangen konnten. Später geht die Erregungskurve herunter, dann ist wieder die Beherrschung vorhanden und nimmt ihren Platz ein.

Gewaltphantasien gehören nun einmal auch zum Menschen.

Auch Vergeltung! Wenn Sie das sehen! Wenn Sie ein Opfer sehen und sich sagen: «Wenn ich dieses Schwein jetzt kriegen würde» –, dann kommen auch diese Begriffe rein, es ist dann ganz normal, daß man im Kopf hat: «Schwein».

Wenn jemand zusammengeschlagen oder umgebracht worden ist, eine Frau, die dann in die Ecke geworfen wurde, mit dem Fahrzeug überfahren oder all solche Dinge, die man irgendwann auch mal gesehen hat. In solchen Situationen kommt Wut hoch, man möchte irgendwas tun. Ich kann das gar nicht so genau beschreiben, das ist nicht allein die Vergeltungswut. Das kommt aus verschiedenen Schichten. Da ist auch eine gewisse Ohnmacht sicherlich dabei, eine Tat nicht verhindern oder rückgängig machen zu können.

Die Meldungen von Übergriffen von Polizeibeamten, ob einzeln oder in der Gruppe, haben sich in letzter Zeit gehäuft. Haben Sie eine Erklärung für diese Gruppenprozesse?

Eine Einzeltat, die einmal alleine aus der Situation heraus geschieht, die kann ich mir durch persönliche Überforderung erklären. Da kann auch eventuell ein Aggressionsstau – ausgelöst durch Probleme im privaten Bereich – nicht abgebaut worden sein.

Wenn häusliche oder berufliche Probleme vorliegen, und es ergibt sich eine Möglichkeit der Entladung dadurch, daß sich vor Ort eine Situation anbahnt, in der ein anderer eigentlich der schwächere ist, aber vielleicht gerade im Moment provoziert hat, dann mag da ein Abreagieren als Übersprungverhalten geschehen.

Da schlägt dann derjenige zu, der das eigentlich nicht tun sollte. Das kann man als Außenstehender dann auch wahrnehmen. Ich gehe mal davon aus, die meisten Sachen sind durch den sogenannten Befreiungsschlag erledigt, wo man sich tatsächlich einmal vergißt und zulangt. Das tut den meisten Kollegen hinterher im Grunde auch leid. Wenn man dann mit ihnen spricht, ist das deutlich zu hören, daß sie ihr Verhalten selbst sehr kritisch sehen und darum wissen.

Das sind die harmloseren Dinge. Ich glaube, damit könnten wir auch leben und versuchen, die abzufangen, obwohl es sehr schwierig ist. Es gibt dafür keine Patentrezepte.

Schlimmer und viel beunruhigender sind Dinge, die sich in gruppendynamischen Prozessen abspielen. Das war damals sicherlich in der Altstadtwache so, kam aber auch in anderen Bereichen vor. Das ist nicht mehr aus der Situation heraus zu erklären, zum Beispiel: «Ich bin gerade selber in höchster Angst angegriffen worden und pflastere ihm eine!»

Aber wenn Gruppen so etwas machen, mehrere Menschen im Einverständnis sich gegenseitig decken und sogar noch ergänzen, dann finde ich das immer entsetzlich. Da müßte jeder Einzelfall untersucht werden.

Die Fragen müssen beantwortet werden: Warum ist es dazu gekommen? Warum haben wir das vorher nicht gemerkt? Wo hat es den Punkt gegeben, an dem es sich genau so entwickeln konnte? Diese Vorfälle beschädigen Polizei dauerhaft. Damit muß man sich auseinandersetzen.

Ich weiß natürlich nicht, ob man jeden Einzelfall erklären kann, ob herausgefunden werden kann, warum sich eine Gruppe darauf eingelassen hat, warum keiner kritisch mitgedacht hat und gesagt hat: «Halt! Stop!», aber man sollte wenigstens versuchen, eine Antwort auf diese Fragen zu bekommen. Als Ursache kann ich eigentlich nur vermuten, daß Einsatzerlebnisse dahinterstehen, die von drei oder vieren aus der Gruppe gemeinsam erfahren wurden, die nie bearbeitet wurden, nie besprochen wurden, und dadurch auch nicht aufgearbeitet worden sind. Vielleicht gab es zwei, drei Ereignisse in Folge, bei Spezialeinheiten oder in Einsatzhundertschaften etcetera, die dazu geführt haben, daß unterschwellig auf einmal ein gegenseitiges Einverständnis vorherrscht, und dann wird gemeint: «Dem zeigen wird es jetzt mal», oder beim nächsten: «Dem geben wir mal was zurück.»

Ich halte solche Prozesse für Folgen nicht bewältigter Situationen im Vorfeld, die vielleicht nicht immer dramatisch erscheinen und nicht unbedingt sofort in ihrer Auswirkung erkannt worden sind. Für sich allein betrachtet, wirken viele Einsätze gar nicht dramatisch, eher unspektakulär, vielleicht auch für Außenstehende. Vielleicht fehlt es dem Außenstehenden oder dem Vorgesetzten aber manchmal auch an der richtigen Antenne beziehungsweise der angemessenen Wahrnehmung.

Wie bewerten Sie die Hypothesen über ansteigende Ausländerfeindlichkeit in der Polizei?

Sicherlich ist es so, daß unsere Polizisten aus Familien herauskommen und auch schon geprägt, eben sozialisiert worden sind, bevor sie zu uns kommen. Da stehen schon weitgehend entwickelte Menschen, die sich bei uns weiterhin verändern. Das sind keine Neutren, die wir dann konditionieren, das ist ja nicht der Fall.

Aber vielleicht überträgt sich etwas, was in der Gesellschaft ebenfalls stattfindet. Aussteuern von Randgruppen, Punkern, Stadtstreichern. Das sind Menschen, die in anderen Verhältnissen leben, manchmal aggressiv sind, pampig sind, wenn sie alkoholisiert sind, also auch Gewalt signalisieren. Da mögen manche Kollegen glauben, da könne man am ehesten Gegengewalt einsetzen: «Die verleiten einen doch förmlich dazu.» So etwas könnte sich in den Köpfen abspielen.

Bei den Ausländern würde ich das gar nicht generell sagen. Sie werden nie feststellen, daß wir Probleme mit Japanern oder ähnlichen Bevölkerungsgruppen haben. Hier zeigt es sich, daß es nur Ausländergruppen aus sozial schwächeren Positionen sind. Generell trifft es immer die sozial Schwächeren. Heute ist es der Ausländer, früher waren es vielleicht die Arbeiter oder die arbeitslose Familie. Ich denke aber, die «effektivsten» Weichenstellungen sind immer im aktuell gesellschaftlichen Prozeß zu erkennen, in welcher Form nämlich die jeweils erfolglosen, schwächeren Gruppen zur Zeit behandelt werden, ob sie integriert oder ausgegrenzt werden, gemieden oder angeprangert.

Dieses wird von Polizisten aufgenommen und daraus vielleicht die scheinbare Berechtigung gezogen, mit Randgruppen anders umgehen zu können als mit Menschen anderer Bevölkerungsgruppen.

Aber da müssen wir raus. Ich meine, Sie (als Lehrbeauftragte) an der Fachhochschule, und ich in der Dienststelle. Wir gehen da ran, gehen dieses Thema ganz aggressiv an. Dann gibt es zunächst ungeheure Vorbehalte, und danach kann die Nachdenklichkeit einsetzen, und wir können fragen, warum ist das so, warum entstehen unsere Eindrücke in dieser Art und Weise.

Ich will gar nicht verkennen, daß die Kollegen in den Arbeitsgruppen und in ihren Lebenssachverhalten gelegentlich zu etwas einfacheren Betrachtungsweisen neigen. Das wird uns doch aber von der Politik zum Teil vorgemacht, bis hin zu Ministerpräsidenten und aktuell dem Bundesinnenminister. Denken Sie doch nur einmal an die versimplifizierten Veröffentlichungen der Kriminalstatistik. Diese Vereinfachungen sind abgedruckt in den Medien, das ist in der Fernsehberichterstattung drin, das kann man überall lesen.

Scheinbar gibt diese polizeiliche Kriminalstatistik einigen Kollegen mit ihren undifferenzierten Vorurteilen auch noch recht. Man darf nicht vergessen, «scheinbar» zu sagen, weil die Zahlen eben auf andere Weise gelesen werden müßten, wenn man es genau beziehungsweise richtig machen will.

Dazu kommt die Erlebniswelt unserer Kollegen je nach Arbeitsplatz und -lage. Wir haben nun mal den Hauptbahnhof hier mit dem ganzen Drogen-Hintergrund, und dort beherrschen Schwarzafrikaner oder Marokkaner den Markt. Das ist tägliches Erleben und wird ständig wahrgenommen. Da muß doch der Eindruck entstehen: Die sind alle so. Natürlich leben auch viele Schwarzafrikaner als Asylanten in Düsseldorf, die überhaupt nicht kriminell auftreten, nicht am Hauptbahnhof herumlungern und auch nicht dealen.

Aber um Hintergrundwissen zu haben, muß der Mechanismus erkannt werden, warum Schwarzafrikaner hier eingeschleust werden. Auch wenn die in kurzer Zeit drei- oder viermal festgenommen werden, können sie in kurzer Zeit sehr viel Geld machen. Wir kommen mit unserem Gespräch aber jetzt in den Drogenbereich hinein, das ist ein ganz, ganz schwieriges Thema, bei dem die Politik überhaupt keine hilfreiche Antwort gibt. Die Polizisten werden hier mit ihrem

«Scheiß-Strafverfolgungszwang» alleine gelassen, dabei wird an diesem Problemkomplex ganz besonders deutlich, daß die Polizei im Grunde nicht helfen kann und völlig überfordert ist.

Wenn sie nun einmal dort arbeiten müssen – am Hauptbahnhof –, dann können natürlich bei einzelnen Mitarbeitern verengte Vorstellungen auftreten. Jüngere oder weniger gutwillige ältere Polizisten mögen dann wohl gelegentlich einfachere oder scheinbar angenehmere Lösungsvorschläge aufnehmen. Die verzerrte Wahrnehmung wird dann als Fakt dargestellt, das kann ich aus der Situation heraus verstehen, wenn auch nicht gutheißen.

Wann beginnt für Sie ein Übergriff?
Für mich könnte ein Übergriff schon durch Sprache geschehen. Er muß gar nicht allein als eine Tätlichkeit beschrieben werden. Wenn ein Mensch in einer ungebührlichen Art und Weise wie der «letzte Dreck» behandelt würde, zum Beispiel durch menschenverachtende Wortwahl –, das wäre für mich schon ein Übergriff. Ich spreche jetzt nicht von unhöflichem Verhalten. Es kommt im täglichen Leben vor, daß unhöfliche Bürger auf die Wache kommen und unhöflichen Beamten begegnen. So etwas meine ich jetzt aber nicht, sondern eben klare Menschenverachtung, die sich in der Wortwahl ausdrückt. Wenn ich das hören würde, würde ich einschreiten, würde ich meine Kollegen zur Seite nehmen. Möglicherweise wäre ich dann ungebührlich und würde sogar vor Publikum zurechtweisen, wenn es gar nicht anders geht. Da könnte ich schon betroffen sein, da könnte für mich schon ein Übergriff vorliegen. Aber das ist vielleicht ein sehr hoher Maßstab.

Der tätliche Übergriff: Da wird man ganz genau hinsehen müssen. War der Kollege wirklich in einer Situation, daß er handgreiflich werden mußte, oder hat er das nur gemacht, um jemanden zu Boden zu bringen, um den Kopf zu verletzen. All diese Dinge sehen wir uns genau an.

Wenn keine Verletzungswiderstände eine Rolle spielen, sind wir die Verantwortlichen, das heißt, die Dienstgruppenleiter, der Leiter der Hauptwache und ich selbst. Ich lese diese Dinge alle, die lasse ich mir vorlegen, die gehen nicht einfach an mir vorbei, weil die mich interessieren, wie alle anderen Beschwerdevorgänge auch. Man kann sich in einem großen Apparat nicht um alles selbst kümmern, aber sehen will ich diese Vorgänge alle und möchte auch darüber informiert sein. Gelegentlich frage ich auch kritisch nach.

Es kann dann sein, daß immer noch versteckte Übergriffe dabei sind, daß will ich gar nicht bestreiten. Das ist sehr sehr schwierig. Die Möglichkeit besteht. Ich kann aber nicht sagen, wie häufig so etwas vorkommt, ich kann nur sagen, daß man jeden Einzelfall daraufhin prüfen muß.

Sie waren jetzt auch nicht als Vorgesetzter gefragt. Sie haben vorhin einen klaren Übergriff geschildert, bei dem Sie daneben gestanden haben. Was läuft dabei in Ihnen ab?

Haß auf den Kollegen. Weil der das nicht nur für sich macht. Zum einen frage ich mich, was nimmt der sich heraus, und zum anderen empfinde ich das, was der da tut, als ungeheuerlich, weil dieses Verhalten letzten Endes auf die ganze Polizei zurückfällt, also auch auf mich, der ich das nicht getan habe. Da entsteht bei mir schon Haß.

Damals habe ich mich auch ohnmächtig gefühlt. Ich konnte mich gegen diesen berufserfahrenen Älteren einfach nicht wehren. Da entsteht Haß, und für mich leitet sich daraus ab, daß ich Gewaltanwendung zutiefst verabscheue.

Sind Sie selbst schon einmal zu weit gegangen beziehungsweise haben Sie später gedacht: das hätte ich anders regeln können oder müssen?

Ich erinnere mich lediglich an die erwähnte Situation, in der ich mit dem Schlagstock zugehauen habe. Sonst gab es das Gott sei Dank nicht. Damals wußte ich nicht, wie ich einen Betrunkenen unter Kontrolle kriegen konnte. Der Mann hatte seine Frau verprügelt und wollte nicht in den Wagen, da habe ich eben auf die Beine geschlagen. Heute würde ich eventuell versuchen, ihn mehr zu überreden, aber vielleicht wäre er dann weggelaufen, wer weiß.

Nein, ich habe auch in Notfallsituationen nicht zugeschlagen. Vielleicht bin ich wirklich ein Sonnyboy und habe Glück gehabt, das kann sein, obwohl ich auch in der Düsseldorfer Altstadt Dienst gemacht habe.

Ich habe auch gelegentlich einen Kollegen, der zugeschlagen hat, richtig zur Minna gemacht. Da war ich dann in meinem Leben und in meiner Entwicklung ein Stück weiter.

Ich möchte noch ein Beispiel erzählen, wo meine Verantwortlichkeit gefragt war. Vor einem Jahr kam ein junger Mann von 24 Jahren in die Dienststelle, der hatte folgende Marotte: Immer wenn er zum Hauptbahnhof ging, zog er sich die Handschuhe an, nahm den Schlagstock in die Hand und klopfte mit einem Stock immer in die andere Handfläche. Sein DGL hat ein paar Gespräche mit ihm geführt, das hat überhaupt nichts gebracht. Daraufhin habe ich ihn in einen anderen Bereich versetzt. Dort gibt es weniger Hektik und kaum Randgruppen, die eben genau den Anlaß bieten könnten, mal zulangen zu können, sich abzureagieren.

Er sitzt jetzt in einem Stadtteil, in dem gar nichts passieren kann. Dort hat er noch eine Weile Gelegenheit zu wachsen, wenn er das will. Da ist die Dienstgruppe kleiner, der DGL kann sich besser kümmern, und meine Mitstreiter zeigen mir Entwicklungen auch an. Darauf bin ich natürlich auch angewiesen. Es muß das generelle Verständnis vorhanden sein – da müssen wir noch ganz heftig daran arbeiten –, daß wir einander vertrauen müssen. Derjenige, der einen Mißstand sieht, muß den Schutz haben, sich anvertrauen zu können und nicht später als derjenige vorgeführt werden, der Informationen «verraten» hat.

Das es solche Prozesse gibt, steht außer Zweifel. Es gibt Sachverhalte, da kommen Polizisten auf die Wache und bringen jemanden in die Zelle. Manchmal wird mir von irgend jemandem gesagt: Bei dem habe ich ein ungutes Gefühl. Dann setze ich mich hin, schreibe eine Anzeige und gebe das an meinen Vorgesetzten weiter, mit der Bitte, eine Untersuchung einzuleiten. Die Altstadtwache in Düsseldorf gibt es nicht mehr, aber im Volksmund beinhaltet mein Bezirk die Altstadtwache, und obwohl dieser entsetzliche Skandal bereits vor 15 Jahren aufgedeckt und behandelt wurde, bekommen wir heute manchmal noch Vorwürfe um die Ohren gehauen.

Wenn wir von unserem schlechten Image wegkommen wollen, müssen wir offener mit dem Thema Übergriff umgehen und darüber reden. Wir müssen ganz dringend demjenigen die Basis wegnehmen, der meint, im Vorbeigehen mal eben zuschlagen zu können. Tatsächlich sind manche Menschen nicht in der Lage, sich intellektuell mit diesem Problem auseinanderzusetzen, solche Dinge einfach zu unterdrücken bzw. ihre Aggressionen anders zu bewältigen.

Welche Möglichkeiten der Entlastung, der Verarbeitung von Übergriffen im Dienst gibt es oder sehen Sie?

Es gibt zur Zeit nicht einmal eine Möglichkeit der angemessenen Hilfestellung, wie ich einem Kollegen nach dessen berechtigtem Schußwaffengebrauch Unterstützung geben könnte, das Geschehen nachzuvollziehen, verarbeiten zu können, was da gerade passiert ist. Lediglich der Landespfarrer Krolzig arbeitet – soviel ich weiß – in dieser Hinsicht mit Spezialeinheiten.

Ich erinnere mich an Fälle, bei denen Kollegen wirklich schießen mußten, weil andere Bürger beschossen wurden. Einmal gab es einen Täter, der einen Raubüberfall begangen hatte und im Fahrzeugverkehr um sich schoß. Dieser Täter hat sich hinterher selbst gerichtet, weil er die Ausweglosigkeit seines Tuns erkannte. Ungefähr zum gleichen Zeitpunkt, als dieser Mensch sich erschossen hatte, haben zwei meiner Mitarbeiter ihre Waffe abgedrückt.

Ich wurde nun als Vorgesetzter gerufen und bin dorthin gefahren. Dann habe ich den beiden erst mal einen Cognac eingeschenkt und mit ihnen unter vier Augen gesprochen. Das hätte ich eigentlich nicht gedurft, weil nach Paragraph 163 der Strafprozeßordnung für ein eventuelles Verfahren jede ihrer Aussagen von mir hätte protokolliert werden müssen.

An dieser Stelle, das sage ich jetzt, müßte der Paragraph 163 abgeschafft werden, damit ich als Vorgesetzter aus dem Strafverfolgungszwang raus bin. Ich gehe nicht mehr auf die Straße, um Täter zu fangen und müßte aus Fürsorgegründen mit meinen Mitarbeitern manche Themata ganz anders behandeln können. Wenn ich in einer solchen Situation nicht in diese Notlage käme – eben bei Erkennen einer Straftat diese sofort an die Staatsanwaltschaft melden zu müssen –, könnte eine breitere Vertrauensbasis geschaffen werden.

Gerade im Bereich der Überreaktion wäre es hilfreich, wenn Mitarbeiter es wagen könnten, sich mir zu offenbaren, ähnlich wie einem Pastor. Es sollte natürlich nicht jeder dieses Zeugnisverweigerungsrecht haben, da kann man nicht beliebig nach unten gehen, aber in manchen Positionen wäre es sicherlich von immanentem Nutzen.

Ich komme zurück zu dem Fall von damals. Ich wußte zunächst noch nicht: Haben die beiden Kollegen ihn erschossen oder nicht, sie wußten es wohl selber nicht. Ich habe nur zu ihnen gesagt: «Erzählt mir einfach das, was gewesen ist. Die Tür ist zu, es sind keine anderen dabei, und was ihr mir erzählt und offenbart, bleibt jetzt hier bei uns.»

Ich sage das jetzt ganz deutlich an dieser Stelle: Wenn das für mich Konsequenzen gehabt hätte, hätte ich die auf mich genommen, aus einer Verantwortung heraus, die zum Beispiel ein Gericht nicht nachvollziehen kann, und dazu stehe ich auch. Die Kollegen hatten den Mann in der Tat nicht erschossen, das konnte man hinterher auch rekonstruieren, obwohl einige meinten, sie hätten es getan.

Diese Nachsorge, Fürsorge oder Verarbeitungsmöglichkeiten, die Sie vielleicht meinen, haben wir nicht einmal in den schwerwiegenden traumatischen Bereichen, geschweige denn bei Überreaktionen. Wenn Sie nicht selber als Vorgesetzter meinen, da ist etwas nötig, wir machen nun eine sogenannte Nachbereitung, passiert gar nichts.

Bei der Nachbereitung, wie wir sie kennen, ziehen sich allerdings die Vorgesetzten in der Hauptsache auf die Behandlung formaljuristischer Abläufe zurück: «Sind die Einsätze unseren Vorgaben entsprechend richtig gelaufen?» Da wird der innere Spannungsbereich nicht berücksichtigt. Wenn man meint, da müßte etwas getan werden, dann kann man das wohl selber machen, aber ins System eingebaut gibt es da nichts.

Was sollte bei der Polizei anders werden, welche konkreten Verbesserungsvorschläge haben Sie?

Entrümpeln von den Aufgaben, für die wir eigentlich nicht zuständig sind. Das tun wir gerade, aber das ist sehr schwierig.

Die Stärkung der sozialen Kompetenz ist wichtig und die Krisenintervention. Stark werden, um Krisen zu bestehen, um in Krisen den Überblick zu behalten. Eigentlich sind wir schon auf einem recht hoffnungsfrohen Weg, denn mit dem neuen Ausbildungssystem – Direkteinstieg für Abiturienten in den gehobenen Dienst, Anhebung des möglichen Eintrittsalters auf 32 Jahre, Tutorensystem – sind Ansätze versucht worden, die zu einer Verbesserung führen sollten. Vielleicht müssen wir auch weg – da werden mir die Juristen auf den Kopf kommen – von der juristisch geprägten Ausbildung, die sich sehr im theoretischen Bereich abspielt. Natürlich müssen Polizisten theoretisch sehr gut geschult sein, aber die Schulung muß mehr in den persönlichen Bereich hinein gehen, wo man runder und reifer wird. Da muß «investiert» werden.

Außerdem sollte innerhalb der Polizei nicht mehr diese wahnsinnige Fluktuation erfolgen. Das, was verantwortet werden muß, muß auch erlebt werden können. Ein Dienstvorgesetzter sollte nicht zwei Jahre, sondern fünf Jahre an einer Stelle belassen werden, damit er auch wirklich merken kann, was er mit den Kollegen macht, damit er ein Echo über einen längeren Zeitraum hinweg erfährt.

Es sollten auch Freiräume in der ortsbezogenen Ausbildung geschaffen werden, Verarbeitungsräume. Wir brauchen Vorträge über Einzelfälle aus der eigenen Dienststelle, nicht über Bielefeld oder Hamburg. Das, was am eigenen Ort passiert ist, was *wir* erkannt haben, sollte der Gegenstand eines mehrstündigen Gesprächs sein.

Es muß aufgearbeitet werden nach dem Prinzip: «Was ist da abgelaufen? Wie seht ihr das denn?» Solche Mechanismen müssen eingebaut werden, die dann für die Bewältigung von zukünftigen Situationen etwas bringen. Vielleicht kann dadurch der einzelne Polizist wieder idealistischer werden oder überzeugter.

Wie sehen Sie den gesellschaftlichen Auftrag der Polizei?

Aus meiner Sicht ist die Polizei für den Menschen die Stelle, die ganz eindeutig rund um die Uhr erreichbar ist. Es gibt noch einige andere Einrichtungen wie Krankenhäuser und Feuerwehr, die aber viel spezifischer arbeiten. Die Polizei ist allumfassend der Kriseninterventionist für die Bevölkerung. Da geht es nicht nur um Totschlag, Verkehrsunfälle oder sonstige «klassische» Aufgaben, sondern um viel mehr: Wir sind die «Erste-Hilfe-Station» für den Bürger.

Die Aufklärungsquote ist nicht abhängig von der Zahl der eingestellten Sachbearbeiter, sondern von der Mitarbeit der Bevölkerung. Wir sind auf Hinweise angewiesen. Das weiß auch unser Ministerium. Dem Bürger tut es letztlich auch weh, wenn er die Polizei nicht erfahren kann, sie nicht ansprechen kann, weil wir irgendwo in unseren Autos rumschwirren.

Das mag bei reinen Verrichtungsdingen zum Beispiel einer Unfallaufnahme, sehr effektiv sein, wie ja auch eine Firma in ihrer Untersuchung bei uns festgestellt hat, die zum Beispiel zu dem Ergebnis kommt: «Mit dem Einsatzmittel Fahrzeug bin ich schnell da und dort, das hat eine Funkanbindung, da kann ich dann das, das und das machen.» Und dann definieren die noch, wieviel Zeit der Polizist für die Aufnahme dieses und jenes Tatbestandes haben darf, kommen zu Mittelwerten und erstellen anhand dieses Datenmaterials eine Personalzuweisung. Das ist alles Käse!

Meine Auffassung hinsichtlich der Personalausstattung ist, daß die Grundaufgaben versorgt werden müssen. Das würde bedeuten – ähnlich wie es derzeit auch bei den Ärzten im Gespräch ist –, wieder mehr Zeit für die Bevölkerung zu haben, mehr Zeit für die Ansprache.

Es muß auch deutlich gemacht werden, daß die Polizei auf gar keinen Fall der Ausputzer für verbockte Dinge sein darf, die durch schlechte Politik bewirkt worden sind, durch Fragen, die andere offen gelassen haben, Probleme, die sich die ganze Gesellschaft geschaffen hat. Von dieser Erwartungshaltung müssen wir bitte befreit werden.

Wir dürfen und wir wollen nicht – wenn sonst keiner mehr weiter weiß – der Aufräumer, der Wegräumer dieser Gesellschaft sein. Damit machen wir die Polizei kaputt und platt. Wir können nicht das Drogenproblem lösen. Wir sind nicht diejenigen, die die soziale Verelendung der Menschen lösen, Wohnungslose auffangen können. Ganz im Gegenteil. Mit dem Druck, der uns da gemacht wird, bringt man vielleicht einige von uns dahin und provoziert, daß Überschreitungen und Übergriffe gegenüber sozial extrem schwachen Menschen erfolgen.

Es muß dringend entrümpelt werden, damit wir wieder zu unseren wesentlichen Aufgaben kommen. Und da wünsche ich mir wirklich den Polizisten, der etwas mehr Zeit hat und diese Zeit dem Bürger zur Verfügung stellen kann, der nicht so selbstsicher durch die Stadt geht. Der Bürger soll unterstützt werden, der zum Beispiel von aggressiven Bettlern angemacht wird. Ich hoffe, es wird deutlich, daß ich Hilfestellung für ältere Menschen, schwächere Menschen und Kinder meine. Das wäre meine Erwartungshaltung an die Veränderung der Polizei.

Wenn Sie sich im Kollegenkreis umsehen, fühlen Sie sich mit diesen Vorstellungen im Verbund mit vielen anderen?

Da, wo ich wirke, versuche ich an diesen Zielen ganz erheblich in dem Maße zu arbeiten, wie ich diese Dringlichkeit empfinde. Diese Ziele bewegen mich und motivieren mein Handeln. Ich habe in meinem Arbeitsumfeld nicht nur selbst ausgesuchte Leute, das gibt's natürlich nicht, aber ich habe einige gutwillige Mitstreiter, die sehr reflektierend daran mitarbeiten. Ich kann folglich für meinen derzeitigen Wirkungskreis sagen, daß wir schon sehr viel daran arbeiten, aber auch noch sehr viel zu tun haben. Ich habe Gestaltungsmöglichkeiten und versuche, diese auch zu nutzen. Mich interessieren weniger die Statistiken über die Menge der Blutproben. Ich glaube auch, daß der Zeitgeist uns unterstützt. Andere sehen und spüren das genauso und fragen sich: «Wo liegen unsere Stärken und Schwächen?»

Von welchem Zeitgeist welcher Gruppen sprechen Sie?
Einerseits sehe ich die Forderungen aus der Bevölkerung kommen, andererseits von Menschen aus den eigenen Reihen, die hinsichtlich der Polizei auch mal über Visionen nachdenken. Nicht die Taktiker und Praktiker à la Kanther – die nicht.

Ich sehe auch einen Zeitgeist mit Wünschen nach Gesetzesschärfe, härterem Durchgreifen, Rigidität etcetera.
Das ist natürlich auch vorhanden. Dahinter steht die Vorstellung: wenn die Probleme nach außen geschoben werden, dann sind wir, die Polizei, sie los. Auch bei jüngeren Menschen gibt's immer wieder welche, die nach «law and order» rufen.

Ich weiß jetzt gar nicht, wie ich Ihnen das klarmachen soll, damit Sie nicht meinen, ich sei ein Spinner. – Im letzten Sommer waren hier anläßlich eines großen Festes Punker-Tage prognostiziert. Einige hundert Punker kamen dann auch nach Düsseldorf. Sie wissen ja, wenn Deeskalation falsch verstanden wird, kommt es zu Vorfällen wie in Hannover.

Wir hatten eine klare Linie. Wir haben gesagt: «Wir lassen euch nicht zur Rheinuferpromenade, weil ihr dort Chaos angekündigt habt. Ihr seid nicht nur die ortsansässigen Punker, die wir kennen, sondern es sind noch andere eingeladen, und ihr macht Theater.» Wir waren ruhig und stark als Polizei. Wir haben sie nicht in die Altstadt gelassen, wo alle anderen Menschen waren. Wir haben die Punker also selektiert. Das hat ihnen nicht gepaßt. Das war auch nicht schön.

Als sie dann alkoholisiert waren und sich gegenseitig verkloppten, sind wir eingeschritten, dann flogen auch noch Flaschen gegen uns. Wir haben am ersten Abend sieben Festnahmen gehabt, zwei Blutproben entnommen, einige Strafanzeigen erstattet. Einige waren zur Ausnüchterung in der Zelle. Am zweiten Abend gab es ein ähnliches Ergebnis.

Deeskalation heißt nicht, sich provozieren lassen, nichts vorzubereiten, alles geschehen zu lassen. Ich war selber draußen und habe gesehen, daß einige junge Kollegen ganz gern zugelangt hätten, weil Reizworte wie «Bullenschweine, Dreckschweine» natürlich permanent frustrieren und aufmöbeln. Ich habe immer wieder gesagt: «Nein, wir bleiben bei dem, was wir vorher abgesprochen haben, ich nehme jeden Zugführer in die Pflicht, wehe, wenn da etwas aus dem Ruder läuft.» Nach zwei Tagen hatten wir Ruhe; am dritten Tag gab es keinerlei Reibereien.

Man darf mit dem Recht nicht zurückweichen, da ist unsere Aufgabe konservativ. Wenn Recht gebrochen wird, muß konsequent eingeschritten werden, und das bedeutet nicht: «Wir verhauen dich jetzt.» Ich nehme das Rollenspiel «Räuber und Gendarm» nicht auf. Dazu muß Polizei sich zu schade sein. Dauerhaft Ruhe erhalten Sie nur durch Eindeutigkeit. Recht weicht nicht und muß durchgesetzt werden. Auch wenn es partiell mal kurzfristig untergehen mag, stellen wir es wieder her. So stelle ich mir das vor. Ich plädiere nicht für das Motto: «Wir sind alles Pflaumeneier und Weichköpfe und lassen mit uns machen, was die anderen wollen.»

Wir haben eine Aufgabe für die Bevölkerung zu erledigen. Neben der Erfordernis, mehr Zeit für den Bürger zu haben, ist es auch außerordentlich wichtig, Recht und Ordnung aufrechtzuerhalten. Nicht um jeden Preis – sondern angemessen, sozialadäquat. Da gibt es auch Gestaltungsräume, die hat nicht nur die Politik, sondern auch die Polizei. Wir müssen Forderungen aufstellen und dürfen nicht nur angepaßte, billige Erfüllungsgehilfen der Politiker sein. Das Primat der Politik spielt eine große Rolle in der Bundesrepublik, aber da müssen wir aufpassen, das wechselt auch schon mal die Richtung.

Herr Simon, ich danke Ihnen für das Gespräch.

Polizisten und Gewalt – ein Fazit

Acht Interviews enthält dieses Buch, «nur» acht Polizeibeamte kommen darin zu Wort, werden Kritiker einwenden. Da kann doch von repräsentativen Ergebnissen, Schlußfolgerungen auf das «große Ganze» wohl keine Rede sein. Einem solchen Anspruch auf allgemeingültige Erkenntnisse sollte und konnte die vorliegende Arbeit in der Tat nicht gerecht werden. Die Interviews geben individuelle Erlebnisweisen eines spezifischen beruflichen Alltags wieder und reflektieren ebenso die subjektiven «Weltsichten» meiner Gesprächspartner. Insofern handelt es sich zunächst um eine (qualitative) Sammlung themenbezogener Informationen.

Über eine «reine» Beschreibung von Informationen hinaus bietet ein solches «Zusammentragen» von Informationen jedoch die Möglichkeit, im Rahmen vergleichender Betrachtungen Übereinstimmungen festzustellen und in der Folge Hypothesen über das Zustandekommen dieser Gemeinsamkeiten aufzustellen. Hypothesen wiederum sind empirischer Überprüfung zugänglich – insofern stellt sich die Beschreibung von Sachverhalten als notwendiger erster Schritt einer wissenschaftlichen Untersuchung dar. Zweifelsohne läßt sich auf der Grundlage übereinstimmender Schilderungen von Ausbildung und Berufsalltag meiner Interviewpartner die Hypothese aufstellen, daß strukturelle Defizite im Polizeiapparat einen wesentlichen Anteil an der diskutierten Gewaltproblematik haben. Ich möchte mein Projekt als Anregung verstanden wissen, breiter angelegte wissenschaftliche Untersuchungen zu betreiben, die sich mit den Problemen, aber auch den Potentialen der Beamten vor Ort befassen. Nimmt man ihre Aussagen ernst, und eine andere Wahl werden wir nicht haben, wissen sie selbst oft sehr genau, woran es ihnen, den Kollegen und ihrer Organisation mangelt.

Zwei weiteren möglichen Einwänden möchte ich an dieser Stelle begegnen, ohne sie völlig entkräften zu können.

Die Auswahl meiner Gesprächspartner ist selektiv. Ich habe Polizistinnen und Polizisten für diese Untersuchung angesprochen, die mir aus der Vorlesung oder dem Verhaltenstraining bekannt waren. Dieses Vorgehen kann in der Tat ein Problem sein, das im vorliegenden Fall in einer denkbaren Rollendiffusion für den Befragten wie auch für mich als Interviewerin bestehen könnte.

Das Gespräch fand vor dem Hintergrund einer bereits vorhandenen und meiner Einschätzung nach positiv gefärbten Beziehung statt. Da saßen also die frühere Lehrbeauftragte und der Student oder die Studentin in einer völlig anders gearteten Konstellation zusammen, ohne die gemeinsamen Vorerfahrungen ignorieren zu können. Nicht mein Vortrag, sondern ihre Erfahrungen waren gefragt. Nicht meine Einschätzung psychologischer Phänomene, sondern die ihre. Das Ziel war aber keine Rollenumkehr, sondern ein Dialog.

Der zweite Einwand ergibt sich aus dem ersten. Da mag eine Psychologin nach Anhaltspunkten für Gewalt in der Polizei gesucht haben und Polizisten, die eine gegenteilige Aussage machen könnten, nicht befragt haben.

Selbstverständlich habe ich Personen angesprochen, die mir durch ihre generelle Offenheit aufgefallen waren – ohne daß ich allerdings die auch für mich zum Teil überwältigend neuen und klaren Informationen erwartet hätte, die in den Interviews nachlesbar sind. Diese kleine Stichprobe von Menschen unterlag folglich meinem persönlichen Auswahlverfahren. Ich habe also nicht den Gang durch die Institution beschritten, die mir unbekannte Personen hätte zuweisen können.

Zu glauben, eine behördliche Auswahl von Kandidaten hätte keinen internen Selektionskriterien unterlegen, hieße allerdings, mit Scheuklappen durch die «Polizeiwelt» (und sicher nicht nur diese) zu laufen. Die vorliegenden Daten sind aber zugegebenermaßen mit diesen Einschränkungen zu betrachten.

Ich habe versucht, den methodischen Mangel durch einen für jeden einsehbaren und nachvollziehbaren Fragenkatalog auszugleichen. (Interviewleitfaden und vollständige Interviews können für Forschungszwecke bei der Autorin angefordert werden.)

Doch nun zu einigen ausgewählten Aspekten meiner deskriptiven Auswertung entlang der Stichworte des Interview-Leitfadens (siehe Einleitung), die sich hier auf die auch veröffentlichten Interviews bezieht. Um Wiederholungen zu vermeiden, werden die Antworten zusammengefaßt, wobei Mehrfachnennungen häufig erfolgten:

Dienststellen
Vier Polizeibeamte hatten ihren Wach- und Wechseldienst in einer Großstadt absolviert. Drei verfügten über Erfahrungen im ländlichen bzw. kleinstädtischen Bereich. Ein Polizist war in allen drei Bezirken tätig gewesen.

Motivation zur Berufswahl
Die bewußt geäußerte Motivation zur Berufswahl ergab lediglich bei einem Beamten den Verweis auf einen Kindheitstraum. Dreimal wurde angegeben, daß die Bundeswehr vermieden werden sollte, viermal auch der finanzielle Anreiz einer guten Ausbildungsvergütung, zwei Personen wollten sich sozial engagieren, dreimal wurde auch eine gedankliche Vorstellung zum Berufsbild eingeräumt, die mit Respekt, Macht und Autorität verbunden gewesen sei.

Stärken der Ausbildung
Nahezu übereinstimmend berichten die Befragten von einer juristisch gut fundierten Ausbildung. Die Praxisrelevanz wurde allerdings überwiegend gering eingeschätzt. Ebenfalls positive Anerkennung erhielt die Grundausbildung im Sport und Schießen.

Schwächen der Ausbildung
Die Polizistinnen und Polizisten sprachen von einer autoritären, hierarchischen Struktur bzw. rigider Umgehensweise mit den Auszubildenden. Einengen der Persönlichkeit und Erziehung durch Druck waren verwandte Äußerungen. Fehlende Praxisnähe, besonders im Bereich Kommunikation, sowie keine angemessene Unterweisung für den Umgang mit den Bürgern waren wiederkehrende Äußerungen der Interviewten.

Erste Erfahrungen mit dem Bürger
Es wurde häufig über die starke Abhängigkeit von den älteren Kollegen bzw. deren Vorbildfunktion berichtet (Stichwort: Lernen am Modell), über eine starre, schematische Einführung ohne Erläuterung der jeweils zugrundeliegenden Problematik. Auch die Verstärkung eigener negativer Handlungsweisen («Abwimmeln von Einsätzen, Zuschlagen») durch Zustimmung von Kollegen bzw. der Dienstgruppe wurde

im Rückblick von einigen Polizisten genannt. Respekt und Angst vor höheren Dienstrangen begleiten die ersten Einsätze.

Unangenehme Gefühle in der Begegnung mit dem Bürger werden dort beschrieben, wo man als Repräsentant der Ordnungsmacht auf Kontrollen und Belehrungen bestehen, Forderungen durchsetzen muß, aber auch generelle Ängste vor unbekannten Situationen, die mit Gefühlen der Überforderung einhergehen.

Immer wieder berichtet wurden mangelnde Fertigkeiten im Umgang mit dem Bürger. Diese drücken sich auch in der erlebten Diskrepanz zwischen dem tatsächlichen Verhalten der Bürger und dem phantasierten Gefühl der Macht bzw. der Autorität des jungen Polizisten aus. Vom Praxisschock wird gesprochen, den Erlebnissen mit respektlosen, mißachtenden Menschen und der mangelnden Lebenserfahrung in schwierigen Konfliktfällen, zum Beispiel einem Familienstreit.

Infragestellen der Berufsentscheidung

Von den acht Befragten haben sechs Polizisten ihre Berufsentscheidung mehrmals oder häufig in Frage gestellt.

Ein Beamter stellte einige Wochen nach dem Interview fest, daß er in der Zeit des Wach- und Wechseldienstes sehr wohl häufig an ein Ausscheiden aus dem Dienst gedacht und dieses wohl vollständig verdrängt habe. Seine familiäre Situation habe ernsthafte Gedanken an Kündigung allerdings nicht zugelassen.

Als Auslöser wurden überwiegend innerdienstliche Probleme angegeben: schlechte Dienstgruppe, schlagende Kollegen, Führungsfehler, mangelnder Rückhalt bei Vorgesetzten, Beförderungssituation, Tätigkeit im Objektschutz, in der Einsatzhundertschaft. Ein weiterer Grund waren Ohnmachtsgefühle angesichts wiederkehrender Einsätze im kriminellen Bereich mit den ständig gleichen Delinquenten. Vereinzelt genannt wurden Konflikte zwischen Berufsrolle und privater Haltung bei Einsätzen mit politischem Hintergrund und die Verschärfung gesellschaftlicher Probleme.

Übergriffe und Erklärungsansätze

Alle Interviewpartner wußten von Übergriffen im Dienst zu berichten. Als generelle Ursachen einer Gewaltproblematik im Dienst wurden vermutet:

- private Streßsituationen
- mangelnde Klärung vorhergehender Einsätze
- ungesteuerte gruppendynamische Prozesse (Verstärkung)
- inkompetente Führung
- Persönlichkeitsstruktur von Beamten
- mangelndes Unrechtsbewußtsein
- Angst vor dem und Wut auf das «polizeiliche Gegenüber»
- Frustration, mangelnde Arbeitsmotivation
- mangelnde Kommunikationsfähigkeit
- geschlossene Gesellschaft «Polizei»
- mangelnde Empathie gegenüber dem Bürger

Die meisten Befragten bekannten, daß sie ein schlechtes Gewissen gehabt hätten, wenn sie den oder die Übergriffe hingenommen hätten. Angst vor Gruppendruck und Ausgrenzung hätten jedoch ein aktives Einschreiten bzw. ein Befolgen der gesetzlichen Vorschriften verhindert.

Keine Akzeptanz bei den Beamten findet die Hypothese, daß Übergriffe gegen ausländische Mitbürger rassistisch motivierte Handlungen von Polizisten seien. Vielmehr werden sie eher als Aktionen mit Ventilfunktion gesehen, in denen vorhandene Aggressionspotentiale generell gegen Menschen gerichtet werden, die bestimmten Randgruppen der Gesellschaft zugeordnet werden, also gegen Personen mit geringer Beschwerdemacht.

Klärungs- und Verarbeitungsmöglichkeiten von Gewalt
Die Angaben der Polizistinnen und Polizisten machen deutlich, daß es in der Zeit ihrer Tätigkeit keine Möglichkeit der Verarbeitung oder Klärung gewalttätiger Übergriffe im Dienst gegeben hat. Es gibt allerdings Hinweise auf eine polizeiinterne Form der «Verarbeitung», bei der Straftaten zu Heldentaten verklärt werden.

Verbesserungsvorschläge
Folgende Verbesserungsvorschläge wurden genannt:
- Reduktion von Objektschutz und Einsatzhundertschaften
- Verstärkung von Fußstreifen
- praxisorientiertere Ausbildung

– Steigerung der innerdienstlichen Transparenz, höherer Informationsgrad vor dem Einsatz
– psychologische Betreuung
– höhere Trainingszeiten für Sport, Eingriffstechniken und Schießen im Einzeldienst
– Optimierung der Ausbildung für Leitstellenbeamte
– Erziehung zur Eigenverantwortlichkeit, Abbau der Hierarchie, Umsetzung kooperativer Führung, stärkere Akzeptanz des einzelnen, Vermittlung eines polizeilichen Wertebildes
– Abschaffung des Berufsbeamtentums
– Stärkung der sozialen Kompetenz
– Veränderung der Ausbildungsinhalte in den juristischen Fächern sowie im Bereich Kommunikation
– mehr Freiräume während der Berufsausübung, die zur Entlastung genutzt werden können (Verhaltenstraining)
– Supervision in belasteten Dienststellen
– Entlastung von Aufgaben, die durch andere Institutionen wahrgenommen werden können
– Tutorensystem
– Vor- bzw. Nachbesprechung schwieriger oder problematisch verlaufener Einsätze
– kein Einsatz (Verheizen) junger Beamter bei Demonstrationen

Gesellschaftlicher Auftrag der Polizei
Hier zeigt sich, daß die Polizisten ihre Arbeit in der Hauptsache als Dienst am Bürger verstehen. Allerdings wird die aktuelle Durchführung der polizeilichen Arbeit von der Mehrzahl der Polizeibeamten nicht als sinnvolle, gemeinwesenorientierte Arbeit erfahren.

Fazit
Ich habe die vorliegende Exploration in der ersten Hälfte des Jahres 1995 durchgeführt. Die Ergebnisse der Studie «Polizei und Fremde», von der Innenministerkonferenz der Länder in Auftrag gegeben, lagen noch nicht vor. Fragestellung, Umfang der Stichproben und methodisches Vorgehen weichen erheblich voneinander ab.

Dennoch möchte ich mich in meinen Schlußfolgerungen auf einige Befunde dieser Studie beziehen, die von der Polizei-Führungsakademie

Hiltrup in einer Presseerklärung im Februar 1996 veröffentlicht wurden. Darin heißt es zum Beispiel, «daß es sich bei den … Übergriffen nicht um ein systematisches Verhaltensmuster der Polizei handelt, daß sich allerdings Strukturen erkennen lassen, die die Gefahr von Vorurteilen und auch Übergriffen vergrößern».

Die Angaben meiner Gesprächspartner auch in der täglichen Arbeit veranlassen mich allerdings zu der Einschätzung, daß das strukturelle Defizit der Polizei größer ist, als von offiziellen Stellen bis heute eingeräumt worden ist. Wahrscheinlich ist, daß die existierende Struktur dauerhafte Vorurteile über das «polizeiliche Gegenüber» schafft oder festigt und gewalttätige Handlungen von Polizisten begünstigt, wenn nicht produziert.

Alle Polizisten wußten von Übergriffen zu berichten. In jedem einzelnen Interview wird deutlich, daß die informelle Struktur in einer Dienstwache erhebliches Gewicht und unübersehbare Auswirkungen auf den jungen Polizeibeamten hat. Der gern angeführte Vergleich mit anderen Berufen, in denen ebenfalls ungünstige gruppendynamische Prozesse zu finden seien, darf insbesondere im Berufsfeld Polizei keine Beruhigung vermitteln. Die weitreichenden polizeilichen Kompetenzen in Ausübung des staatlichen Gewaltmonopols bergen beträchtliche Risiken und verpflichten deshalb zu sorgsamer Auswahl und Ausbildung von Beamten.

Die Interviews mit den beiden Beamten aus dem höheren Dienst mit entsprechend langjähriger Erfahrung belegen deutlich, daß Gewalt in der Polizei kein neues Phänomen darstellt, sondern allenfalls immer wieder erneut bekämpft werden muß.

In der Presseerklärung der Führungsakademie heißt es weiter: «Die Ursachen für entsprechende Gefährdungsmomente sind nach Auffassung der Wissenschaftler dabei weniger in individuellen Einstellungen bzw. bei den einzelnen Beamtinnen und Beamten (und somit in deren persönlicher und beruflicher Sozialisation) als vielmehr in strukturellen Faktoren der Organisation und des Aufgabenfeldes der Polizei zu sehen.»

Mit Verlaub geschrieben: Was stellt denn die berufliche Sozialisation eines einzelnen dar, wenn nicht die Bildung internalisierter Normen des einzelnen aus den erfahrenen bewußten und unbewußten Einstellungen seiner Berufsgruppe?

Die vorliegenden Einzelansichten zum Thema Polizisten und Gewalt stimmen in vielen Punkten überein. Deutlich geworden scheint mir vor allem eins: Abhilfe schaffen wird man nicht allein durch ein Mehr an Personal, Material, Kontrolle oder Eingriffsmöglichkeiten. Weniger Gewalt im Hinblick auf das «polizeiliche Gegenüber» wird sich nicht erreichen lassen ohne weniger Gewalt innerhalb des Polizeiapparates. Umfang und Ausmaß dringend benötigter Hilfsangebote sowie Kontrollmöglichkeiten der Polizei müssen erarbeitet werden. Dazu werden sich verstärkt verschiedene Berufsgruppen an einen Tisch setzen müssen.

An zwei Beispielen will ich im folgenden kurz zeigen, wo ein sehr grundsätzliches Problem der Polizeistruktur liegt, und zwar nicht nur in bezug auf den Dienst «vor Ort».

Erstes Beispiel: Vorsichtige Versuche in den letzten zehn Jahren, die individuelle Verhaltenskompetenz von Polizisten durch freiwillige Angebote wie Streßbewältigungs- oder Verhaltenstraining zu erweitern, trafen bei der Mehrzahl der Adressaten auf skeptische bis ignorante Haltungen. Zu Fortbildungsveranstaltungen werden häufig diejenigen entsandt, die man im alltäglichen Dienst «entbehren» kann. Zu diesen «dienstlich abkömmlichen» Beamten gehören aber zumeist gerade nicht die jungen Polizistinnen und Polizisten, die in den Brennpunkten eingesetzt werden. Die geringe Akzeptanz erklärt sich auch aus den gesammelten Vorurteilen der älteren Kollegen. Die erfahrenen Beamten haben ihren Dienst vor Ort ja seit vielen Jahren auch ohne einen solchen «Schmusekurs» – wie sie sagen – bewältigt.

Immerhin vier Wochen Verhaltenstraining gehören ab 1996 obligatorisch zur Grundausbildung. Die Trainer allerdings werden aus den eigenen Reihen rekrutiert, sind überwiegend Polizisten mit psychologischen Konzepten, die eher intuitiv denn theoriegeleitet sind. Kenntnisse in Manipulations- und Redetechniken stehen besonders bei den Praktikern hoch im Kurs. Mentales Training oder Neurolinguistisches Programmieren (NLP-Methoden), deren Sinn und Wert nicht unumstritten sind, sind bevorzugte Strategien bei Verhaltenstrainern, als ob Souveränität und Gelassenheit allein durch «Suggestionsverfahren» erworben werden könnten. Es darf auch nicht übersehen werden, daß die Absolventen mit einer möglicherweise verbesserten Ausbildung 1999 wiederum von den Kollegen eingearbeitet und geprägt werden, die ihre praktischen Erfahrungen zu anderen Zeiten erworben haben.

Zweites Beispiel: Auswahl und Qualifikation von Lehrbeauftragten an den Fachhochschulen der Polizei sind oftmals fragwürdig. Ohne pädagogische Kompetenz und Hilfestellung durch verantwortliche Fachkräfte betreten viele den Vorlesungssaal. Die Fluktuation insbesondere in den sozialwissenschaftlichen Fächern ist groß, ein nicht unmaßgeblicher Grund dafür die unzureichende Entlohnung. Die Haushaltsmisere des Landes wird vorgeschoben, Mittelknappheit für Forschung und Lehre. Die immateriellen Folgekosten einer mangelhaften Ausbildung werden nicht berücksichtigt. Erkennbare Schwachstellen werden vielmehr von vielen Funktionsträgern als Argument dafür genutzt, auch diese Ausbildung wieder hinter den Zaun der Bereitschaftspolizei zu reintegrieren.

Die beiden Beispiele belegen einen Grundzug in der Mentalität von Polizeiplanern, der in gewisser Weise mit dem Phänomen des Korpsgeistes korrespondiert, das die Beamten in den Interviews beschrieben haben: die gesamte Ausbildung und Laufbahn eines Polizisten soll möglichst internen Einrichtungen und Regeln unterliegen. Nirgendwo sonst, außer innerhalb der Bundeswehr, findet Aus- und Fortbildung derart stark ohne externes Angebot statt wie bei der Polizei. Und da, wo sie im Ansatz vorhanden sind, ist die Tendenz stark, diese Ansätze zurückzunehmen. Alles soll möglichst innerhalb der «Berufsfamilie» bleiben. Dafür genießt der einzelne dann auch ihren Schutz, der ihm im Regelfall bis ans Lebensende gewiß bleibt. Geschlossenheit nach außen, Verfügbarkeit ohne Transparenz im Inneren sind auf allen Ebenen von einiger Bedeutung für die Bildung einer Gruppenmentalität, wie sie von den Polizistinnen und Polizisten in den Interviews immer wieder angesprochen wurden.

Es kommt also darauf an, die Demokratisierung im Inneren der Polizei voranzutreiben. Mitglieder von Gruppen neigen generell zur Entwicklung eines «Wir-Gefühls» für die eigene und eines «Sie-Gefühls» für andere Gruppen. Dabei wird nicht nur zwischen «uns» und «den anderen» unterschieden, die jeweils eigene Gruppe wird auch als besser und differenzierter eingeschätzt. Dieses als «In-Group-Verzerrung» bezeichnete Phänomen tritt überraschend leicht und schnell auf. Bereits die zufällige Zuweisung eines Menschen zu einer von zwei oder mehreren Gruppen führt bei ihm sofort zu einer unterschiedlichen Wahrnehmung der Mitglieder dieser Gruppen; es kommt zur Bildung eines Vorurteils. Vorurteilsfreie Menschen gibt es nicht.

Problematisch wird es immer dann, wenn Vorurteile zu Feindbildern werden. Problematisch sind Strukturen, die Vorurteile nicht abbauen helfen, sondern sie fördern und damit auch die Produktion von Feindbildern begünstigen. In dieser Gefahr sind Polizistinnen und Polizisten ohnehin, prägen doch häufige Begegnungen mit Menschen in kriminellem oder gewalttätigem Umfeld zwangsläufig ihre soziale Wahrnehmung. Und die Gefahr inadäquater Reaktionen steigt mit der Belastung durch Streß und Anspannung. Es kommt also darauf an, solchen Gefahren durch die innere Verfassung der Polizei zu begegnen und sie nicht auch noch zu verstärken.

Wir stehen in Deutschland – gemessen an Jahrhunderten feudalistischer Gesellschaftsordnung – nach wie vor eher am Anfang der demokratischen Entwicklung als in ihrer Mitte oder an ihrem Ende. Unsere Aufgabe bleibt, demokratiefeindliche oder -gefährdende Entwicklungen in ihren Wurzeln zu identifizieren, um ein «Roll-back» zu verhindern. Die Polizei ist Teil dieser Gesellschaft. Sie ist aber zugleich eine relativ geschlossene Gruppe, in der sich gesellschaftliche Probleme offenbar nachhaltiger und mit spürbareren Folgen zur Geltung bringen als anderswo, zumal es hier um jene Institution geht, die die Rechtsstaatlichkeit unseres Gemeinwesens garantieren soll. Es ist also ein Dialog nötig, ein kritischer Dialog sicherlich, der aber auch helfen muß, gesellschaftliches Gruppendenken zu überwinden und Polizei nicht nur – wie die Interviews ebenso zeigen – als bloß notwendiges Übel zu begreifen. Eine Gesellschaft, die sich ernsthaft einer Problemanalyse und Reform der Institution Polizei zuwendet, wird nicht umhin kommen, dabei auch schmerzhafte Wahrheiten über sich selbst aufzudecken und zu ertragen.

Hans Lisken

Gedanken über eine freiheitlich demokratische Polizeiverfassung in Deutschland – ein Nachwort

Wer die Polizei von innen und außen in Jahrzehnten kennengelernt hat und dann dieses Buch liest, muß froh sein, daß es geschrieben worden ist. Es sollte auch jeder lesen, der über Polizei mitreden will und der sich eine Polizei wünscht, die problemoffen, gesprächsbereit, gelassen und bestimmt zugleich bei akuten Gefahren hilft. Nicht selten wird vom Polizisten erwartet, daß er wie ein souveräner Richter auftritt, dem dank seiner Sachkunde – nach Cato – auch die Worte folgen, so daß er die Atmosphäre im Gerichtssaal bestimmt. In seelischen Notlagen paßt auch das Bild vom Chefarzt im Krankenhaus. Sein Können und die Weite seines Herzens bestimmen das Pflegeklima – wie jeder bezeugen kann, der je im Krankenhaus versorgt werden mußte oder dort gearbeitet hat.

Mit dem Polizeiberuf ist es ähnlich. Er gehört zu den Berufen, die von der Zuwendung geprägt sind, dem Dienen, dem Helfen in Rechtsnot. Die Interviews von Gerda Maibach mit etlichen Polizisten «vor Ort» belegen dies anschaulich. Kann auch die Rechtsnot meistens mit der notwendigen Rechtskenntnis erkannt werden, so folgt die Befriedigung doch nur selten den Regeln der Rechtslogik, weil im Alltag zwei mal zwei nicht immer vier ist. Der Jurist weiß, daß die Rechtswissenschaft erst jenseits der Paragraphen beginnt, so wie die Musik jenseits der Noten. Rechtswissenschaft ist eine Wissenschaft vom Menschen. Also genügt es nicht, angehenden Polizisten Gesetzeskenntnisse und Kommunikationstechnik beizubringen. Sie müssen darüber hinaus Sozialkonflikte in ihren inneren und äußeren Strukturen erfassen und analysieren können, und zwar mit Herz und Verstand, indem sie sich innerlich in die Rolle des Gegenübers begeben, um dessen Betroffenheit und Unvermögen zu erfassen. Erst danach kann mit kreativer Phantasie das

Gesetz als Hilfsmittel nützlich werden. Unter solchen Voraussetzungen würde zugleich auch die Schwäche jeder gesetzlichen Regelung erfahren; der Blick für bedenkliche Regelungen würde geschärft, die nicht mehr den Prinzipien einer an den Grundrechten orientierten Rechtsethik folgen, sondern dem Effektivitätsdenken einer «Konkurrenzgesellschaft» (Erich Fromm). Der erfahrene Polizei- und Kriminalbeamte weiß, daß auf diese Weise kein Lebensproblem gelöst wird. Sogar die Vernehmungserfolge nehmen dann ab. Die meisten Konfliktlösungen und die besten Vernehmungserfolge im Sinne einer Wahrheitsfindung und Selbstfindung von Täter und «Opfer» erzielen jene Beamten, die durch ihre Wahrhaftigkeit überzeugen. Daß die Polizei rund 95 Prozent ihrer «Erfolge» der Kooperation mit dem Publikum verdankt, beruht nicht zuletzt auf diesem Vertrauenskapital. Mit dem Weg in den «Präventionsstaat» (Denninger), der auf Überwachung und Überlistung setzt, wird sich das Bild jedoch ändern.

Dies alles müßte in der Organisation, bei der Ausbildung und bei der Ausstattung der Polizei bedacht werden. Aber «die Verhältnisse sind nicht so». Die Organisation folgt vordemokratischen Strukturprinzipien, die von der Verfasserin empirisch erfaßt worden sind. Es gibt zwar Organisationsgesetze, die aber eher Organisationsmacht verleihen als Organisationsinhalte vorgeben. Deswegen können von jeder neuen politischen Generation neue Strukturen erfunden und eingeführt werden. Diese können zwar hier und da einige Arbeitsabläufe verbessern, ändern aber nichts an den «monarchischen» Machtverhältnissen. Ob Polizeidienststellen «selbstbestimmt» arbeiten, sich also aufgrund eigener Reflexionen über ihre Aufgaben und deren Bewältigung den Konfliktbereichen zuwenden, oder ob sie «von oben», also «fremdbestimmt» zum «Einsatz» kommen, hängt nach wie vor vom «Chef» ab. In Nordrhein-Westfalen gibt es zwar Anfänge, über «Zielvereinbarungen» vor Ort zu mehr Eigeninitiative und «Bürgernähe» zu kommen, aber dahinter steht nach wie vor der «Polizeiführer», der maßgeblich mitbestimmt und das letzte Wort hat. Eine kollegiale Polizeiführung nach Art eines Vorstandes, in dem über Personalfragen ebenso wie über Schwerpunktfragen – gegebenenfalls im Benehmen mit Kommune und Justiz – befunden wird, gibt es (noch) nicht. Eine inhaltlich undefinierte Dienst- und Fachaufsicht kann bis zum sogenannten Selbsteintritt (vgl. § 10 ASOG Berlin) alles an sich ziehen und bestimmen.

Zu diesem Machtapparat paßt eine rein polizeiinterne Ausbildung, bei der überwiegend Polizisten als Ausbilder tätig sind und Prüfungen bestanden werden müssen, die zwar für die Karrierestufen wichtig sind, aber außerhalb der Polizei praktisch zu nichts befähigen. Die innere Abhängigkeit ist weithin gesichert, auch wenn der Diensteid auf die Verfassung und das Gewissen und nicht auf einen «Polizeiführer» abgelegt wird. Wenn dazu eine die Grundrechtsordnung pervertierende Rechtsprechung kommt, die dem Beamtengehorsam vermeintlichen Vorrang vor der Gewissensbindung einräumt (vgl. BVerwGE 56, 227; vergl. auch den insoweit unverbindlichen, aber inhaltlich bedenklichen Nichtannahmebeschluß der 1. Kammer des 2. Senats des Bundesverfassungsgerichts, NVwZ 1995, 680; kritisch dazu Lisken, in: Lisken/Denninger, Handbuch des Polizeirechts, 2. Aufl., K Rdn. 62 mit Fußn. 243), dann ist der Weg zu einer Polizei, die den Verfassungsvorgaben in jeder Hinsicht genügen kann, noch weit.

Eine nicht auffällige, aber «subkutan» wirkende Methode zur Festigung der «monarchischen» Polizeimacht bietet auch das Besoldungssystem. Zwar wird äußerlich am Prinzip der Bestenauslese festgehalten. Wenn aber alljährlich mittels Haushaltsgesetzgebung Beförderungsstellen vergeben werden, die man ohne Funktionswechsel erlangen kann, so daß die «Regelbeförderung» zur reinen Gehaltsaufbesserung wird, dann meidet der junge Beamte in der Regel das Risiko des Widerspruchs und des Disziplinarverfahrens, obwohl die Tätigkeit des Polizisten ständig mit der Gefahr von Fehlentscheidungen und falschen Anschuldigungen verbunden ist. Angesichts dieser «gefahrgeneigten» Polizeiarbeit sollte es gar keine «Regelbeförderung» geben, sondern feste, funktionsorientierte Bezahlungen.

Es sollte auch die Regel sein, daß der «fürsorgliche» Vorgesetzte, dem ein Beamter pflichtgemäß und wahrheitsgemäß ein Verhalten schildert, das strafrechtliche und disziplinäre Fragen aufwirft, das als Ratgeber gewonnene Wissen nicht ohne weiteres als Inhaber der Dienstaufsicht «gegen» den Beamten verwendet; es sei denn, er hat ihn auf sein Schweigerecht und über die etwaige dysfunktionale Nutzung des «Beichtinhaltes» belehrt. Eine gegenteilige Praxis fördert nicht die «Sauberkeit der Verwaltung», sondern das Verschweigen und eine falsche Kameradschaft. Die Interviews bieten Beispiele, wo Interventionen und Hilfe angezeigt gewesen wäre, damit die Kollegialität nicht durch rechtswidriges Verhalten belastet wird. Hier bedarf es also keiner Rechtsänderung, sondern einer differenzierteren Rechtsanwendung seitens der Vorgesetzten. Es steht allerdings in keinem Gesetz, daß Polizeipräsidenten überragende Rechts- und Menschenkenntnisse und ein «weites Herz» haben müssen, das den Mitarbeitern in allen Streßsituationen und Notlagen das Gefühl der Nähe vermittelt. Es ist ein Symptom des Mangels, wenn Mitarbeiter nach «Einsatzlagen» mit ihrem Chef nur noch über Anwälte oder Pfarrer verkehren. Die in der Hauptsache betroffenen Bürger tragen die Folgen, wenn sich die Polizei infolgedessen als eine «Welt des Schweigens» darstellt, so daß die gebotene Antwort (Verantwortung) gegenüber dem Publikum auf sich warten läßt.

Wenn aber Behandlung und Bezahlung der Polizisten stimmen und wenn ihre Examina zu anderen adäquaten Staatsdiensten befähigen, haben wir auch eine innerlich unabhängige(re) Polizeimacht. Sie würde deswegen ebensowenig «aus dem Ruder laufen» wie die Justiz, die auch nur an Gesetz und Recht gebunden ist. Warum es gleichwohl keine vergleichbare «Polizeiverfassung» gibt, ist bislang kein Thema der Rechtspolitik. Auch die Parlamentarier halten unproblematisiert an der unmittelbaren Polizeiverantwortlichkeit der Innenminister fest, obwohl sie nicht selten einen Innenminister als «Sicherheitsrisiko» bezeichnen, also den Mangel an institutioneller Rechtssicherheit indirekt einräumen.

Es läge also nahe, für die Polizeien des Bundes und der Länder jeweils Organisationsgesetze zu schaffen, die eine örtliche, sachliche und instanzielle Zuständigkeit festlegen, so daß die jeweiligen Verantwortlichkeiten von vornherein feststünden und nicht nach Opportunitätsgesichtspunkten generell oder im Einzelfall geändert werden könnten. Hinzukommen müßte eine weitgehende sachliche Unabhängigkeit von Weisungen, soweit es um die Erfüllung der gesetzlichen Schutzaufgaben geht. Mit der Einführung von Entscheidungsvorbehalten (z. B. beim Einsatz «verdeckter» Ermittler oder Methoden) müßte erst recht die Sicherung ihrer ausschließlichen Bindung an das Gesetz verbunden sein, um sachfremde Einflüsse oder Einflußmöglichkeiten auszuschließen. Praktisch würde sich die Dienstaufsicht bis zum insoweit verantwortlichen Minister – wie im Justizbereich – auf die Rechtsaufsicht beschränken. Auch im kommunalen Bereich ist die staatliche Aufsicht in dieser Weise beschränkt. Aber diese weitgehende Weisungsfreiheit zugunsten einer «selbstverantwortlichen» Gesetzesbindung ist den Kommunen und der Justiz auch nicht von selbst zugestanden worden. Das zeigt die Geschichte der «reichsfreien» Städte und der kommunalen Selbstverwaltung in Preußen. Denn jede Emanzipation durch Gesetz ist zwangsläufig mit einer Selbstbindung des bisherigen Machtinhabers, also mit einer Machtbeschränkung verbunden, die auch ein demokratisch gewählter Mandatar nicht gern akzeptiert. Wenn wir aber keine politisch dirigierbare Polizei haben wollen, sondern eine Polizei, deren Rechtsstaatlichkeit sich im «Recht auf den gesetzlichen Amtswalter» wiederfindet, hätten wir eine Polizeiverfassung, die rechtsstaatlich-demokratischen Vorgaben entspräche.

Noch haben wir die Verbindung von Gesetzgebungs- und Polizeimacht in der Hand der jeweils amtierenden Regierung mit der hinter ihr stehenden Mehrheit. Das bedeutet Einfluß auf die gesetzliche Aufgaben- und Befugnisbestimmung, aber auch auf die Struktur der Polizei und auf die Polizeiarbeit im einzelnen. Zugleich färbt die praktische Polizeiarbeit auf die politischen Wünsche ab. So haben wir in Abkehr von einer zweihundertjährigen rechtsstaatlichen Entwicklung – beginnend durch das Preußische Allgemeine Landrecht von 1794 – im Laufe der letzten Jahre in fast allen Polizeigesetzen den Kompetenzbereich der Polizei auf das «Vorfeld» des wirklichen Gefahrenbereichs ausgedehnt und praktisch jedermann «polizeipflichtig» gemacht. An einer «Kontrollstelle» muß sich jeder ausweisen, auch wenn nichts gegen ihn vorliegt. In Bayern muß sich jedermann auf Fernstraßen ausweisen und kontrollieren lassen, wenn es der Polizei gefällt (seit dem 1. 1. 1995). Und wer sich hilfesuchend an die Polizei wendet, muß damit rechnen, daß seine Personalien erst mit dem Fahndungscomputer verglichen werden.

Die Selbstgefährdungen des Rechtsstaates, die stets fließenden Übergänge vom Rechtsstaat zum Unrechtsstaat, wie sie Arthur Kaufmann beschrieben hat, kommen im Polizeiunterricht kaum vor. Die Selbstgefährdung hat noch keine Generation ohne die Erfahrung der Selbstbetroffenheit ernst genommen. Es wird vergessen oder verdrängt oder als «Unglücksfall der Geschichte» verharmlost: Die Geheime Staatspolizei in Preußen und im Reich bestand nur aus Freiwilligen. Auch unsere Geheimdienste leisten – wie in der Plutoniumaffäre oder in der Abhöraffäre Traube oder beim «Celler Loch» oder bei der Prozeßsabotage im Mordfall Schmücker (vgl. BVerwGE 75, 1 = NJW 1987, 202 und LG Berlin, StV 1991, 371) – «Amtshilfe», ohne die verfassungsrechtlichen Grenzen der Amtshilfemöglichkeiten zu beachten. Notfalls wird der gewünschte Verbund «legalisiert», bis daß ihn das Bundesverfassungsgericht unterbindet (wie bei den Ausforschungsarbeiten des BND für die Strafverfolgungsbehörden nach Änderung von § 3 des G-10-Gesetzes; vgl. BVerfG NJW 1996, 114). Mit der Einführung weiterer geheimdienstlicher Ausforschungsmethoden in das Strafverfahren wird es vermutlich ähnlich gehen. Der Gesetzgeber kennt diese Risiken, «probiert» aber die Legalisierung seines Wollens und wartet, ob das Verfassungsgericht nicht doch ganz oder teilweise «mitzieht». Letztlich zählt also nicht die Verfassung, sondern der Machtspruch, bis auch ihm – nach einer Phase suggestiver Kritik – der Gehorsam verweigert wird. Das Grundgesetz wird «nicht erfüllt». Diese Diagnose Adolf Arndts von 1960 (Ges. jur. Schriften, S. 141) gilt auch für uns: Die verfaßte Grundrechtsordnung entspricht weithin nicht (mehr) der Verfaßtheit.

Die damit verbundenen Zumutungen für die mit der Gesetzesanwendung befaßten Beamten werden nicht bedacht, oder – wie beim Einsatz «Verdeckter Ermittler» – in Kauf genommen, zumal wenn die Beamten (und ihre Gewerkschaften) der rechtspolitischen Zielsetzung zustimmen. Die gewählten Methoden genauer auf ihre rechtsstaatliche Verträglichkeit zu prüfen, wird vernachlässigt, obwohl sich der Rechtsstaat vom Unrechtsstaat vorzugsweise durch die Methodenwahl unterscheidet. Auch in den ministeriellen Ausbildungsvorgaben für die Polizeischulen und für die Führungsakademie des Bundes und der Länder, wo die Beamten für den höheren Polizeidienst ausgebildet werden, ist der Anteil der Rechtskunde im Lehrstoff in den letzten Jahren nachhaltig reduziert worden, obwohl die Rechtsprobleme im Alltag der Polizei ständig zugenommen haben. Nicht zuletzt hat die Zahl der verfassungsrechtlich fragwürdigen Regelungen zugenommen, so daß es ebenso zunehmend auf die ganz alltägliche Verfassungstreue der Beamten ankommt. Sie umfaßt mehr als eine kritische Loyalität innerhalb der hierarchischen Gehorsamsordnung (vgl. BVerfGE 39, 334; 70, 251). So ist z. B. jede neue Befugnis zum Eingriff in die Freiheitsrechte der Bürger «von amtswegen» auf ihre verfassungsrechtliche Anwendungsverträglichkeit zu prüfen. Die Anrufung der Gerichte und des Bundesverfassungsgerichts ist nicht die einzige, sondern die «letzte» Korrekturmöglichkeit. Zuvor ist die «Normenkontrolle der Verwaltung» (vgl. Bachof, AöR 87, 1) gefordert. Dietel/Gintzel sagen dazu (Allg. Verwaltungs- und Polizeirecht in NW, 10. Aufl., S. 13):

> «...Das Grundgesetz hat nicht den formellen Rechtsstaat des Kaiserreiches und der Weimarer Republik restauriert, bei dem es allein auf das gesetzmäßige Handeln der Verwaltung (und Rechtsprechung) bei grundsätzlicher Dispositionsfreiheit des Gesetzgebers ankam, sondern den materiellen Rechtsstaat konstituiert, der die Tätigkeit der gesamten öffentlichen Gewalt, also auch die des Gesetzgebers, an die Normen und Grundsätze des Grundgesetzes bindet. Wenn aber der Gesetzgeber selbst gebunden und diese Bindung Verfassungsprinzip ist, darf die normanwendende Verwaltung sich nicht mit der Gesetzmäßigkeit ihres Handelns begnügen. Sie muß das Gesetz, das sie zur Grundlage ihres Handelns macht, auf seine Übereinstimmung mit dem übergeordneten Verfassungsrecht prüfen und ihm bei eindeutiger Verfassungswidrigkeit zugunsten der Respektierung des Verfassungsrechts den Gehorsam versagen. Diese Konsequenz ergibt sich aus ... Art. 20 Abs. 3 GG (BVerfGE 12, 186) ... Die Prüfungspflicht der Amtswalter ergibt sich ... aus der in den Beamtengesetzen ... begründeten Pflicht zur Rechtmäßigkeit der Amtsausübung ...»

Es müßte also ein vorrangiges Ausbildungsziel sein, angehende Polizeibeamte und insbesondere angehende Beamte des höheren Dienstes in den Stand zu setzen, daß sie dieser verfassungskräftigen Prüfkompetenz – unabhängig von etwaigen Auslegungshilfen des Dienstherrn – nachkommen können. Mit anderen Worten: Die Fähigkeit zum «Widerstand für das Recht» (Arthur Kaufmann) ist gefragt (zum «Ethos der Polizeiarbeit» vgl. auch Denninger, Der gebändigte Leviathan, 1990, S. 434).

Mit solcher Stärkung der inneren Kompetenz der Polizei wäre für das Publikum in einer verfaßten Freiheitsordnung mehr gewonnen als mit immer neuen und weitergehenden Kontrollbefugnissen. Auch der

Polizei selber wäre mit einer aufgabenadäquaten Ausbildung und Ausstattung mehr gedient als mit einer Beschwörung ihrer «Garantenstellen» für die «innere Sicherheit» (so die Innenministerkonferenz im Dezember 1993). Denn damit wird ihr eine gesamtgesellschaftliche Verantwortung aufgebürdet, die sie nicht tragen kann. Sie kann den Mangel an politischer Kraft zur Schaffung einer möglichst homogenen Gesellschaftsordnung und zur Reduzierung illegalen Vorteilsstrebens nicht ersetzen oder ausgleichen. Dennoch oder vielleicht deswegen macht das Wort von der «Kriminalitätsbekämpfung» im Zusammenhang mit der Polizei immer häufiger die Runde – so als ob die Polizei in den Krieg ziehen und die Feinde besiegen könnte. Dabei war die Kriminalität nie von der Polizeimacht abhängig. Auch die «Härte» der Repression bestimmt nicht das Maß des Unrechts, sondern das Maß der Homogenität der Gesellschaftsordnung bestimmt die Moral (Thomas v. A.). Mit Strafen heilt man keinen Abhängigen. Dieser Satz leuchtet jedem ein, aber viele halten an der kontraindizierten Strafenpraxis fest. Ebensowenig kann die Polizei das Schwarzfahren und Stehlen eindämmen, wo es an Schaffnern und Aufsichtspersonal fehlt. Gleiches gilt für Geldwäsche, Steuerbetrug, Menschenhandel und andere Weisen rechtswidrigen Vorteilsstrebens.

Erst im Laufe jahrelanger praktischer Erfahrungen werden den Polizisten – wie auch die Interviews belegen – diese Zusammenhänge klarer, wenn sie zum Beispiel erleben, wie ihre Ermittlungsbemühungen im Bereich der Wirtschaftskriminalität unterlaufen werden. Die Unterbesetzung der Gerichte führt zu bedenklichen «deals» zwischen Anklage und Verteidigung, und manche Rechtshilfeersuchen ins Ausland brauchen Monate und mehr. Es fehlt mangels Geldes an Handys und PCs, aber nicht darum geht der Streit, sondern um das Lauschen, das einen weit höheren Aufwand an Menschen und Material erfordern würde und nur in wenigen Fällen eine Überführung fördern würde.

Vor diesem Hintergrund innerer Unwahrhaftigkeit, des Unwillens zum Recht und des Strebens nach Macht, der in der Geschichte unverändert ist und der zu den Verfassungsschöpfungen der Neuzeit geführt hat und auch unsere Verfassung notwendig macht und jede Anpassung an den Zeitgeist strikt verbietet, werden die Betroffenheit und Kümmernisse vieler Polizeibeamter verständlicher. Verbesserungen im Arbeitsablauf können nicht systembedingte Erfahrungen der Vergeblichkeit (neudeutsch «Frust» genannt) beheben. Nötig wären Reformschritte, die den Rechtsstaat innerlich verbessern. Mehr Gesetze und längere Gesetze, wie sie zur angeblichen «Fortschreibung des Datenschutzes» nach dem markanten und unbequemen Urteil des Bundesverfassungsgerichts zum Volkszählungsgesetz vom 15.12.1985 (BVerfGE 65, 1) verfaßt worden sind, ohne den Grundrechtsschutz wirklich zu verbessern, schaffen nicht mehr Gerechtigkeit. Neue Normen mit wortreichen, aber nur «scheintatbestandlichen» Eingriffsvoraussetzungen verändern das Gesicht des Rechtsstaates. Daran können auch neue Richtervorbehalte nichts ändern, wenn die zuständigen Richter nicht mehr erforschen und wissen können, als ihnen die Exekutive vorträgt. Die Zuflucht zu Behördenleiter- und Richtervorbehalten unterstreicht im Grunde die normative Brüchigkeit der Eingriffsregelungen. Denn wo die Normen klar und verfassungskonform die Grundlagen und Grenzen der Polizeimacht definieren würden, bräuchten gut ausgebildete Polizeibeamte keine Vormünder.

Es ist also mit Kommunikationschulungen und mehr Psychologiekursen bei der Polizei nicht getan. Mehr Geld allein schafft auch nicht mehr Leistung und Zufriedenheit. Nötig sind Reformen auf allen gesellschaftspolitisch relevanten Gebieten, um die Entstehung von Sozialkonflikten zu minimalisieren, so daß die Polizei wirklich nur Nothelfer ist und bleibt. Polizeimacht kann weder die der Freiheit immanenten Lebensrisiken reduzieren noch politische Handlungsdefizite ausgleichen.

Zeitgeschehen

Hartwig Bögeholz
Die Deutschen nach dem Krieg. Eine Chronik *Befreit, geteilt, vereint: Deutschland 1945 bis 1995*
(rororo aktuell 13564)

Richard Herzinger / Hannes Stein
Endzeit-Propheten oder Die Offensive der Antiwestler *Fundamentalismus, Antiamerikanismus und Neue Rechte*
(rororo aktuell 13561)

Thomas Leif / Joachim Raschke
Rudolf Scharping, die SPD und die Macht *Eine Partei wird besichtigt*
(rororo aktuell 13519)

Jürgen Nowak
Europas Krisenherde *Nationalitätenkonflikte vom Atlantik bis zum Ural - Ein Handbuch*
(rororo aktuell 13422)

Werner Raith
Der Korruptionsschock *Demokratie zwischen Auflösung und Erneuerung. Das Beispiel Italien*
(rororo aktuell 13517)

Erwin K. Scheuch / Ute Scheuch
Cliquen, Klüngel und Karrieren *Über den Verfall der politischen Parteien - eine Studie*
(rororo aktuell 12599)
Bürokraten in den Chefetagen *Deutsche Karrieren: Spitzenmanager und Politiker heute*
(rororo aktuell 13518)

Jürgen Streich
Die neuen Atommächte *Wer sie sind und was sie wollen*
(rororo aktuell 13178)

Peter Struck
Schulreport *Zwischen Rotstift und Reform oder Brauchen wir eine andere Schule?*
(rororo aktuell 13562)

rororo aktuell

Ein Gesamtverzeichnis der Reihe *rororo aktuell* finden Sie in der *Rowohlt Revue*. Jedes Vierteljahr neu. Kostenlos in Ihrer Buchhandlung.

3100/7